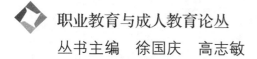

职业教育与成人教育论丛

丛书主编 徐国庆 高志敏

社区教育内涵发展论

Shequ Jiaoyu Neihan
Fazhan Lun

张 永 著

上海教育出版社
SHANGHAI EDUCATIONAL
PUBLISHING HOUSE

图书在版编目(CIP)数据

社区教育内涵发展论 / 张永著. —上海：上海教育出版社，
2018.4
(职业教育与成人教育论丛 / 徐国庆,高志敏主编)
ISBN 978-7-5444-8279-0

Ⅰ.①社…　Ⅱ.①张…　Ⅲ.①社区教育—理论研究
Ⅳ.①G77

中国版本图书馆CIP数据核字(2018)第081631号

责任编辑 廖承琳
封面设计 陈　芸

职业教育与成人教育论丛

社区教育内涵发展论

张　永　著

出版发行	上海教育出版社有限公司
官　　网	www.seph.com.cn
地　　址	上海市永福路 123 号
邮　　编	200031
印　　刷	启东市人民印刷有限公司
开　　本	700×1000　1/16　印张 18　插页 2
字　　数	290 千字
版　　次	2018 年 5 月第 1 版
印　　次	2018 年 5 月第 1 次印刷
书　　号	ISBN 978-7-5444-8279-0/G·6850
定　　价	58.00 元

如发现质量问题,请向本社调换　电话 021-64377165

丛书总序

这是华东师范大学职业教育与成人教育研究所与上海教育出版社的第二次合作。第一次合作正好是 10 年前，当时由我做主编，陆续完成了"现代职业教育研究丛书"的出版。这套丛书在业界很受关注，获得了同行的高度肯定，在推动职业教育学科建设方面发挥了重要作用，2011 年获得上海市第十届教育科学研究成果奖（教育理论创新奖）一等奖，其中我与徐国庆教授合著的《职业教育课程开发技术》一书又获第四届全国教育科学研究优秀成果奖一等奖。那套丛书的成功，一方面与作者们深厚的学术功底及辛勤的研究工作密切相关，另一方面与责任编辑高超的编辑能力及对待出版工作的严谨态度也是分不开的，因此这套由徐国庆教授与高志敏教授主编的"职业教育与成人教育论丛"仍然选择了与上海教育出版社合作。我想这套丛书的出版一定会获得同样的成功。

"职业教育与成人教育论丛"有一大特点，那就是涵盖了职业教育与成人教育两大学科，这是两大学科深度融合的一次尝试。在教育学的学科体系中，我们常常把职业教育与成人教育归类在一起。既然归在一起，就应该积极地促进这两大学科的协同发展。从研究问题来看，这两大学科的确存在许多关联之处。比如，现代职业教育体系的设计必须基于终身教育的理念，因为职业教育不仅要帮助个体就业，而且要促进个体的生涯发展，这是当前职业教育的国际发展趋势；而在职业教育中，尤其是职业培训中，很大一部分对象是成人，成人职业培训的展开无疑要同时结合职业教育与成人教育的原理。对成人教育来说，其学科的发展也离不开职业教育的支持。比如，社区教育中便包含职业技能培训的内容。这两大学科最重要的交叉领域是企业人力资源开发。企业人力资源开发就对象而言属于成人教育，就内容与方法而言属于职业教育。可见，当我们对这两大学科进行深入分析时，会发现它们的确是两个相辅相成的学科，努力促进它们的融合，对这两大学科的发展来说都是有益的。

这套丛书的作者都是在所从事的领域较有造诣的研究者，所收录的著作都是作者多年在该领域辛勤耕耘的结果，代表其最高学术成就。高志敏教授的《成人教育学科体系论》博大恢宏，作为一位在成人教育领域耕耘数十年的资深学者，他倾毕生所学，从历史、反思、前瞻三个维度，用批判的眼光、饱含深情的语言，对成人教育学科体系进行了系统的反思与重构。这部著作的出版将对成人教育学科体系发展产生深远影响。《职业教育课程、教学与教师》是徐国庆教授在职业教育领域的又一部力作。徐国庆教授在职业教育课程、教学及教师教育领域享有盛誉，他的这部著作内容新颖，与实践贴合得非常紧密，几乎包含了当前该领域所有最为关键的问题。他的研究风格是直指问题中心，直接寻求问题的答案；同时他又善于把问题的实践表现与深度的理论思考结合起来，将实践性与思想性融为一体；文字简练与犀利也是其著作明显的风格。张永副教授的《社区教育内涵发展论》可以说是社区教育研究中具有开拓意义的著作。近年来，社区教育在我国发展非常迅速，实践发展需要理论研究的支持，这部著作的及时出版正好满足了社会的这一需求。这部专著结构严谨，内容实用，是该领域具有重要价值的力作。朱敏博士的《国际终身学习政策推展模式研究》旨在为国际终身学习政策推展提供理论分析框架，深化相关基础理论研究，同时为我国终身学习政策推展的进一步优化提供国际参照与现实借鉴。这部著作综合了国际上关于终身学习政策最为前沿的研究成果，实用性强，是该领域难得的力作。以上是这套丛书第一批推出的四部著作，随着这套丛书的滚动出版，我相信后面的著作会更加精彩。

　　无论是职业教育还是成人教育，都是教育学科中非常重要的研究领域。实践的快速发展急需理论研究的支撑。然而由于这两大学科的研究群体规模相对较小，因此其研究成果的数量相对基础教育、高等教育等领域来说也要少，研究推进的速度相对较慢。期望这套丛书的出版能为致力于这两大领域研究的学者提供参考，同时更期望能引出更多、更有价值的研究成果。

　　最后，特别感谢上海教育出版社教育与心理出版中心为这套丛书的成功出版所付出的辛勤劳动！

华东师范大学职业教育与成人教育研究所所长、终身教授、博士生导师

2017 年 7 月 31 日

目　录

第一部分　概念理论篇

第三部分 专题研究篇

绪 论

　　我国社区教育从 20 世纪 80 年代起步，经过 90 年代的发展，特别是自 1999 年《面向 21 世纪教育振兴行动计划》提出开展社区教育实验工作以来，国家、省、市三个层面上的社区教育实验区蓬勃发展。从 2001 年确定了 28 个全国社区教育实验区开始，至今已公布六批（含增补）共 228 个全国社区教育实验区，四批共 122 个全国社区教育示范区，这些实验区和示范区在我国东部、中部、西部的分布情况如表 1 所示。

　　随着社区教育实验与示范工作的推进，社区教育的内涵发展被提上了议事日程，尤其是对于东部地区的全国社区教育实验区与示范区而言。由于社区教育实验与示范工作起步晚，发展时间尚短，因此社区教育的内涵发展还是一个新鲜的议题，存在一些亟待探讨的问题。例如，何谓内涵发展？社区教育内涵发展包含哪些方面？围绕社区教育内涵发展应开展哪些工作？

表1 我国东部、中部、西部社区教育实验区与示范区分布①（单位：个）

	全国社区教育实验区确定批次								全国社区教育示范区确定批次					总计
	一	二	三	四	增补	五	六	小计	一	二	三	四	小计	
东部	19	17	14	23	1	25	37	136	25	26	16	18	85	221
中部	5	8	5	3	2	13	17	53	5	5	3	9	22	75
西部	4	8	1	7	2	7	10	39	4	3	3	5	15	54
总计	28	33	20	33	5	45	64	228	34	34	22	32	122	350

注：表中数据不含港澳台地区的数据。

一、何谓内涵发展

内涵发展是相对于外延发展而言的。在普通逻辑学中，内涵和外延是概念的两个重要逻辑特征。②概念的内涵是反映在概念中的对象的特有属性，科学概念的内涵是它所反映的对象的本质属性；概念的外延是具有概念所反映的特有属性的对象，通常称为概念的适用范围。内涵是概念的质的方面的特征，回答概念"反映了什么对象"的问题；外延是概念的量的方面的特征，回答概念"反映了哪些对象"的问题。

"发展"原是一个生物学概念，本义是指生物个体由小到大、从不成熟到成熟的成长过程。20世纪60—70年代，随着众多国际合作发展项目的开展，很多学者和实践工作者参与了大量有关区域及社区发展的研究和实践，并形成了自成体系的发展学或发展研究学科（development studies）。在发展学里，发展指的是一种变化，一种中性的变化，主要包括经济、社会、文化、政治、机制与立法、人力与性别、知识与技术和环境等方面的变化。当然，人们所追求的发展就是上述诸领域的

---

① 目前，东部地区包括北京、天津、河北、辽宁、上海、江苏、浙江、福建、山东、广东和海南11个省（市）；中部地区有8个省级行政区，分别是山西、吉林、黑龙江、安徽、江西、河南、湖北、湖南；西部地区包括的省级行政区共12个，分别是四川、重庆、贵州、云南、西藏、陕西、甘肃、青海、宁夏、新疆、广西、内蒙古。从表1可以看出，东部地区的全国社区教育实验区与示范区数量远多于中部与西部地区。当然，即使是在东部地区内部，其分布也存在着显著差异。

② 杨树森.普通逻辑学［M］.合肥：安徽大学出版社，2003：19—20.

正的变化，而防止出现负的变化。①

　　"内涵发展"与"外延发展"作为词组使用，源于经济学领域。马克思（Karl Marx）在《资本论》第二卷中写道："固定资本价值中这个转化为货币的部分，可以用来扩大企业，或改良机器，以提高机器效率。这样，经过一段或长或短的时间，就要进行再生产，并且从社会的观点看，是规模扩大的再生产。如果生产场所扩大了，就是在外延上扩大；如果生产资料效率提高了，就是在内涵上扩大。"②据此，外延发展强调的是生产场所扩大所驱动的经济发展；内涵发展强调的是生产效率提升所驱动的经济发展。作为不同的经济发展方式，外延发展和内涵发展是从数量与质量关系的角度看待有助于驱动经济发展的要素组合。

　　上述经济学话语同前述逻辑学话语和发展学话语具有可沟通之处。首先，"内涵发展"与"外延发展"和"内涵"与"外延"均是相对于一定的分析单位而言的。"内涵发展"与"外延发展"的分析单位是生产性企业，"内涵"与"外延"的分析单位是概念，尤其是科学概念。其次，"内涵发展"与"外延发展"中的"内涵"与"外延"分别是指发展的质的方面与量的方面，这同逻辑学中有关"内涵"与"外延"的界定相一致。最后，"内涵发展"与"外延发展"中的"发展"是一种正向的变化，这是发展学中的"发展"概念的一个重要方面。

　　由此，可以把内涵发展界定为一事物质的方面的正向变化，而外延发展是一事物量的方面的正向变化。前者属于"进退底日新"，后者是"循环底日新"。根据冯友兰的解释，③"若实际底事物之变，皆趋于或多趋于渐进其理之方向，则其日新是进步底。否则或是停滞底，或是退步底"；"一类中之个体，新陈代谢，如所谓'后浪推前浪，新人换旧人'者。后浪对于前浪，新人对于旧人，是新底，但此新是就个体说。又例如我们造一房，此房是一新底事物，然若此房与旧有之房，在其要素上，并无任何特异之处，则此房与旧有之房，只是就个体说，而不是就类说。如此则新房旧房，虽依上述周律相代谢，亦是日新，但其日新是循环底"。当然，

①　叶敬忠，王伊欢. 参与式发展规划 [M]. 北京：社会科学文献出版社，2005：3—8.
②　转引自：卫兴华. 粗放型与外延型、集约型与内涵型可以等同吗？[N]. 人民日报，2011 - 07 - 04（7）.
③　冯友兰. 新理学 [M]. 北京：生活·读书·新知三联书店，2007：69—70.

由于"内涵"与"外延"和"质"与"量"既相互区别，又密不可分，因此，内涵发展与外延发展也是事物发展过程中相互缠绕的两个方面。

二、何谓社区教育内涵发展

根据前述对内涵发展的界定，可以把社区教育内涵发展界定为社区教育这一事物质的方面的正向变化。这是一种"进退底日新"，具体而言是一种"进步底日新"，而不是"循环底日新"。

社区教育内涵发展的具体内容同社区教育的内涵或所依照之理直接相关。"一理是一类事物之标准及其极限""一类之事物，依照其理，其愈依照其理者，即愈完全"。[①]因此，没有对社区教育内涵或所依照之理的清晰界定，就不可能明晰社区教育内涵发展的具体内容，社区教育内涵发展就只能停留于抽象的形式层面，无法落实到社区教育的实际工作中。

改革开放以来，我国社区教育的恢复和发展经历了三个主要阶段。[②]最初阶段的社区教育是从教育系统内部引发的，是教育部门为争取广泛的社区支持，改善自身生存环境和条件，壮大自身力量的"公关"行为，带有较大程度的自发性、单向性。这一阶段的社区教育通过开办家长学校和成立"关心下一代协会"等方式，动员社会力量关心、帮助青少年健康成长，为青少年的健康成长创造良好的社会环境和教育氛围，近似于青少年校外教育。

其后，社区内各文教实体希望从教育部门获得知识、信息、人才等方面的相应回报，社区政府也意识到教育在社区建设和发展中的巨大作用，于是开始自觉地干预和协调社区教育，在组织社会力量大力支援教育的同时，明确引导社区各级各类教育为社区建设服务，从而形成双向参与的互惠性社区教育。在这一阶段，教育的对象从青少年扩大到其他社会成员，教育内容、教育功能也渐趋扩大、丰富，社区教育开始向大教育发展。

---

① 冯友兰. 新理学 [M]. 北京：生活·读书·新知三联书店，2007：69—70.
② 傅松涛. 教育与社会的协调发展——全国教育社会学研究会暨全国社区教育委员会年会综述 [J]. 教育研究，1995 (8)：53—55；陈乃林，孙孔懿. 社区教育：终身教育体系的依托 [J]. 开放教育研究，1999 (5)：13.

不少地区在实现了教育与社区相互沟通支持、双向服务的第一个飞跃之后，开始酝酿教育和社区相互融合渗透的第二个飞跃，即以终身教育为指导思想，以社区全体成员的全程教育为基本思路，力图创建一体化、综合性的教育体系和格局，由此产生了社区教育发展的第三阶段。

弗莱彻（C. Flether）指出："教育者服务于他们所在的社区并同他们的社区合作。无论教育和社区的关系是有意识的还是无意识的，积极的还是消极的，教育既是社区的刺激，又是社区的反应。社区教育和社区发展是 20 世纪出现的新生事物，其目的是弄清教育同社区各种问题的联系。"①

显然，对教育与社区关系的理性认识，影响着对社区教育的概念界定。社区教育作为一种教育形态，首先体现的是教育同社区的密切联系。从广义上说，一切教育形态都同社区关联，因而都可称为社区教育。但是作为一种新的教育形态，相对于传统的教育形态，现代社区教育在同社区的关联度和结构功能上又存在着重要差异，从而出现了狭义上的社区教育概念。

（一）为了社区的教育：社区需求与终身学习导向

当漂亮的学校建筑不仅是教育儿童或成人的地方，而且是一个社区活动中心时，现代社区教育就孕育而生了。现代社区教育把学校的传统教育职能扩展为社区学习中心或社区学校职能。它激励着教育者去关注存在于今日社区的广阔教育需求。它强调工商业、公立和私人机构或组织，家长和家庭成员以及其他社区成员之间的合作共事，借此向各年龄段的群体提供多种多样的课程，诸如学术性的、学校课程以外的、娱乐的、文化的、公民的、健康的、社会服务的和职业预备的课程。综合性的社区教育课程要素包括家庭—学校—社区之间的密切联系、家长和社区参与、教育公共关系和多种形式的合作共事。

社区教育课程丰富多样。首先是课程门类多样。如丹麦的民众学院提供了音乐、戏剧、舞蹈、艺术、体育、服装设计、自然科学、哲学、政治、心理学等学生喜闻乐见的课程。再如美国社区学院的主要课程，包括整体设计、国家小企业援助计划证书考试、律师助手执照考试、修理自行车、修理房子、室内设计、划船、写

---

① C. 弗莱彻. 社区教育与社区发展［M］// T. 胡森，T. N. 波斯尔思韦特. 国际教育百科全书（第二卷）. 李维，等，译. 贵阳：贵州教育出版社，1990：235.

作、摄影、计算机、房地产、教师培训等。其次是课程类型丰富，既包含学分课程，也包含非学分课程。此外，这些课程还可以划分为自费课程与政府资助课程。最有理由要求政府资助的社区教育课程有下述三类：① （1）最终目的是对社会有益而不是对个人有利的课程，比如公共问题讨论会不是自助性的课程；（2）被证明有教育意义的课程，这类课程与主要是娱乐消遣性的课程相反，后者提供的学历凭证给人一种学习的错觉；（3）服务于居民的课程，这类课程是他们无法从其他地方得到的，比如组织良好的公司企业会自己开展本单位职工的训练课程，社区学院则为那些组织欠佳的单位提供服务，如为本地区餐饮店工人进行健康和卫生方面的课程训练。

社区教育通过协调社区中的教育、娱乐和社会服务提供者，通过公民和邻里互助项目以及社区学校或社区学习中心的运行，更好地服务社区居民，提高社区居民的生活质量，并使他们形成社区归属感。从这个意义上说，社区教育就是社区公民运用各种社区资源和设施，相互支持、解决共同的教育问题和满足共同的毕生需要的组织过程。

（二）属于社区的教育：社区参与与公民精神

社区学校的有效运行需要社区成员的紧密合作。这种紧密合作的基础在于，个体及公立机构和私人机构内的所有社区成员有责任满足社区成员的教育需求；社区公民有权利和义务参与影响他们幸福的决策和实施过程。

加拿大不列颠哥伦比亚省的一项社区学校普查发现，大多数社区学校在一个非营利协会或社团的领导和指导下运行。该协会或社团的成员通常包括该校校长、协调员、一名或更多名教师、几位家长和至少一位非家长的社区成员。该协会或社团有时也包含企业和社区机构代表。也有不少社区学校在一个社区学校咨询委员会的领导和指导下运行，该委员会的成员构成同上述协会或社团类似。极少数学校作为一个社区学校联合体或在筹划指导委员会的领导和指导下运行。只有一个学区同一个非营利机构订立协议，以向其属区内的许多社区学校提供支持和咨询。绝大多数社区学校同市政部门（通常借助公园和康乐部）、地方行政区或当地非营利及社区服务机构有合作协议。许多社区学校同原住民也有合作协议。

---

① 万秀兰．美国社区学院的改革与发展 ［M］．北京：人民教育出版社，2003：195．

该普查还发现，85.9%的被调查者报告，他们的学校是一所被正式指定的社区学校，其中70.4%的被调查者报告，该指定发生在1994—1999年。96.7%的被调查者报告，他们的学校有一位社区学校协调员，其中67.3%的协调员是专职的，70.3%的协调员只对一所学校负责。94.8%的被调查者报告，他们的学校有一个社区学校咨询委员会或类似的组织，该组织由6～30个成员组成，平均11个成员。53.1%的被调查者报告，他们的学校通过捐赠、募款、彩票、津贴、课程费用和租金等渠道募集额外的资金，其中29位被调查者报告募集资金额度为1万～7万美元，少数学校超过10万美元。

被调查者强调学生、家长和社区成员在社区学校课程中的重要作用。调查结果显示，46.9%的被调查者认为，学生起着非常重要或重要的作用；51.5%的被调查者认为，家长起着非常重要或重要的作用；56.3%的被调查者认为，社区成员起着非常重要或重要的作用。在参与途径方面，那些最成功的社区学校运用了下述一种或多种策略：① 积极主动吸收志愿者；② 同志愿组织合作；③ 指派专人负责协调志愿服务；④ 明确参与的具体角色；⑤ 提供有助于参与的监督和培训；⑥ 认可投资者和志愿者的贡献。

（三）通过社区的教育：社区合作与资源整合

社区学校是社区教育的载体和基地，它在常规教学时间结束以后仍然向社区开放。课堂已经结束，但学习仍在发生。因此，社区学校还可以称为社区学习中心。社区学校并不是一种新的教育实体，而是把社区教育的价值和原则付诸实施的一种实践模型。在北半球的富裕国家，"社区教育"通常被界定为一种基于当地公立学校或有时候是社区学院或其他成人教育机构的参与性教育过程。为了满足社区成员学术和社会教育、娱乐和业余爱好的追求，以前局限于适龄学生的学校面向全体社区成员开放。例如，美国与加拿大的社区学校就是一些特别重视社区参与价值的小学、中学或社区学院。这些学校鼓励当地居民通过各种方式参与进来。每所社区学校都有一个社区学校咨询委员会，该组织成员包括家长、社区居民、教职工和机构代表。该委员会鼓励自由交流思想、识别社区需要、参与决策和对当地事务作出反馈。社区学校以最大也是最未得以充分利用的公共设施之一即公立学校为基地，通过在夜晚、周末和夏季向社区活动开放来增加社会效益。社区学校为社区居民参与邻近学校的活动提供了条件，并鼓励学校教职工把社区现实资源和问题融入小学和中学课程。

社区学校是在传统教学日以内或以外开放的，为不同年龄的人们提供学术、学校课程以外的学习内容，提供娱乐、卫生和社会服务以及劳动力培训或预备等课程的一种设施。社区学校也是旨在减少利用社区资源障碍的一种场所和一系列合作关系。它整合了学术、卫生和社会服务、青年和社区发展以及社区参与，这将促进学生的学习，增强家庭的作用和形成更为健康的社区。它是社区的中心，向每个社区成员开放，且使之受益。社区学校将开发和维持增强邻里间实现社区需求能力的课程、服务、活动和机会，并向各年龄段的人们提供终身学习的机会。社区学校同传统学校的差异见表2。

表 2 传统学校与社区学校的差异

	传统学校	社区学校
开放时间	每天 6～7 小时，每周 5 天，每年开放 9 个月	不仅在常规的学校工作时间开放，而且通常放学后和晚上开放，每天 12～18 小时。每周 7 天，每年开放 12 个月
服务对象	仅为该校不同年级的学生提供服务	为社区和社区内的家庭提供服务，包括年长者
社区参与	如果公众没有子女就学，那么他们与该校通常几乎没有联系	有专人负责识别当地需求和开发地方性解决方案。社区参与和规划必不可少
社区合作	或许存在，或许不存在同机构、企业和组织的正式合作关系	一直同社区团体存在若干类型的合作关系

社区学校的具体实施同特定的社区及其相关机构密不可分。由于不同社区及其内部组织具有不同的特点，因此各个社区学校的实践模型千差万别。一般而言，社区学校包含三种类型：① 行政区型，该模型代表整个学区；② 机构型，该模型主要由一个机构（例如社会服务机构、教堂、联营企业等）加以实施；③ 学校型，该模型主要由当地学校加以实施。就学校类型而言，既有正规教育机构，如丹麦的成人教育中心和职业培训中心、美国的社区学院等，也有非正规和非正式教育机构，如丹麦的民众学院、日本的终身学习室等。

社区学校的实践构成包括：定期的学校课程、支持特殊学生的课程、社区参与、社区发展、给社区提供设施、机构间的合作、延长的课程、服务和活动、终身学习支持、伙伴关系发展。

总之，社区教育的基本理念包括：① 社区需求与终身学习导向，即认识到学习贯穿人的一生，提供贯穿全部人生阶段的正式和非正式学习机会，向所有社区成员提供课程和服务以及代际交流的机会；② 社区参与与公民精神，即增强公民责任感，向社区成员提供发展其参与技能的机会，促进不同人群融入社区生活的各个方面，鼓励地方决策过程中的社区参与；③ 社区合作与资源整合，即充分利用社区的自然、金融、技术和人力资源以满足不同的需求，通过增强学校、学院、组织和机构之间的合作关系，减少重复提供服务。

社区教育的三大理念密切相关，因而也可以视为社区教育概念架构的三个维度或要素（如图 1 所示）。

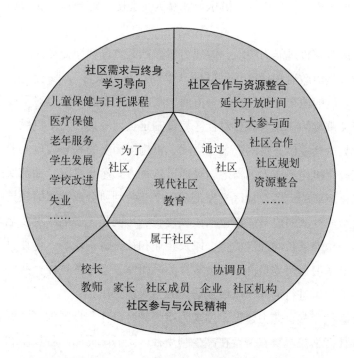

图 1　社区教育的概念架构

据此，社区教育可以界定为是一种为了满足社区发展需求与个体终身学习需要，基于社区参与与公民精神，通过整合利用社区各种资源而进行的教育活动。

基于现代社区教育的概念架构，社区教育内涵发展的具体内容包括三方面。

一是社区教育服务能力建设，体现为增强社区教育、满足社区发展需求与个体终身学习需要的能力建设。作为一种教育服务，决定社区教育服务能力的直接因素是课程与师资。课程是社区教育服务的内容，师资是社区教育服务提供者，两者共同决定了社区教育服务能力的品质。作为课程与师资的组织环境，社区教育机构是决定社区教育服务能力的间接因素。社区教育机构十分多样，除了类型的多样化，还表现为运作模式的多样化。例如美国社区学院的社区教育在行政组织方面约有六种不同形式：学院内的系科推广部模式、学院集中管理模式、社区负责组织的社区专家模式、社区咨询委员会和社区咨询小组模式、学院分部模式，以及由社区学院与当地的政府机构、教育机构、俱乐部和私人企业等单位合作，联合创办各种社会教育项目。①

二是社区教育推进能力建设，体现为增强社区教育领导力与社区参与能力的建设。社区教育是由政府和社区居民共同从事的"双边项目"，政府支持与公民参与是社区教育发展的两个必要条件。一方面，政府层面上的领导力对于社区教育机构的成功是至关重要的。政府需要对社区教育制定长期规划，乃至提供法律保障，并为实施该规划持续提供充足的资金。当然，机构层面上的领导力也十分重要。另一方面，社区教育机构还应力求当地居民通过各种方式参与进来。如前所述，加拿大不列颠哥伦比亚省的大多数社区学校是在一个非营利协会或社团的领导和指导下运行的，该协会或社团的成员通常包括该校校长、协调员、一名或更多名教师、几位家长和至少一位非家长的社区成员，以及企业和社区机构代表。再如日本的终身学习室依靠终身学习运营委员会、社会教育关系团体、志愿者这样一些民间非营利性的组织机构成员来进行运作，以增强居民的主人翁意识。

三是社区教育整合能力建设，体现为增强社区合作与社区教育资源有效利用的能力建设。社区学校本身就是旨在减少利用社区资源障碍的一种场所和一系列合作

---

① 万秀兰. 美国社区学院的改革与发展 [M]. 北京：人民教育出版社，2003：190—191.

关系。如日本大阪的大开地区利用小学校区的多余教室设立终身学习室，并把它作为学校向地域社会开放的"据点"。美国的一项终身教育政策计划研究了学院和社区其他单位之间的合作，发现在 173 所社区学院中，平均每一所获得 59 个合作项目，为 8 781 人服务。这些合作单位主要是当地和州的俱乐部、其他组织以及其他教育机构，还有州、市政府机构和私人企业。合作内容包括分享设备和提供相互支持和赞助的课程等。从社区合作中产生的益处远远多于在建立和维持合作中产生的挑战。具体表现在：对社区设施便利性的提升和更有效的利用，拓宽了生源基础，丰富了课程供给，促进了专门知识技能和资源的分享，增加了联合课程和市场机会，提升了社区知名度和形象，（通过减少重复工作）提高了效率，形成了完整的服务统一体，增强了筹款能力。

　　当然，以上三种能力建设只是一种逻辑区分，实际上它们存在诸多交叉重叠之处。首先，三种能力建设之间存在着交叉和互动关系，其中社区教育服务能力建设更为显性和表层，而社区教育推进能力建设与整合能力建设更为隐性和深层。其次，无论是服务能力建设，还是推进能力建设与整合能力建设，都涉及社区教育机构，因此，社区教育的内涵发展具体表现为社区教育机构的服务能力、推进能力与整合能力建设。

三、本书的内容结构

　　本书的内容结构可用三层同心圆来表示：社区教育、学习型社会与学习型社区等概念与理论探讨是核心层；社区教育能力建设是中间层，由社区教育服务能力建设（社区教育课程建设与教师发展）、社区教育推进能力建设（社区教育管理改革与社区社会团体建设）、社区教育整合能力建设（社区教育平台与资源建设）构成；最外层是社区教育内涵发展在具体领域与研究议题上的展开，如社区老年教育、社区青少年教育等领域，以及社区教育国际比较等研究议题（见图 2）。

　　在本书中，核心层的概念与理论是讨论社区教育内涵发展的出发点，并为社区教育内涵发展提供概念与理论上的滋养与动力；中间层的能力建设是社区教育内涵发展的基本构成，也是核心层概念与理论的具体展开；最外层的具体领域与研究议

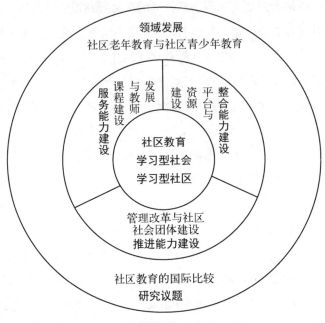

图2　本书内容结构图

题是社区教育内涵发展在专门领域与议题上的落实。三层之间具有全息映照与逐次展开的关系，而且中间层内各要素之间具有相互连锁、交互作用的关系。

第一部分　概念理论篇

　　本篇包含四章，主要探讨社区教育概念元研究、社区教育的文化使命、学习型社会的概念与理论、学习型社区的概念与理论。如果说概念辨析回应的是"是什么"的问题，那么理论探究回应的则是"采用什么视角"以及实践蓝图的问题。在本书内容结构图中，概念理论处于三层同心圆的核心层（见第12页的图2），它是讨论社区教育内涵发展的出发点，并为社区教育内涵发展提供概念与理论上的滋养与动力。

第一章
社区教育概念元研究

概念反映一定的理论观点，一个研究领域中的基本概念往往是该领域理论水平的集中表现。滴水映日，从对基本概念的解读中，可以发现诸多信息，如针对的问题是什么，依据什么思想，采用了什么方法，运用了何种层次的分析单位。通过对基本概念的深度解读，可以打开思维的空间，寻找理论发展的内在思路。本章意在通过对社区教育概念的元研究，展示对社区教育的多重理解，寻找社区教育研究的生长点。

一、元研究的分析框架

概念由一定的内涵和外延组成，具体表现为特定的定义。我们可以从社区教育的多种定义中透析社区教育概念的内涵和外延。

通观社区教育的众多定义，典型的形式是属加种差定义，即定义项由一个属概念和一个种差（性质）构成。这里的属概念是"社区教育"所从属的一个概念或其上位概念。

与之相关，也有一些定义在认定了"社区教育"的上位概念之后，侧重于探讨"社区教育"与同一概念序列中其他概念之间的区别性特征。

对社区教育的概念辨析既可以从不同的角度切入，也可以在不同层面上进行，如可以就"社区教育"论"社区教育"，也可以把它放到一种理论视野中作更深层的讨论。

上述不同的侧重点和层面往往是综合地体现出来的，这样就可以形成社区教育概念辨析的四种类型。

- 表层分析。它侧重于探讨"社区教育"的内涵定义，而且是就概念论概念。

- 表层比较。它侧重于探讨"社区教育"与同一概念序列中其他概念之间的区别性特征，但是局限于对概念的分解式比较。

- 深层分析。它同样侧重于探讨内涵定义，但是把它放到一定的理论视野中进行，不是就概念论概念。

- 深层比较。它侧重于"社区教育"的特殊性研究，同时把它放到一定的理论视野中进行，不局限于对概念的分解式比较。

以上四种类型的社区教育概念辨析构成了社区教育概念元研究的分析框架。当然，对社区教育概念的分析框架是多维、多层的，远远不限于以上四种类型，这里的取舍反映了本章较为看重的维度和层面。

二、社区教育概念类型分析

（一）表层分析

社区教育概念的表层分析将社区教育的内涵定义作为分析的起点，而不是将它放到一定的理论视野中进行分析。它往往采用属加种差的定义方式，如：

- 社区教育是提高社区全体成员素质和生活质量以及实现社区发展的一种社区

性的教育活动过程。①

● 社区教育是指反映和满足社区发展需要的，对社区全体成员的身心发展施加影响的教育活动和过程。②

● 社区教育是理论圈和实务界热衷探索的社区工作新模式，其目标在于完善市民、强化机构和发展社区。作为一个系统，社区教育可以直接刺激工作对象的成长，间接促进社区可持续发展和提高居民生活质量。③

上述定义中，前两种定义都把社区教育的上位概念规定为"教育活动"或"教育过程"，其性质是满足社区全体成员发展和社区发展的需要。第三种定义则把社区教育的上位概念规定为"社区工作模式"，其性质是"完善市民、强化机构和发展社区"。

显然，对社区教育概念的表层分析可以区分为两种视角，一种是教育学视角，侧重于社区教育中的教育活动因素分析；另一种是社会学、社会工作视角，侧重于社区教育中的社区工作因素分析。社区教育中的教育活动因素分析涉及教育活动宏观、中观和微观等多个层面，就微观层面而言，则包括社区教育者、社区教育对象、社区教育课程与方法等要素。社区教育中的社区工作因素分析也涉及多种要素，"根据不同要素，社区教育的内容可以划分为相应类型。社区教育正是由实施主体、服务对象、居民需要、工作目标、教育内容、实务手法、干预效果等要素按照一定逻辑合成的系统"（见图1-1）。④"社区教育"概念在要素构成上的不同组合，构成了社区教育的不同类型或外延。

（二）表层比较

表层比较与表层分析是密不可分的，两者往往交叠在一起。无论是社区教育中的教育活动因素分析，还是社区教育中的社区工作因素分析，都提供了认识社区教育与同一概念序列中其他概念的区别性维度。但是，由于这些认识停留于概念模型本身，并不关涉更为深入的理论分析，因此其比较属于表层比较。

表层比较既可以是单一维度上的比较，也可以是多个维度上的比较。

---

① 厉以贤. 社区教育的理念 [J]. 教育研究，1999（3）：23.
② 金辉. 社区教育的概念界说及其方法 [J]. 上海教育情报，1994（4）：8.
③ 顾东辉. "社区教育"的概念架构 [J]. 广西民族学院学报（哲学社会科学版），2003（7）：44.
④ 同上：47.

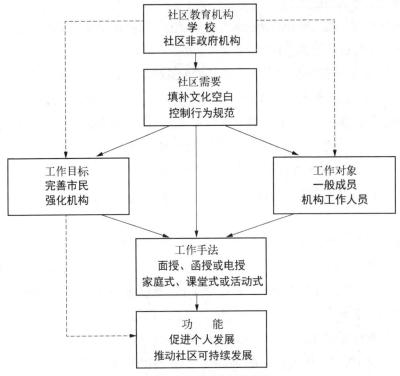

图 1-1 社区教育的概念架构

单一维度上的比较，例如：

● 社区教育具有区域性，有特定的区域和居民。而社会教育泛指一般社会教育
   文化的设施，并不一定有地区的限制，更没有特定的对象。所以社区教育可
   以包含在社会教育范围之内，但不同于社会教育。

● 社区教育以区内全体居民为对象，包括男女老少在内，并非单纯以成人为对
   象，必须兼顾儿童及青少年。虽然社区教育必须以成人为重要对象，这样才
   能加速社区的发展，但与成人教育担负的任务不尽相同。

● 社区教育为建立社区及改造社区的奠基工作。它必须配合国策，做好国民的基
   础教育，使社区内学龄儿童完全就学，以及社区内失学民众接受补习教育，然
   后再求推广。所以，"推广教育"是社区教育的第二部分，应当有所明辨。①

---

① 台湾社区教育学会. 各国社区教育［M］. 台北: 幼狮文化事业公司，1982: 3.

以上分别从单一维度上比较了"社区教育"与"社会教育""成人教育""推广教育"的异同，形成了对社区教育特殊性的认识。

多个维度上的比较，例如可以从制度、形态、结构、关系、学习者、教育者、时间、场所和学习内容等诸多方面认识社区教育与正规学校教育的区别性特征。无论从哪个方面来看，学校教育都具有较为正规、定型和缺乏弹性的特点，社区教育则是非正规的、非定型的和富有弹性的。

（三）深层分析

正如吴遵民教授所言："中国社区教育的本质特征是什么？近年来也有不少国内学者对此作了有益的探讨。归结起来，大致有四性说、五性说、七性说等几种不同的观点。比如，四性说即指的是教育性、地域性、群众性、灵活性或全员性、终身性、综合性、地区特色性等；五性说则指的是地缘性、整合性、开放性、互补性及广延性；而所谓七性说又指的是全员性、地域性、广参性、即需性、多样性、组织性和共管性等。纵观上述所归纳的各种特性，它们的共同之处似乎都是从社区教育活动的内容、形式、对象或组织结构层面来予以归纳整理。由于这样一种归纳没有深入事物的内部，没有去触及事物内部最本质的属性，因而它容易陷入表象、肤浅和空洞化的窠臼，而离社区教育的本质特征相去甚远。"①

社区教育概念的深层分析所回应的正是"社区教育的本质特征是什么"这一问题。之所以说这一分析是深层分析，是因为它需要特定的理论根基，而不仅仅是就概念本身来讨论概念。例如：

● 社区发展—教育模式。英国利物浦继续教育学院在发展这种模式上起了重要作用。在这种模式中，社区发展和社区教育被看作能够将整个社区吸引进来、集中精力解决当地问题的过程。它是文化或改革传统的延伸，是一个更积极地与当地事务联系、与社区组织机构密切合作的模式。

● 社区行动—教育模式。社区行动本身就是一个教育过程。弗莱雷（P. Freire）认为，该教育模式引起了人们对当地社会问题的重视。在他们试图改变所处的境况的过程中，居民们越来越深入地了解到影响他们生活的因

---

① 吴遵民. 关于对我国社区教育本质特征的若干研究和思考——试从国际比较的视野出发 [J]. 华东师范大学学报（教育科学版），2003（3）：29.

素，更清楚地认识到与其他的有组织的群体合作、共同努力的必要性，以获取资源，并对它们加以"控制"与管理。

- 社会行动—教育模式。它对社区行动本身是一个学习过程表示怀疑；或者说它认为，只有社区教育工作者参与并提供支持和帮助时，社区行动才可能成为一个教育过程。教育必须更有组织性和系统性。教育者必须与当地人一道在稳定的情况下采取行动，将人们的反思与社区行动相结合，并采取具体的教育支持方式，以解决当地人们想要解决的问题。①

如果说对"社区教育"的表层分析主要关涉社区教育的形式理论，那么其深层分析则涉及社区教育的实质理论。例如，博雅的社区教育模式源于德国社会学家滕尼斯（F. Tonnies）的社区理论。滕尼斯认为，人类社群的产生主要靠人类意志。人类意志依其性质又可区分为原始的意志与独断的意志。前者使其成员依据相互的关心、同情心而产生社区式的社群；后者使人为了某种特定的外在目的而结社，形成社团式的社群。

博雅的社区教育模式所采用的是社区式的社群概念。有研究者认为，自从 19 世纪末以来，"社区这一术语的使用在某种程度上一直保留着同下述希望和心愿的关联，即复兴模糊地归结于旧时代的曾经非常亲近、温暖与和谐的人际关系类型"。②在美国采用德尔斐方法（Delphi Study）的社区教育研究中，曾发展出基于博雅的社区教育模式的三个社区教育定义：

- 社区教育是"确认社区需要并整合足以满足这些需要的资源之过程，以促使社区及所有居民通过社会和教育方案而成长"。
- 社区教育的目的在于发展自我引导的社区，通过全体居民对所有社区资源的协调、合作以找出居民需要，并予以满足。
- 社区教育是"激励社区发展综合性及协调性的互助体系，以提供社区居民的教育、娱乐、社会和文化的服务"。③

深层分析所涉及的是概念的深层结构，如前提假设、方法论、认识论等。以上

---

① 沈金荣，等 . 社区教育的发展和展望［M］. 上海：上海大学出版社，2000：102—104.
② Smith, M. K. "Community" in the Encyclopedia of Informal Education［EB/OL］.［2001］. http://www. infed. org/ community/ community. html.
③ 沈金荣，等 . 社区教育的发展和展望［M］. 上海：上海大学出版社，2000：107—108.

三则定义在深层上都蕴含同滕尼斯社区理论这一前提假设的关联。

表层分析有侧重于社区教育的社区工作因素和教育活动因素之分，深层分析也有相应的区分，但更侧重于理论层面上的关联，如一定的社区发展理论视角中的社区教育，或一定的教育理论视角中的社区教育。

（四）深层比较

联合国教科文组织对社区教育作如下定义："基于所有教育起始于社区，且并不是以获取社区的利益为目标，而是以提高社区居民生活质量为目的的原理，因此实现这一原理的活动即为社区教育"；"社区又是指都市或农村的、被限定在一个区域内的居民，他们同属一个群体，具有共同的思维方式或对某一事物具有共同关心度的人群。而社区教育并不是仅仅指有关社区的教育，或为了社区发展的教育；它更重要的是社区的居民对教育拥有的决定权，以及为创造社区教育而富有的责任"。①

吴遵民教授据此认为，相对其他教育活动类型，社区教育的本质特征是：

● 自主性。强调社区居民对社区教育的积极参与及所拥有的权利。社区教育应是社区居民自发形成的、自下而上的教育活动。

● 非功利性。社区教育又是基于社区居民为追求精神生活的质量和对学习的需求，以及政府为满足社区居民对自身完善所提出的教育要求而展开的这样一种具有双向性和双重特定目标的教育活动。②

以上对社区教育概念的四种分析类型进行了讨论。对于社区教育这一概念人们还未达成共识，与之相关的概念辨析还将持续下去。

但是，无可置疑的是，目前中国社区教育研究正在经历着从概念辨析到理论探究的转变。如果社区教育的概念辨析回应的是"社区教育是什么"的问题，那么社区教育的理论探究回应的则是"社区教育究竟是什么"以及实践蓝图的问题。当代中国社会中社区教育实践的迅速发展呼唤社区教育研究的理论创新。

---

① 转引自：吴遵民. 关于对我国社区教育本质特征的若干研究和思考——试从国际比较的视野出发 [J]. 华东师范大学学报（教育科学版），2003（3）：26.

② 吴遵民. 关于对我国社区教育本质特征的若干研究和思考——试从国际比较的视野出发 [J]. 华东师范大学学报（教育科学版），2003（3）：27.

三、社区教育：多样性的统一

在本书中，社区教育被界定为一种为了满足社区发展需求与个体终身学习需要，基于社区参与与公民精神，通过整合利用社区各种资源而进行的教育活动。但是，社区教育同传统教育形态之间的复杂关联为理解社区教育概念埋下了剪不断、理还乱的伏笔。在美国，对"社区教育"的指称，初用"成人教育"，继用"继续教育"，有时用"非正式教育"或"社会教育"，社会福利机构则多使用"社区教育"。由于这些概念实质上并无重大差异，对它们的使用常随教育内容与服务方式之不同而灵活变动，因而一般人常将"社区教育"与"社会教育""成人教育""推广教育"等混为一谈。

在已有的概念研究中，强调社区教育概念的特殊性是一个重要思路。但是，强调社区教育概念的特殊性虽然在理论上是可行的，在现实中却找不到相应的对应物，从而对经验研究起不到应有的规范作用。这里还有另外一种思路，就是把同"社区教育"密切相关的各种概念看作社区教育的内部之争。①例如布劳沃（F. B. Brawer）把社区教育分为成人教育、继续教育、终身教育、社区服务和以社区为基础的教育。②她是这样界定这些概念的：成人教育的对象是那些年龄超过义务教育入学年龄、完成了或中断了正式教育的人；继续教育的对象，其主要身份不再是学生，而且他们将学习视为发展其潜力并解决其问题的手段；终身学习是指断断续续的教育，无论这种教育发生在学校内部还是学校外部；"社区服务"这一名词包罗万象，泛指一个机构为所服务地区内居民所提供的一切服务；"以社区为基础的教育"指的是由服务对象设计的、为社区利益而开发的课程计划。

笔者认为，后一种研究思路有助于将社区教育同已有的各种教育理论沟通起

---

① 上海市教育委员会终身教育处庄俭副处长在题为"上海终身教育推进政策及策略"的报告（2012 年 6 月 20 日，华东师范大学教育科学学院职业教育与成人教育研究所）中谈到上海市终身教育推进工作的三大策略，其中之一是"不为概念所困"。他指出，基层的工作主要看需要不需要，是为一项目标工作，而不是为概念工作。例如，把成人教育、社区教育、老年教育三块牌挂在一起，经费的来源渠道就多了。

② 万秀兰. 美国社区学院的改革与发展 [M]. 北京：人民教育出版社，2003：182—183.

来，也兼顾了社区教育实践的现实状态。基于这种研究思路，社区教育就像一个多棱镜，从不同侧面看到的影像并不相同，从而反映出社区教育的多样性。例如，从教育模式上看，一些成人教育和继续教育的拥护者将成人教育和继续教育定义为"以学习者为中心的教育"（learner-centered education），① 因为学习者"积极参与教育过程的每个阶段"；而且这种教育的"内容和方法应依据学习者的生活和经验"。根据他们的观点，成人教育和继续教育的教育者是"学习的帮助者"，他们"更多地考虑教学过程而不是教育内容"，成人教育和继续教育并不能以受教育者的年龄为中心进行定义。

又如在教育内容和目的上，科恩和布劳沃认为，社区教育包括职业教育（career education）、发展性教育（development education）和学院性教育（collegiate education）的某些因素。②职业教育围绕着为人们进入工作或劳动力市场作准备的课程来组织，而社区教育是为人们职业上的升级或谋求第二职业而提供短期课程。学院性教育是为人们获得学术学位作准备，而社区教育不仅包括成人学习的学院普通课程，对之授予经验性的学分，而且实际上还讲授学院水平的非学分课程——如会话英语或交际英语。发展性教育的目的是对在以往学校教育中成绩不佳的人进行补习教育，而社区教育可以包括以识字为中心的、以完成高中教育为中心的、以普通教育发展为中心的成人基础教育。社区教育的某些组成部分（如为残疾人和监狱犯人提供的教育）可能囊括上述三种职责。不过还有一部分社区教育，其主要目的是为社区提供非教育性服务（noneducative services），其本身不是教育活动。这部分社区教育包括学院设施向大众开放，以及各种各样的娱乐性服务。

---

① 梅里尔（M. D. Merrill）等宣称："学生是说服自己从教学中获取特殊知识和技能的人；学习者则是从自己的经验中建构自己的意义的人。我们大家都是学习者，但是只有那些使自己能忍受精心策划的教学情境的人才是学生。"见：乔纳森，等. 学习环境的理论基础［M］. 郑太年，等，译. 上海：华东师范大学出版社，2002：2.

② 万秀兰. 美国社区学院的改革与发展［M］. 北京：人民教育出版社，2003：183—184.

第二章
社区教育的文化使命

　　教育不但承担传递人类已有文化的使命，而且承担构建新型文化的使命。教育与文化之间有着内在的关联，作为一种教育形态的社区教育在文化使命上具有特殊性，换言之，社区教育的文化使命针对的是社区教育的功能定位。

　　"创新文化与社区教育"曾经是被热烈讨论的主题。"发展创新文化，努力培育全社会的创新精神"是 2006 年 1 月胡锦涛在《坚持走中国特色自主创新道路，为建设创新型国家而努力奋斗——在全国科学技术大会上的讲话》中提出的："一个国家的文化，同科技创新有着相互促进、相互激荡的密切关系。创新文化孕育创新事业，创新事业激励创新文化。"就如何发展创新文化而言，涉及内容和主体两方面。从内容上看，"发展创新文化，既要大力继承和弘扬中华文化的优良传统，又要充分吸收国外文化的有益成果"；从主体上看，要在全社会培育创新意识，包括科技人员、青少年、哲学社会科学研究者和广大人民群众等全体社会成员。

上述讲话包含丰富的内涵，但是如果不明白为什么要发展创新文化，就不可能理解这段讲话的真精神，也不可能揭示发展创新文化与社区教育的内在关系。决策者把创新作为国家层面的追求，"实际是对我国经济发展的原动力的探寻，或是探寻促进我国当前经济发展的内生力并追求今后经济的可持续发展"。①显然，追问发展创新文化与社区教育的内在关系，实际上是在追问技术创新与社区教育的内在关系，说到底，是在追问经济社会发展与社区教育的内在关系。

一、创新问题的复杂性

基于技术与经济的互动关系，如果对创新作进一步的聚焦，那么技术创新（technological innovation）必然成为创新型国家的内核。技术创新的概念源于美籍奥地利经济学家熊彼特（J. Schumpeter）的创新理论。熊彼特于 1911 年在其德文版著作《经济发展理论》中首次提出了"创新"概念。他在提出这个概念时主要以企业为研究对象，并对技术和经济的互动关系进行了深入研究。实际上，技术创新是一个涉及多学科的研究课题，如经济学、管理学、社会学和哲学等。

随着这些研究的深入，创新问题的复杂性逐渐显示出来。②在有关技术创新激励因素的研究中，新古典经济学更多地关注物质资本和人力资本的作用。首先，物质资本几乎构成了生产三要素（或四要素）的全部，从而在 20 世纪 60 年代以前被视为激励技术创新的唯一来源；其次，在 20 世纪 60 年代以后，新古典经济学发现了人力资本对技术创新的巨大影响，人力资本理所当然地被引入技术创新的激励体系，它和物质资本一起决定着技术创新的整个过程。注重物质资本和人力资本的研究传统一直持续到 20 世纪末，随着社会资本概念的逐渐引入，新古典经济学开始将它作为一种新的有别于人力资本的"非物质资本"加以研究。

简言之，技术创新的激励因素主要包括三种资本。

---

① 郑璇玉. 创新与知识产权保护——以小传统知识为视角 [J]. 电子知识产权，2005（12）：10.
② 有关技术创新激励因素的相关内容主要引自：李志青. 社会资本、合作与技术创新——新经济下技术创新激励因素分析. 上海市哲学社会科学"十五"规划 2002 年课题.

- 物质资本。作为资本的原始类型，物质资本是创新主体的生存基础，是企业生产的基本条件，它包括劳动力、土地和资金。具体就技术创新过程而言，创新主体所拥有的物质资本包括如下变量：研究与开发投入、销售数量、雇佣规模和资金规模等。

- 人力资本。作为资本的一种类型，人力资本主要与对个人的投资有关。可以把人力资本视为通过投资于教育、培训、健康等方面形成的体现于人身上的"非物质资本"。对技术创新有着重要影响的人力资本包括如下变量：健康状况、受教育水平、职称或技术级别、工作经历和职业培训等。

- 社会资本。作为一个有用的概念框架，社会资本是指给定人群的联系程度和社会关系的质和量。①可以把社会资本分为结构性社会资本和认知性社会资本。其中，结构性社会资本包括相关联系或活动的范围和强度，而认知性社会资本包括对支持、互惠、共享和信任的感知。

二、培育社会资本：社区教育与社区成员发展

关于教育与经济社会发展的关系，过去一向是从人力资本视角来看待教育的功能定位问题。舒尔茨（T. W. Schultz）说："我主张将教育看作一项投资，将其结果看作资本的一种形式。由于教育成为其接受者的一部分，我将把它称作人力资本。由于它成为一个人的组成部分，因而在我们的制度下，它既不能被买卖，也不能被当作财产来处理。但是，只要它提供有价值的服务，它便是资本的一种形式。"② 对此，科尔曼（J. S. Coleman）评论道："在过去 30 年，教育经济学中最

---

① 这里的"社会资本"是作为一个外来名词使用的，它不同于我们通常意义上的"社会资本"。两者之间的差异可以用费孝通所提出的"团体格局"和"差序格局"来解释。在团体格局中，"常常由若干人组成一个个的团体。团体是有一定界限的，谁是团体里的人，谁是团体外的人，不能模糊，一定得分清楚。在团体里的人是一伙，对于团体的关系是相同的，如果同一团体中有组别或等级的分别，那也是事先规定的"；在差序格局中，"每个人都是他社会影响所推出去的圈子的中心。被圈子的波纹所推及的就发生联系。每个人在某一时间某一地点所动用的圈子是不一定相同的"。参见：费孝通．乡土中国　生育制度［M］．北京：北京大学出版社，1998：25—26.

② 西奥多·W．舒尔茨．人力资本投资——教育和研究的作用［M］．蒋斌，张蘅，译．北京：商务印书馆，1990：62.

重要、最富有创造性的发展莫过于把物质资本（存在于工具、机器和其他生产设备之中）这一概念加以扩充，使之包括人力资本。通过改造物质材料，例如，制造为生产提供便利的工具，可以形成物质资本；与此类似，通过改变人，向人们传授技能，使其按照新的方式行动，可以创造人力资本。"①

这种有关教育的人力资本视角显然不适用于社区教育。一个显著的理由是，社区教育的重要对象是退休人群，而在人的一生发展中，一方面，人力资本的发展曲线随着职业高峰期的结束逐渐下降，另一方面，他们的人生目标也不再是提供有经济价值的生产性服务，因此从人力资本视角来理解社区教育必将带来社区教育无效论，即社区教育有悖于社区成员的发展。

社区教育理论的突破，需要从对社区教育特殊功能定位的认识进行反思开始。就中国目前社区教育理论的现状来看，在有关社区教育特殊功能定位的认识上，主要缺失的是"社会资本"视角，需要实现的理论转换是从属于正规学校教育的"人力资本"视角向"社会资本"视角的转换。否则，社区教育理论将难以回应和面对当代教育发展创新文化的转型需求，也难以实现自身的发展。

社会资本视角下的社区教育不仅适合退休人群，而且对终身教育的整个历程都将产生深刻的影响。爱丁堡大学的舒勒（T. Schuller）和阿尔斯特大学的菲尔德（J. Field）教授以在英国北爱尔兰地区的实证研究数据，为这种论断提供了有力的证明。②就学校学生的例子而言，在北爱尔兰，从家庭社会经济地位到教会和社区组织数量，再到慈善捐助的水平，都很高，也就是说社会资本拥有量很高，这种较高的社会资本导致了较高的学校教育成效。对于继续教育，通过对成年人参与成人教育和继续教育的考察，他们发现在北爱尔兰这样社会资本很高的地区，继续教育和成人教育的参与率是很低的，因为很多当地的成年人并不愿意通过成人教育和继续教育进行深造，而是通过其他资源来获得学业发展、提升和其他与终身教育相关的收益。相反，虽然较高的社会资本水平会阻碍成年人参与正规教育和培训，却带来了高于一般水平的非正规和非正式学习。

---

① 詹姆斯·S. 科尔曼. 社会理论的基础（上册）[M]. 邓方，译. 北京：社会科学文献出版社，1992：335.
② 韩丹，邓涛. 人力资本、社会资本与西方终身教育 [J]. 外国教育研究，2004（12）：16.

在社区成员发展资源的三位一体中，相对于物质资本，人力资本与社会资本作为"非物质资本"而并列。其中，"人力资本与社会资本之间具有非常明显的协同关系。人力资本关注从正规教育领域中所获得的学习的运用，而社会资本却强调社区非正规领域的学习，比如工作场所和家庭。人力资本着眼于个体教育领域，而社会资本强调从社区的关联和沟通中获得学习。二者共同构成了学习的两个方面"。①在学习型社区中，正规的学校教育和非正规的社区教育将会为个体提供更加全面而连贯的学习机会（见图 2-1）。

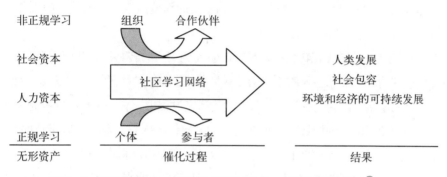

图 2-1　知识基础社会：与学习技术共同协作的人力资本和社会资本②

三、培育社会资本：社区教育与社区发展

社区教育不仅在社区成员发展过程中有着特殊的功能定位，而且同社区发展也具有内在的契合性。

社区的本意是"社群"或"共同体"，意指一群具有共识的社会单位。所谓共识，也就是"社区意识"。社区与社会资本的关联首先表现在社区与社会资本具有同构性，即两者都包含结构性成分和认知性成分。就结构性成分而言，又有正规结构、非正规结构与非正式结构之分；就认知性成分而言，则有显性成分与隐性成分之分。更重要的是，社区与社会资本具有同一性，换言之，社区本身就是一种社会资本。

社区理论往往是理想状态的反映，是前瞻性的，而实践和政策规定着现实状

---

①② 王爱义. OECD 学习型社区模型研究 [J]. 比较教育研究，2005（4）：82.

态，是社会发展的生长点。这是社会转型时期理论与实践的特殊关系。社会转型是一个巨大的问题空间，它的目标状态需要理论工作者作出充分的学理探讨，它的现实状态则需要实践工作者对特定社会问题具有敏感性。

我国的社区发展正在经历从社区建设向社区发育的转变。所谓社区建设，是指"社区中那些可以在一个比较短的时间内通过自觉的努力和行动实现其发展的内容。比如，社区中的物质设备和设施、正式的管理机构以及有意设置的处理社区事务的机制等"；所谓社区发育，是指"需要经过相当长的时间，以较为缓慢的速度，主要通过自然发育和演进的方式才能达到发展的那些因素，比如社区的文化与人文环境、人际关系、志愿团体的发展等"。①

伴随着社区发展实践转变的，是社区研究侧重点的转移。在我国，"近十年来城市社区研究的理论视角主要侧重于对'社区何以兴起''社区何为'以及'社区何以可能'这三个基本问题的探讨，并且在这一研究过程中，有一个核心问题是无法忽视的，即如何使当前的地域社区真正具有精神共同体的内核，避免社区定位的行政化，防止社区仅仅成为行政意义上的对基层社会进行管理和控制的空间"。②

社区发展的实践转变和理论聚焦表明，社区发展的真正内涵是社会资本的积累和提升，是教育与组织的行动过程，因为"社会资本不是自天而降的金雨，而是从草根地皮上成长出的植物。而制度和组织是它成长的气候环境，传统和个人的人文气质则是它的土壤"。③正如第七届国际社区教育大会指出的："一个良好的社会应该是强有力的，因为在它的内部有三种强大的力量存在，即社区精神、社区学习和社区管理。"④ 其中，社区精神是社区的传统和人文气质，可以被看作社区的认知性社会资本；社区管理是社区制度和组织环境，可以被看作社区的结构性社会资本；而社区学习，也就是社区教育，由于它同社区精神与社区管理息息相关，因而可以被看作为了社区社会资本的教育、属于社区社会资本的教育和通过社区社会资本的教育。

---

① 孙立平. 社区、社会资本与社区发育 [J]. 学海，2001 (4)：93.
② 蒋振华，胡鸿保. 近十年来中国城市社区研究的理论视野 [J]. 中国青年政治学院学报，2005 (6)：141—142.
③ 曾令泰，肖美艳. 社会资本创造：经济发展的新思维 [J]. 湖北经济学院学报，2005 (2)：18.
④ 孙玲. 社区教育与社会的持续发展——第七届国际社区教育大会综述 [J]. 教育研究，1995 (11)：76.

四、社会资本视角下的社区教育蓝图

就社会资本的特殊性而言，物质资本与人力资本是实体因素，社会资本是关系因素。科尔曼写道："社会资本的形成，依赖人与人之间的关系按照有利于行动的方式而改变。物质资本是有形的，可见的物质是其存在形式；人力资本肉眼看不见，它存在于个人掌握的技能和知识中；社会资本基本上是无形的，它表现为人与人的关系。物质资本和人力资本为生产活动提供了便利，社会资本具有同样作用。例如：与成员之间互不信任的群体相比，一个相互恪守承诺、彼此信任的群体更有利于生产活动的进行。"①

相对于实体的物质资本和人力资本，可以把社会资本看作有助于物质资本和人力资本发生作用的文化土壤。创新不是靠呐喊产生出来的，而是被逐渐培育起来的。作为社会资本的培育工程，社区教育需要承担起对社会文化土壤进行更新和再造的使命。

斯托克（G. Stoker）认为："社会资本学者们最根本的洞见是，在涉及复杂的思想交流和众多参与者合作共事的活动中，社会关系质量的好坏对于活动有效结果的获得有非常明显的影响。"② 因此，提升参与的质量是社会资本培植的关键所在。现实的挑战是如何使民众以他们适宜的方式参与，然而只有理解了推动公民参与的背后动力，才能够采取更恰当的干预措施以及提供更好的机会和激励。社会科学研究发现了一些人们为何参与地方公民生活的因素，即 CLEAR 模型（见表 2 - 1）。

表 2 - 1　促进参与的因素：CLEAR 模型③

影响因素	如何起作用	相关政策目标
能够做（Be able to）	个人所拥有的动员与组织的资源（表达、书写及技术技巧，以及运用它们的自信等）对于发展他们参与的能力十分重要	能力建设：具体的支持措施和发展计划

---

① 詹姆斯·S. 科尔曼 . 社会理论的基础（上册）[M]. 邓方，译 . 北京：社会科学文献出版社，1992：335.
②③ 格里·斯托克 . 新地方主义、参与及网络化社区治理 [J]. 游祥斌，摘译 . 国家行政学院学报，2006（3）：93.

影响因素	如何起作用	相关政策目标
自愿做（Like to）	对参与的承诺需要人们对共同体产生身份认同	培育社区意识、社会资本与公民精神
使能够做（Enabled to）	各类群体和志愿组织举足轻重，它们会创造或阻碍参与的机会	培育各类群体和志愿组织，使其成为人们参与的渠道和辅助
被邀请做（Asked to）	通过寻求人们的投入而动员他们参与	设计多样化、持续且灵活的公共参与计划
作为回应去做（Responded to）	当人们感到自己的声音被倾听，且能够看到回应，而不是被动接受的时候会参与	建立具备回应能力的公共政策体制

CLEAR 模型揭示了社区教育的作用空间。一方面，就社区成员发展的微观层面而言，面临着能力建设与社区意识、社会资本与公民精神的养成；另一方面，就社区发展的宏观层面而言，面临着培育各类群体和志愿组织，使其成为人们参与的渠道和辅助，设计多样化、持续且灵活的公共参与计划，建立具备回应能力的公共政策体制等各种使命。

在发展中国家和发达国家中，已经得出了许多经验性的社会资本定量测量变量，它们构成了社会资本的评估量表（SCAT）。表2-2是一个经过改编的评估量表（A-SCAT），其中结构性社会资本包括 7 个问题，认知性社会资本包括 11 个问题。[①] 可以把该表看作社区教育的蓝图。

表 2-2　经过改编的社会资本量表（A-SCAT）

A. 结构性社会资本	B. 认知性社会资本
1. 组织参与 2. 机构联系（与服务、设施和组织的联系） 3. 参与一般集体活动的频率	1. 一般社会支持 2. 感情支持（使人们感觉到某事） 3. 物质帮助（使人们能做某事） 4. 信息支持（使人们能知道某事）、商议解决

———————

① 王健，于倩倩. 在健康调查中测量社会资本的关键问题 [J]. 国外医学·社会医学分册，2005（3）：100.

A. 结构性社会资本	B. 认知性社会资本
4. 特殊的集体活动（人们是否会聚在一起、可能出现的问题） 5. 公民权的实现程度（是否投票选举、参与竞争或参加邻居或社区内的活动） 6. 与利益团体（如当地政府或资助机构）的联系 7. 与相似团体（即其他社区）之间的联系	5. 信任 6. 认同感 7. 互惠和协作 8. 社会和谐 9. 归属感 10. 可感知的公平性（社区中的人会互相帮助） 11. 社会责任感（社区中的人捡到东西会物归原主）

五、社区教育：一种特殊的教育取向

如果说正规教育是一种人力资本投资，那么可以说社区教育是一种社会资本投资。克拉克（S. Knack）和珂佛（P. Keefer）的研究表明，假如对整个国家层面的诚信进行计量，诚信值上升 1 个标准差就会带来超过 0.5 个标准差的经济增长。[①]珀尔塔（R. L. Porta）等人则发现，在许多国家，诚信值如果上升 1 个标准差，则会带来 0.7 个标准差的司法效率的提高以及 0.3 个标准差的政府腐败的降低。[②]此外，研究者还探讨了从个体层次上分析的社会资本和个人健康之间的关系。个人在一定组织内的成员资格和自我感受到的愉悦程度之间也同样存在着十分清楚的相互作用。

社会资本视角下的社区教育是一种特殊的教育形态，它不同于人力资本视角下的正规教育形态。在终身教育的框架内，正规（formal）教育与培训包括须经正规教育体系承认并且颁发公认证书的、有组织的教育；非正规（nonformal）教育与培训包括不被国家教育体系承认的有组织的教育，比如学徒实习培训项目和有组织的在岗培训；非正式（informal）教育与培训包括无组织的学习，学习地点不受限制，可以在家里、社区或是工作单位，也包括无组织的在岗培训这种工作单位最常

---

①② 爱德华·格拉泽. 社会资本的投资及其收益 [J]. 罗建辉，译. 经济社会体制比较，2003 (2)：35.

见的学习方式。①作为一种特殊的教育形态，社区教育既包括培育社会资本的正规与非正规的教育形态，也包括培育社会资本的非正式的教育形态。

作为正规与非正规的教育形态，社区教育主要体现为由社区学院、社区学校和社区学校教学点构成的三级网络；作为非正式的教育形态，社区教育主要表现为各种社团活动的"内在效应"。其中，社团活动被认为是社会资本存在的重要载体，并常常被用来测度社会资本。可以将"社团"定义为一种社会空间，在这个空间中个体通过成为正式或非正式团体的成员而紧密联系在一起。②社区教育关注社团对成员个体思维和行为方式的"内在效应"，例如一些有助于培育社会资本的草根社团：读书会、合唱队、郊游俱乐部、业余体育爱好者协会、文学社、宗教团体、兴趣团体、老人会、联谊会、学生社团、疾病康复团体等。

总之，社区教育的文化使命是培育有助于创新的社会资本。在对当今经济社会变革深层把握的基础上，在社区发展走向深化的重要时期，社区教育需要清晰的功能定位，需要自主性与方向感。

---

① 世界银行报告. 全球知识经济中的终身学习——发展中国家的挑战 [M]. 国家教育发展研究中心，组译. 北京：高等教育出版社，2005：3.
② 王绍光，何建宇. 中国的社团革命——中国人的结社版图 [J]. 浙江学刊，2004 (6)：72.

第三章
"学习型社会" 界定的迷思与清思

"学习型社会"（learning society）[①] 最早由美国著名学者赫钦斯（Robert Hutchins）在其所著的《学习型社会》一书中提出。赫钦斯对学习型社会作了如下表述："除了向每一位处在任何成年阶段的男男女女提供部分时间的成人教育外，这个社会将是一个成功地进行价值转换的社会，转换的方式是让学习、实现抱负、成就人性成为它的目标，并且全部的制度都导向这个目的。"[②] 这种新的教育观念几乎同时也在富尔（Edgar Faure）所领导的联合国教科文组织国际教育发展委员会 1972 年撰写的报告《学会生存：教育世界的今天和明天》一书中得到强调："教育已不再是某些杰出人才的特权或某一特定年龄的规定活动：教育正在日益向着

[①] "学习型社会"是一个外来词，其英文表达 learning society 有不同的中文译法，如"学习社会""学习化社会"等。本书采用"学习型社会"这一相对确定的译法。

[②] Hutchins, R. M. The Learning Society [M]. New York：Encyclopedia Britannica, Inc. , 1968：134.

包括整个社会和个人终身的方向发展。"①

尽管学习型社会这一概念由来已久，但它并非一个不证自明的概念。在确定学习型社会概念的内涵时，我们会发现自己宛如进入了迷宫，各种相去甚远的理解与界定纠缠在一起。所以，要研究学习型社会的所指问题，首先要做的工作就是对现有的不同答案作一番梳理、归类、比较与评析。

一、"学习型社会"多种界定透视

关于学习型社会是什么的问题同如何理解学习型社会的问题纠缠在一起。通过梳理国内外有关学习型社会的不同界定，可以发现存在以下两种理解方式，即解字式理解与溯源式理解。国内外有关学习型社会的研究从字面上做文章者多，追溯其理论来源者少。

（一）对学习型社会概念的解字式理解

从字面上做文章者无非在"学习"与"社会"两个词语及其关系上下功夫。对"学习型社会"的解字式理解不仅是国内教育研究者的流行思维方式，而且在国外也不乏其代表人物。英国成人教育学者贾维斯（Peter Jarvis）就是一例。贾维斯认为，"信息社会"（information society）和"知识社会"（knowledge society）这两个概念中都有一个形容性名词来描述某种社会类型，而"学习型社会"中的"学习"一词是一个动词，因此不能够成为一个描述社会类型的形容词。②"学习型社会"并非意指"一个从事学习的社会"。因为学习就其定义而言是一种个人行动，而社会不是一个人，或一件事物。社会不会通信、认知或学习，只有人才能够那样做。

贾维斯区分了学习的个体维度和社会维度。学习总是个体性的，但是某些学习机会却是由社会机构提供的，诸如政府和企业。前者同生活的私人面相关，而后者更多地同生活的公共面相关，并引出学习型社会或学习过程的制度化。我们面对的

---

① 联合国教科文组织国际教育发展委员会. 学会生存：教育世界的今天和明天 [M]. 华东师范大学比较教育研究所，译. 北京：教育科学出版社，1996：200.

② 具体观点参见：Jarvis, P. Globalisation, Lifelong Learning and the Learning Society: Sociological Perspectives [M]. London: Routledge, 2007: 96 - 102.

不是一个术语，而是并非完全不同的两个术语，它们相互重叠——一方面是人性的和个体性的，另一方面既是个体性的又是社会性的，至少是制度化的；前者更多地由哲学家和心理学家研究，而后者既被这两类人研究，也被经济学家、政策理论家和社会学家研究。

贾维斯认为，学习型社会理念的背后是学习机会的提供。在这个意义上，学习型社会是这样一个社会，其中的大多数社会机构为个体在全球化社会中获取知识、技能、态度、价值、情感、信念和感知作好准备。换句话说，在学习型社会中，人们被赋予能力，甚至被鼓励去学习，但是他们必须为学习负责；是个体而非社会在学习，然而作为社会成员学习的结果，社会可能被改变，甚至是转型。

贾维斯指出，由于学习概念的二重性，学习型社会概念也存在两种十分不同的取向：私人取向与公共取向。前者体现在联合国教科文组织文件中，后者更多地同现代社会的社会经济需要相关。前者不能够加以立法，并且也没有任何政策能够确保学习的发生。相反，后者是社会性的，并且能够作为政策决定的结果而发生。结果，政府的政策决定能够导向该种学习型社会的形成。

（二）对学习型社会概念的溯源式理解

由于"学习型社会"是一个外来词，因此对这一概念的深刻理解离不开对其产生语境和理论来源的认知。国内研究者追溯学习型社会这一概念的理论来源时多把学习型社会理念归为赫钦斯的贡献。事实上，自从《学会生存：教育世界的今天和明天》一书出版以来，学习型社会概念在许多国家的政策论争中相当流行。学习型社会研究在西方国家已经经历了两次高潮：[①]第一次是从 20 世纪 60 年代末到 70 年代早期，主要代表人物是赫钦斯、埃齐奥尼（A. Etzioni）、肖恩（O. Schön）、胡森（Torsten Husén）等；90 年代再次掀起了学习型社会研究的热潮，代表人物是兰森（S. Ranson）、鲍尔（C. Ball）、安利（P. Ainey）、拉加特（P. Raggatt）、邓恩（E. Dunne）、阿普斯（J. Apps）等人。

史密斯（M. K. Smith）追溯了学习型社会概念的发展。[②]他认为，肖恩对此

---

① 陈廷柱. 何谓"学习社会"——国外专家的若干见解 [J]. 比较教育研究，2003（10）：14.

② 具体观点参见：Smith, M. K. The Theory and Rhetoric of the Learning Society [EB/OL]. [2000, 2002]. http：//www. infed. org/lifelonglearning/b-lrnsoc. htm.

作出了最初的描述性贡献。肖恩提供了一个理论框架，将日益变化的情境中的生活经验与学习的需要联系起来。稳定性的丧失意味着我们的社会和所有的社会机构都处在持续的变化过程中，我们不能指望会有持续一生的新的稳定状态，而必须学会理解、控制、影响和应对这些变化，必须学会将它们看作我们自己以及我们的各种制度的内在构成。换句话说，我们必须变得善于学习。我们必须变得能够针对变化的情境和需要改变机构，必须创造和形成"学习系统"，也就是说，能够产生自身的持续变化的系统。

肖恩的一个巨大创新是探究公司、社会运动和政府在多大程度上是学习系统，以及如何增强这些系统。他描绘了公司怎样从以产品为中心的组织转向以商务系统为中心的联合体，并举例说明了许多公司在具体产品技术或围绕它们而建构的系统上不再具有稳定的基础。至关重要的是，肖恩同阿吉里斯（Chris Argyris）一起发展出了许多同组织学习相关的重要概念。对后来的发展非常重要的是他们所关注的反馈和单双环学习。

此外，还有三个早期的学习型社会概念也需要引起重视。首先是赫钦斯的学习型社会概念。赫钦斯认为，一个"学习型社会"已经成为必然。教育系统不再能够满足它们所承载的需求。相反，有必要去审视这一观念，即学习处于变化的中心。"两个基本事实是……日益增长的闲暇时间与急速的变化。后者需要持续的教育；前者使它成为可能。"① 他回到古希腊寻找范型。在那里，教育并非一项孤立的活动，只在一定的时间、地点和生命时刻进行，它是社会的目标。城邦教育了人。雅典人受到文化的教育。奴隶把它变成可能——使得公民能够参与城邦生活。赫钦斯认为："机器能够为现代人做出奴隶为雅典幸运的少数人所做的事情。"②

其次是胡森的学习型社会概念。胡森指出，国家有必要成为"学习型社会"——其中，知识和信息处于活动的中心。在所有被用来描述飞速变化的西方社会的包含"爆炸"一词的用语中，"知识爆炸"是最合适的词汇之一。"知识工业"就是经常被提到的佐证，它代表着知识的生产者，如研究机构，以及知识的传播者，如学校、大众媒体、图书出版者、图书馆等。在传播技术领域，通过20世纪60年代以来所见证的巨大变化我们可以预料到，知识通信在下一个十年将发生翻

---

①② Hutchins, R. M. The Learning Society [M]. New York: Encyclopedia Britannica, Inc., 1968: 134.

天覆地的变化。

胡森的方法是未来学的（而赫钦斯主要是依据古典人文主义）。他的构想基于"对通信技术及其对知识、信息和生产的可能影响的当前趋势的展望"。值得注意的是，这些预见大部分已经成为现实。兰森总结了胡森有关教育系统构想的组织原则，它包括：

● 教育将是一个终身过程。

● 教育没有任何确定的入口和出口。在正规教育和其他生活领域中，它将成为一个更加持续的过程。

● 当越来越多的个人易于接受教育时，教育将具有更加非正式的特征。

● 正规教育将变得更加富有意义并与应用相关。

● "就持续扩大的范围而言，教育系统将变得依赖于大型支持组织或支持系统……以生产教学辅助设施、信息处理系统和多媒体教学材料"。①

最后是博舍尔（Roger Boshier）的学习型社会概念。博舍尔指出，一个完整的教育模型要求贯穿人的一生的参与。受更加激进和民主主义的作者如弗莱雷（P. Freire）、伊利奇（I. Illich）和古德曼（P. Goodman）的影响，以及他自己对经济和社会变化的欣赏，博舍尔关注学习型社会的民主可能性。

史密斯指出，当我们转到对学习型社会的当前探究时，辨识由这些作者所发展出来的技术、文化和民主等取向是可能的。当然，技术取向在许多政策文献中占据主导地位。与此类似，在围绕学习型社会概念的讨论中，爱德华兹（R. Edwards）识别出三种重要取向，其中存在从学习机会的提供到学习者的重心转移。第一个取向被描述为现代主义的一个产物，第三个被描述为呈现出一种典型的后现代倾向。他指出，强调市场、经济规则和个体成就的第二种取向现在居于主导地位。②

二、"学习型社会"界定的新视角：信息空间理论

正如兰森所评论的："需要更清晰地界定学习型社会的意义，并且建立标准，

---

①② Smith, M. K. The Theory and Rhetoric of the Learning Society ［EB/OL］. ［2000, 2002］. http：//www. infed. org/lifelong learning/b-lrnsoc. htm.

使得一些用法而不是所有用法都被看作是合法的。"① 学习型社会概念具有一些理论和分析的潜力，但是为了认识到这些潜力，需要做相当多的工作。

学习型社会概念同未来社会观念联系在一起。"学习型社会已经成为一个充满争议的概念，赋予它的不同意义不仅反映了不同的利益，而且蕴含着不同的未来观和达至未来的不同政策。"② 因此，学习型社会概念本身的优点和弱点同它所蕴含的未来社会观念的优点和弱点密不可分。如果说有关学习型社会的诸多术语还非常概括，以至于包含了多种相互矛盾的含义，那是因为它所蕴含的未来社会观念还非常概括，并且包含了多种相互矛盾的含义。

学习型社会概念诞生于 20 世纪六七十年代，和知识社会概念差不多同时产生。这绝不是巧合。德鲁克（Peter Drucker）在 1969 年发表的著作中预言将会出现一个首先必须"学会学习"的知识社会。③知识社会无疑可以被看作学习型社会概念所蕴含的未来社会观念。

根据联合国教科文组织首份世界报告，知识社会概念和有关信息社会的研究密不可分。④ 从某种意义上讲，信息社会的概念概括了先驱们所描绘或预言的变化和趋势：通过技术实现权力渗透、新型科学知识经济、工作调动等。全球信息社会的兴起是新技术革命的成果。值得注意的是，信息社会仅仅是实现真正意义上的知识社会的途径，仅仅依靠网络的发展是无法奠定知识社会的基础的。信息社会概念建立在技术进步的基础上，知识社会概念则包含更加广泛的社会、伦理和政治方面的内容。信息时代的知识社会和以往的知识社会的区别在于前者继承了启蒙时代融合与参与的特点和对人权的肯定。

因此，对信息时代的知识社会概念理解的广度和深度制约着对学习型社会概念理解的广度和深度。博伊索特（Max H. Boisot）的信息空间理论为理解信息时代的知识社会提供了新的概念框架，从而为界定学习型社会概念提供了一种新视角。

---

① Smith, M. K. The Theory and Rhetoric of the Learning Society [EB/OL]. [2000, 2002]. http://www. infed. org/lifelong learning/b-lrnsoc. htm.

② Jarvis, P. Globalisation, Lifelong Learning and the Learning Society: Sociological Perspectives [M]. London: Routledge, 2007: 105.

③④ 联合国教育、科学及文化组织. 联合国教科文组织世界报告——从信息社会迈向知识社会 [R]. 2005: 22.

他认为，不同种类的知识资产可以按照三个维度进行区分：①

维度一：编码维度，依据知识在多大程度上可以被赋予形式。编码过程以其最具一般性的表达方式，创造了有助于对现象进行分类的感性范畴和理性范畴。一旦这些范畴被创造出来，把现象归属于各类范畴的行为就被称为译码。相比而言，被嵌入在大规模生产的人工制品中的知识要比更多以论述方式付诸文本的知识具有更高的编码程度。但是，即便是论述性知识（discursive knowledge），如果要使它变得可以流动，也必须在最低限度上进行编码——比起那些一般是存留在人们头脑中的大多数知识来说，其可编码程度要高得多。

维度二：抽象维度，依据知识在多大程度上可以被赋予结构。抽象通过梳理与我们的意图有关的现象的潜在结构来发挥作用。如果说编码关注的是范畴，那么抽象关注的是范畴之间的关系。在适当地进行抽象时，它使人得以集中关注构成数据之基础的关系结构或分类结构。实际上，抽象是简化法的一种形式，它用少来表示多。例如，被嵌入人工制品中的知识，即便融合了非常抽象的原理，也会比在文本中所陈述的和装在人们头脑中的知识更加具体，因为它所使用的类别丰富而密集，而且潜在的因果关系结构有时很难辨别。具体的感性知识与抽象的理性知识之间的关键区别在于，第一种类型被限定在特殊的空间与时间的用途上，而第二种类型在范围上更具一般性而且较少受到限制。

维度三：扩散维度，依据知识可以达到的特定数据处理主体总体的比例来衡量。总体中的每个成员都表现出一种相似的接收、处理和传递信息的综合能力。无论信息扩散是有意识的沟通愿望的结果，还是某种其他行为的副产品，它都会受制于香农（C. E. Shannon）及韦弗（W. Weaver）提出的同任何一种沟通过程联系在一起的三类难题。这些难题分别在三个层次上提出了问题：① 在技术层面上，收到的讯息和发送的讯息是否一致？② 在语义层面上，收到的讯息是否被理解了？③ 在语用层面上，收到的讯息是否如预想的那样得以遵照执行？要使一条讯息获得预期的效果，发送者和接收者不仅必须共享译码方案，还必须共同拥有彼此相容的取向——价值标准、态度和动机。因此，

---

① 具体观点参见：马克斯·H. 博伊索特. 知识资产——在信息经济中赢得竞争优势 [M]. 张群群，陈北，译. 上海：上海人民出版社，2005：50—75.

通讯的种种难题从技术问题延伸到关于存在的（existential）问题。

上述三个维度可以整合成一个概念框架，即信息空间（information space）。在这个框架里，可以研究信息流动的状态，还可以借助这些理解在特定领域内知识的创造和扩散（见图3-1）。

图3-1以图解方式说明了信息空间中知识的流动。从该空间的区域A出发，开始时是关于特定事件（可能是个人经历，也可能是职业上的事情）的非常个人化的特异性知识，相当于理论的原始态；这样的知识经过连续不断的努力构建，最终会去掉默会的具体细节并获得一般性。

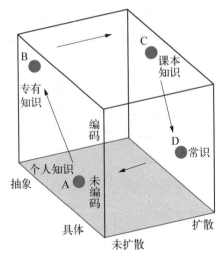

图3-1　信息空间中知识的流动①

于是，它变得可以由其他人来分享和使用。如果这种知识的扩散受到其创造者的控制，例如，在专利和著作权的保护下，它就会变成专有的东西，从而转换到该空间区域B中的某个位置。随着时间的推移，专有的知识会进入公共领域并变得可以扩散，作为公共的或课本上的知识移入该空间的区域C。这样的知识会出现在杂志、报纸、教材、说明书、消费品新闻等载体上。如果人们使用了这种知识，并将它运用于多种多样的情境中，它就在区域D被内在化了，其大部分内容以默会形式被整合成为这种知识的拥有者对于这个世界的常识（common sense）。人们普遍地分享着常识，因此它才被称作"普通的"东西。然而，对于不同的人来说，它并不是一种同质的存在物。作为个体，我们或许分享着同样的关于现象的数据，如有关日落、交通堵塞和就职演说等现象的数据，但是，我们每个人都是用自身独特的经历和境遇所校准的认知过滤器来筛选这种数据。因此，面对被看作大家共享普通常识的世界，我们会把其中相当多的东西，再次转换成非常个人化的、特异性的经验。

① 马克斯·H. 博伊索特. 知识资产——在信息经济中赢得竞争优势 [M]. 张群群，陈北，译. 上海：上海人民出版社，2005：72.

在图3-1中，从D到A再到B的知识流动可被看作知识创造过程，而从B到C再到D的知识流动可被看作知识应用过程。这两种知识流动过程分别基于两种类型的学习。前者基于领悟性学习（learning by insight），它产生富有意义的模式，这些模式给特定系统传达了有关系统所处世界的有用信息，因而修正了该系统的行为倾向，即创造了知识。这种学习所形成的领悟或许是极其微不足道的，或者会在行业中引起根本改变，因而是不连续的和无法预知的。后者基于经验性学习（experiential learning），即检验在多种多样情况下所形成的见解，从而使经验数据得以逐步地积累起来。这种学习更多的是增量式的，而且是可以管理的。每种类型的学习都为另一种类型的学习奠定了基础。没有经验数据的稳步积累，领悟事理的行为就成了无源之水。另外，没有对真理的某种基本见识，经验性学习就成了无本之木。

上述内容意味着，新知识的创造和扩散实际上激活了信息空间的所有三个维度，但它们往往是以某种特定的顺序来做到这一点的。在出现这样一种序列的情况下，它产生了被称为"社会学习周期"（social learning cycle）的过程。社会学习周期可以分为如下六个阶段：① 扫描，它赋予一般可以获得但通常是模糊不清的数据以形式，使之成为独特的或特异性的见解，这些颖悟之见会成为个体或小群体所拥有的东西；② 解决问题，它是赋予上述深刻见解以结构和一致性（也就是对它们进行编码）的过程；③ 抽象，它通常同解决问题一道发挥作用，把新近编码的见解简化到最本质的特征，以便推广到范围更广阔的各种情形；④ 扩散，即和目标总体分享新创造出来的深刻见解；⑤ 吸收，即以"做中学"或"用中学"的方式，把新编码的见解应用于各种不同的情形，使之获得某种语境；⑥ 形成影响，即将抽象知识嵌入具体的实例之中，这种嵌入可以发生在人工制品、技术准则、组织规则或行为模式之中。

社会学习周期所提出的先后顺序是启发性的，而不是机械的。这些步骤中有许多是在小范围内同时运转的。例如，如果负责构建新知识的行为主体也负责把它应用于不同领域的话，那么编码和吸收几乎是合在一起进行的。抽象和形成影响也是同理。这样，社会学习周期就包含三个维度上的可逆过程：一是在扩散维度上，"扫描"与"扩散"形成可逆性；二是在编码维度上，"解决问题"与"吸收"形成可逆性；三是在抽象维度上，"抽象"与"影响"形成可逆性。

只有当社会学习周期在信息空间中的混沌和过度秩序之间来回震荡时，新知识的创造和扩散才会变得活跃起来。在信息空间中，熵产生率在 B 点以外的区域达到最小值。在这里，信息处于编码和抽象程度最高的状态下，其扩散则受到集中控制。熵最小区域是信息环境最有序的区域。相反，数据处理形成的熵产生率在 D 点以外的区域达到最高水平。在这个区域内，无法赋予数据以任何结构，信息在社会系统中的扩散是弥漫性的，而且完全是随机性的。在熵产生率最大和最小的区域之间的某处，就会遇到复杂性的现象，即介于混沌和过度秩序之间的一种中间状态。有效的学习要求把学习自身限定在一个被称为"混沌的边缘"（the edge of chaos）的区域，其上限是混沌无序状态——以数据超载为特征，其下限则是过度秩序状态——以数据供应不足为特征。混沌的边缘是复杂系统在追求动态稳定性的过程中被拖到的一个区域。

博伊索特认为，把关于信息的政治经济学提到议事日程上来，就要求学者、管理者以及政策制定者们处理下述问题：

● 制度问题：世界在极大程度上是非线性的，这一假设会怎样改变制度建设的性质？

● 组织问题：组织的"虚拟性"会怎样影响其治理结构？

● 会计问题：从以能量为基础的资产到知识资产的转变，对会计管理具有何种影响？

● 教育问题：何种教育管理可以使行为主体作好最充分的准备，能够以终身为基础，成功地管理社会学习周期的六个步骤？

● 就业问题：哪种就业政策可以使创造性的破坏不那么有威胁，反而富有建设性？

● 政治问题：对于没有可以确认的时空位置的以知识为基础的经济活动，民族国家怎样才能维持独立自主？

三、"学习型社会"新释

基于上述讨论，可以把学习型社会看作知识社会的一个向度，它所针对的是知识社会中的教育问题。在知识社会中，学习是以适应性的方式充分利用知识流动——既包括流畅的流动也包括黏滞的流动——的一种能力。①流动顺畅的知识是充分编码的、抽象的知识。相比之下，黏滞的知识包含丰富的、定性的和模棱两可的数据。即使它发生流动，其流动速度也很缓慢。随着时间的推移，某些黏滞的知识可以变得顺畅起来。一旦流动顺畅的知识中增添了个体的经验和特异性的阐释，它就会再次变得黏滞起来，于是它就会植根于个体的头脑之中，此人也会又一次觉得难以同他人分享它。有效的学习是在介于过度复杂和过度秩序之间的"混沌的边缘"上航行的过程，它时而朝着降低复杂性的方向行驶，时而朝着提高复杂性的方向挺进。

学习型社会具有知识社会的一切特征。但是作为对知识社会的一个观察窗口，它又集中表现了知识社会的教育方面的基本特征。

第一，在对人的认识上，学习型社会不仅把人看作劳动力的源泉，把它当作一种物质现象，而且把人看作知识的源泉，看作一种信息现象。正如富尔所言，我们再也不能刻苦地、一劳永逸地获取知识了，而需要终身学习如何去建立一个不断演进的知识体系——"学会生存"。

第二，在思维方式上，学习型社会秉持一种复杂性思维方式。复杂性科学是跨越自然科学与社会科学，研究非线性现象规律的一门新学科。作为人类，我们通过处于混沌边缘的复杂状态之中的活动，来保持我们的个人身份。如果我们沿着编码轴漫行得太远，或是走向未编码的、不可言喻的方向，或是走向可编码的、过分有序的方向，那么我们就会丧失它。

第三，在运行机制上，学习型社会是一种保持并依靠知识、智力、学习和文化等方面的多样性的社会。学习型社会不可避免地要对形形色色的知识的性质进行思考。知识可以分为描述性知识（事实和信息）、程序性知识（针对"怎样"的问题）、解释性知识（旨在回答"为什么"）和行为性知识。与学习型社会兴起结伴而至的一件事是，关于智力整体性、单一性的概念受到质疑，"多元智力"理论以及后来的"情感智力"概念促使人们重新审视教育措施过分排他地集中在逻辑—数

---

① 马克斯·H. 博伊索特. 知识资产——在信息经济中赢得竞争优势 [M]. 张群群，陈北，译. 上海：上海人民出版社，2005：3.

学和语言智力上是否恰当。

　　正如博伊索特所言，马奇（James March）在发现新知的学习（exploratory learning）和发展已知的学习（exploitative learning）之间作了有益的区分。①发现新知的学习产生了多样性，也随之带来了不确定性。它创造选择的余地，使与编码和抽象相联系的筛选和承诺的行动得以延迟。这样的学习往往天然地就是非常好玩的，而且无关效率方面的考量。对比起来，应用所知、发展已知的学习追求有效率的结果。它行使作出选择的权利，而在这么做的时候，就消除了多样性和选择余地。通过连续的编码和抽象，它降低了不确定性的程度。

　　知识被结构化和被分享的程度界定了一种文化。②例如，官僚制的文化喜欢经营充分编码的、抽象的和明确的知识。然而，这种文化却不习惯于分享它，而是采取行动阻止其扩散。相比之下，市场文化虽然也表现出对充分编码的、抽象的知识的偏好，但如果市场要有效地发挥作用的话，这种文化实际上就需要很高的分享程度。并非所有的文化都需要它们所经营的知识变成结构化的形式。某些文化会因为含混不明和模糊不清而兴旺发达。这使得除了内部人或宗族式的集团成员之外的其他人难以分享这种知识。这些文化和制度类型都可以在信息空间中标示出来，因此有效的社会学习需要文化和制度的多样性。

　　总之，学习型社会概念的中心词是"学习"，而不是"社会"。基于信息视角的学习型社会概念不再局限于学习概念的能量范式，而是强调学习概念的信息范式。学习概念的能量范式关注的是学习活动在空间、时间和资源上的拓展；而学习概念的信息范式关注的是信息和知识的开放与自由流通，关注的是知识、学习、文化等的多样性。

---

① 马克斯·H. 博伊索特. 知识资产——在信息经济中赢得竞争优势 [M]. 张群群，陈北，译. 上海：上海人民出版社，2005：315—316.
② 同上：3.

第四章
学习型社区创建的关系梳理与
发展取向

21世纪以来，有关学习型社区的研究在理论与实践上逐渐走向深入。本章将对近年来有关学习型社区的研究成果进行梳理，并结合研究现状提出几点思考。

一、学习型社区的概念架构

"学习型社区"是一个仅有十多年历史的新生概念。对于如何理解和解释这一新生概念，已有的研究呈现出三种倾向。

第一，是用比较接近的已有概念对"学习型社区"作出演绎式的解释，如"学习型社会""学习型组织"等。如1998年3月由中国台湾教育主管部门编写的有关终身学习的文件提出：学习型社区是各类型的学习型组织之一。其首要任务是致力于社区学习团体的组成，增加学习机会；联合提供学习单位；发行学习讯息，倡导学习风气；成立社区学习中心，建立社区的学习体系。再如叶忠海教授曾于 1999 年在台湾召开的海峡两岸社区教育研讨会上作了这样的表述："所谓学习化社区，是指以社区终身教育体系和学习型组织为基础，能保障和满足社区成员学习基本权利和终身学习需求，从而促进社会成员素质和生活质量提高，以及社区可持续发展而创建的一种新型社区。"① 这种理解方式是一种占主流的理解方式。

第二，着眼于社区成员的发展，强调"学习型社区"概念中的定语"学习"这一描述词。如楼一峰研究员认为："'学习化社区'的最主要的理念，就是要提升社区成员的自我导向和合作的学习能力，使其了解如何自己设立学习目标，自己拟定学习策略，自己选择教育资源，自己安排学习活动，甚至自己进行评量。'学习化社区'的最主要工作就是要开辟多元的学习渠道，重视正规、非正规及非正式三种学习形态的整合。"② 这种理解方式突出了社区学习的个体维度和社会维度：学习总是个体化的，但是某些学习机会却是由社会机构提供的。

第三，着眼于社区建设，强调"学习型社区"概念中的中心词"社区"概念。如周运清教授认为："从社区建设的终极目标考虑，我们进行社区建设不能满足于管理体制创新，即实现政府职能转变，实现社区内自下而上的管理，及组织机构创新，即完善社区自治机构、培育社区民间团体和中介组织，更重要的是实现社区内涵和功能创新，即如何体现社区所固有的内涵及发挥其功能。社区内涵和功能创新，要求我们在社区建设过程中，有意识地、有计划地探索什么样的建设才能有效培养社区居民的共同利益意识和归宿感，发挥社区居民在我国城市社区建设中的积极作用。学习型社区建设是针对这一思考而提出的城市社区建设的一种创新模式。"③ 这种理解方式凸显了社区自身的驱动力量，即文明社区"向何处去"，更上一层楼的目标是什么，抓手是什么。对此，目前有多种想法：有从提高文明程度的角度提出创"模范社区""文明示范区"；有从赋予特定内涵的角度提出社区建设"法制化""生态文明"；而创建"学习型社区"也顺理成章地成为选项中的热点之一。

当然，以上三种理解方式并不是截然分开的。正如叶忠海教授所指出的："社

① 叶忠海. 试论学习化社会的基础——学习化社区 [J]. 教育发展研究，2000（5）：39.
② 楼一峰. "学习化社区"的形成与运作研究 [J]. 成人教育，2002（5）：14.
③ 周运清. 学习型社区建设与城市社区建设创新 [J]. 江苏社会科学，2002（1）：172—173.

区，既是社会构成的基本单元，又是社会的特定空间，因而在研究学习化社区的内涵时，既应吸收学习化社会的基本含义，又应体现社区——特定空间的特色。"①同时，他也着重从学习和教育自身角度阐明学习型社区形成的基本标志，并指出学习型社区对社区成员发展与社区建设的效能也是学习型社区形成的基本标志。此外，如果说学习的个体维度和社会维度密不可分，那么着眼于社区成员发展与社区建设的两种理解方式之间也是密不可分的。

基于以上说明，笔者认为需要整合三种理解方式，对学习型社区的概念架构作一界定（如图4-1所示），从而给学习型社区研究提供一个起点。

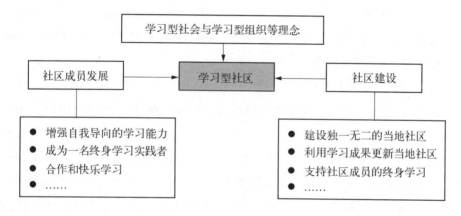

图4-1 学习型社区的概念架构

在图4-1中，学习型社会与学习型组织等理念对学习型社区起着引领作用，社区成员发展与社区建设既是学习型社区的内在构成，也是学习型社区创建的目标和效应。

二、学习型社区创建的关系梳理

学习型社区的概念架构中包含学习型社会与学习型组织等理念、社区成员发展、社区建设三个维度。每一维度在学习型社区创建过程中都不可或缺，但是其侧

---

① 叶忠海. 试论学习化社会的基础——学习化社区 [J]. 教育发展研究，2000 (5)：39.

重点、同学习型社区创建的关联等都有所不同，从而形成学习型社区创建过程中的以下几对关系。

(一) 理念引领与社区实践

"学习型组织""学习型社会""学习型社区"都带有"学习型"的标签，但仔细分析三者的基本含义，会发现它们是不尽相同的。"学习型组织"作为现代企业管理理论，指的是适应信息时代的企业理念和组织模式；"学习型社会"将人的学习作为一种新型的生活方式，指的是以终身教育为代表的社会学习氛围；"学习型社区"则是在学习型社会与学习型组织等理念引领下的地方性实践。创建"学习型社区"的本意在于提倡一种理念，开拓一种思路，探索一种机制，营造一种氛围，而不在某种固定的结构模式。在这个意义上，似应将学习型社区的创建看作一种状态、一种过程，而不是一种模式。

(二) 人力资本训练与社会资本培育

学习型社区的建设是以当地居民通过当地学习社区来解决自身问题为前提的。由于社区教育有助于一个地区的变化和发展，因此应该把它看成一种生产性行为，而不是以个体学习而告终的消费性行为。但是，这种生产性行为并不局限于人力资本训练，即促进地区人力资源发展，并为国家的飞跃发展创造动力；还应关注到社区建设的本意，即如何使当前的地域社区真正具有精神共同体的内核，避免社区定位的行政化，防止社区仅仅成为行政意义上的对基层社会进行管理和控制的空间。因此，应该把社会资本的积累和提升放到与人力资本训练同等重要的位置。

(三) 社区教育职能化与实体化

学习型社区是在总结全国城市社区建设，特别是部分城市开展社区育人工程建设经验的基础上提出的一种社区建设的创新模式。它的主要设想是要把学习导入城市社区建设之中，通过社区教育，以学习为动力来促进城市社区建设的发展。但是，如何将社区教育同社区建设的其他各项工作结合起来？进一步说，是将社区教育作为其他各项工作的职能，还是作为一种新的实体加以建设？社区教育的不断推进表明，并无一种绝对化的实践模式。

三、学习型社区创建的发展取向

以上三对关系，每一对都包含了诸多更加具体的问题，如在理念引领与社区实践之间的关系中，还包含着不同理念之间的关系，不同实践模式之间的关系，以及不同理念与不同实践模式之间错综复杂的关系。就不同理念之间的关系而言，首先是学习型组织、学习型社会、终身教育、终身学习理念之间的关系，其次是这些理念同中国固有文化之间的关系。以下仅就笔者认为特别值得关注的方面，提出相应的发展取向。

（一）文化取向

当前，学习型社区创建文化存在的较大问题是过度的功利主义倾向。开展学习型社区创建的价值何在，人们在理论认识上对此是很明确的，而在实际行动上却热衷于追求功利性的目标。过度的功利主义倾向具体体现在以下几个方面：①

第一，社区居民终身学习的自觉需要尚不明显。一项关于上海市民学习观念的调查表明：在学习动机方面，"为今天而学"的人多于"为明天而学"的人；"为生存而学"的人多于"为自我完善而学"的人，为再就业参加社区组织的各种培训更是多数社区居民选择社区教育的唯一理由。甚至在市民生活中普遍存在"只要孩子好好学习，不要自己天天向上"的倾向。多数市民并未认识到学习与自身发展、学习与适应社会、学习与提高生活质量的关系。此外，还可以看到，奔波于社区各种培训班的青少年学生（包括学龄前儿童），多数是为了父母的期望而学，为的是掌握所谓"一技之长"，在同龄人中更具竞争力，日后能顺利升学和就业，很少有人谈得上愉快学习和主动学习。

第二，社区教育展示活动中的形式主义、表面文章现象严重。社区教育组织部门往往是围绕获得某个奖、挂个什么牌或是通过诸如"学习型社区"的评估、鉴定而开展社区教育活动，社区教育成为社区发展建设中的摆设和"花架子"。

第三，社区教育发展中经济利益驱动现象十分明显。可以看到，许多社区教育

---

① 钟岚雨. 社区教育文化若干问题初探——学习型社区中社区教育文化的发展 [J]. 继续教育研究，2004（1）：30.

的参与单位热衷于办这个班、那个校，表面是为了满足居民终身学习的需要，但最终还是为了追求经济利益。社区教育文化中如此急功近利的倾向，已使社区教育产生了不应有的负功能和消极作用，影响了社区教育的可持续发展。

第四，社区教育组织机构的被动性太强。社区教育委员会是我国社区教育管理赖以进行的基本组织形态。多年以来，其多半由政府有关职能部门直接运作，行政介入与中国政府文化的影响，使社区教育组织部门工作缺乏主动性和灵活性，"人在政在，人去政亡"的现象依然存在。社区教育自身的发展被忽视了。

基于以上问题，学习型社区创建的文化取向应考虑：

第一，挖掘中国传统文化中的积极因素。终身学习的观念在我国古代文明中十分突出，成为五千年中华文明生生不息、源远流长的传承动力。其根深蒂固的观念，丰富多样的形式和巨大的创造力，使中国文化历久弥新。

第二，视学习型社区创建为一项专业活动。作为一项专业活动，学习型社区创建应特别注意活动背后的知识因素，积累学习型社区创建的知识库，并展开讨论与交流活动。

(二) 协同取向

如第二章所述，在终身教育的框架内，正规教育与培训包括须经正规教育体系承认并且颁发公认证书的、有组织的教育；非正规教育与培训包括不被国家教育体系承认的有组织的教育，比如学徒实习培训项目和有组织的在岗培训；非正式教育与培训包括无组织的学习，学习地点不受限制，可以在家里、社区或是工作单位，也包括无组织的在岗培训这种工作单位最常见的学习方式。[1]作为正规与非正规的教育形态，社区教育主要体现为由社区学院、社区学校和社区学校教学点构成的三级网络；作为非正式的教育形态，社区教育主要表现为各种社团活动的"内在效应"。

学习型社区创建的协同取向应考虑：

第一，关注社团对成员个体思维和行为方式的"内在效应"。例如一些有助于培育社会资本的草根社团：读书会、合唱队、郊游俱乐部、业余体育爱好者协会、文学社、宗教团体、兴趣团体、老人会、联谊会、学生社团、疾病康复团体等。社

---

① 世界银行报告．全球知识经济中的终身学习——发展中国家的挑战 [M]．国家教育发展研究中心，组译．北京：高等教育出版社，2005：3.

团活动被认为是社会资本存在的重要载体，并常常被用来测度社会资本。

第二，关注社区教育对社区民生问题的积极作用。作为教育与社区的联结，社区教育同社区民生问题息息相关。以解决社区民生问题为取向的社区发展是现代社区教育发展的直接动力。

（三）整合取向

社区教育概念的出现并非意味着它同其他教育形态的分隔，而是要扩展或转化其他教育形态的职能。在创建学习型社区的实践中，要充分发挥社区主管部门和城区教育主管部门两方面的积极性。城区教育系统定位于建立全社会终身教育的目标体系，抓好社区内的中小学教育和成人教育，通过完善政策鼓励人们学习；社区主管部门定位于居民的精神文化需求，营造社区内自觉、互动的学习氛围，培育健康、向上的社区风气，创造学习育人的社区环境。两者在教育资源的调动、整合上可以密切合作，优势互补，如社区为学校提供理想信念教育与社会实践基地，学校为社区提供师资、场地等。

在学习型社区创建过程中，应加强各类教育资源与社会资源的整合利用，包括鼓励和支持全日制学校、社会力量办学和企业教育资源在满足自身教育及培训需求的前提下，扩大向社会开放的力度，以增加市民学习场所；提高现有的社区学校、老年学校、乡镇成人学校等教育培训机构的使用率；鼓励博物馆、美术馆、纪念馆、体育馆、图书馆等公益型社会设施向市民免费开放，或提供教育培训场所；也可以充分利用社会上的一些空置房、闲置房，制定鼓励办学单位租用的政策，增加市民学习的场所。

学习型社区创建的整合取向应考虑：

第一，建立终身学习合作关系。合作关系的本质乃是一种多向沟通的过程，在此过程中所有伙伴讨论各自的角色，并且贡献彼此的想法，进而进行真诚而无胁迫的合作。

第二，视社区学校为一种资源整合模式。社区学校并不仅仅是一种新的教育实体，更是把学习型社区的理念和价值付诸实施的一种实践模型。作为一种新的实践模型，相较于传统的教育形态，它在同社区的关联度和结构功能上都存在重要差异。

第二部分　能力建设篇

本篇包含五章，主要探讨社区教育服务能力建设（社区教育课程建设与教师发展）、社区教育推进能力建设（社区教育管理改革与社区社会团体建设）和社区教育整合能力建设（社区教育平台与资源建设）。其中，社区教育服务能力建设是社区教育能力建设的显性层面和表层结构，社区教育推进能力建设与整合能力建设是隐性层面和深层结构。在本书内容结构图中，能力建设处于三层同心圆的中间层（见第12页图2），它是社区教育内涵发展的基本构成，也是核心层概念与理论的具体展开，且中间层内三大能力建设之间具有相互连锁、交互作用的关系。

第五章
社区教育课程建设

　　社区教育课程的存在依据，在于课程的一般性和社区教育课程的特殊性的有机统一。为了认识社区教育课程，首先需要阐明课程的一般概念。本章将在厘清课程基本概念的基础上，透析社区教育课程的特殊表现形态，最后对我国社区教育课程研究的状况作简要介绍。

一、课程的基本概念

（一）课程概念的渊源
　　课程（curriculum）是教育研究领域的中心概念。在英语世界，"课程"一词最初出现在 17 世纪格拉斯哥大学的苏格兰高等教育文件中。

　　　　课程（curriculum，复数是 curricula）（拉丁语中，意同 course，career），意指一种学程，一种常规的学习和培训的学程，主要实施场所是学校或大学，如……1633 年……格拉斯哥的缪尼蒙塔（Munimenta）大学。①

英国教育家斯宾塞（H. Spencer）在《什么知识最有价值?》（1859）一文中首次提出了一个课程论难题。在该文中，斯宾塞五次突出了"课程"一词。

如果设想从判断数学教育和古典教育哪个为好就能决定合理的课程，那差不多等于设想全部营养学就在于找出面包是否比马铃薯的养分多!②

虽然最后才能考虑到，但是十分重要的问题，是怎样在不同科目都引起我们注意的时候加以判断。在能够制定一门合理课程之前，我们必须确定最需要知道些什么东西；或是用培根那句不幸现在已经过时的话说，我们必须弄清楚各项知识的比较价值。③

这一定是他们那些不结婚的人的课程。我从这中间看出对许多事情作了仔细的准备；尤其是对阅读一些早已不存在的国家和同时存在的国家的书籍（从此似乎可看出他们本国语文中只有很少值得读的东西）；可是关于带孩子的事一点也找不到。他们不至于那么荒唐来完全忽略这个最严重责任的全部训练。显然，这是他们某个僧院宗派的学校课程。④

在普通课程中占显著地位的语文学习据说有个优点，就是能够增强记忆。大家都认为这是文字学习所特有的优点。但是实际上科学供给更广大的园地去练习记忆。⑤

从上述阐述中可以体会出，斯宾塞的课程概念可以概括为学校教育中的科目。

---

① 转引自：亚瑟·K. 埃利斯. 课程理论及其实践范例［M］. 张文军，译. 北京：教育科学出版社，2005：7.
② 赫·斯宾塞. 斯宾塞教育论著选［M］. 胡毅，王承绪，译. 北京：人民教育出版社，2005：9.
③ 同上：11.
④ 同上：24.
⑤ 同上：40.

这里的"科目"是知识的教育形态。为了解决科目选择问题，斯宾塞的思路是比较各种知识在生活中的相对价值，即追问"什么知识最有价值"。他写道：

> 怎样生活？这是我们的主要问题。不只是单纯从物质意义上，而是从最广泛的意义上来看怎样生活。概括一切特殊问题的普遍问题，是在各方面、各种情况下正确地指导行为使之合乎准则。怎样对待身体，怎样培养心智，怎样处理我们的事务，怎样带好儿女，怎样做一个公民，怎样利用自然界所供给的资源增进人类幸福，总之，怎样运用我们的一切能力使对己对人最为有益，怎样去完满地生活，这个既是我们需要学的大事，当然也就是教育中应当教的大事。为我们的完满生活作准备是教育应尽的职责；而评判一门教学科目的唯一合理办法就是看它对这个职责尽到什么程度。①

（二）课程研究范式的形成②

在课程论史上，斯宾塞提出了"什么知识最有价值"这一问题，从而开启了课程这一研究领域。1918 年，博比特（F. Bobbitt）出版了第一本专门论述课程的书，即《课程》。该书标志着课程作为专门研究领域的诞生。博比特沿着斯宾塞"为完满生活作准备"的思路，把确定人类活动的分析作为课程编制过程的第一个步骤，首次提出一个普遍的课程开发模式和程序。

第一，对人类经验的分析。即把广泛的人类经验划分成一些主要的领域。通过对整个人类经验领域的审视，了解学校教育经验与其他经验的联系。

第二，工作分析。即把人类经验的主要领域再进一步分析成一些更为具体的活动，以便一一列举需要从事哪些活动。

第三，推导出目标。目标是对进行各种具体活动所需要的能力的陈述，同时也旨在帮助课程编制者确定要达到哪些具体的教育结果（博比特在《怎样编制课程》中，曾列举了人类经验的 10 个领域中的 800 多个目标）。

第四，选择目标。即要从上述步骤得出的众多目标中选择与学校教育相关的、且能达到的目标，以此作为教育计划的基础和行动纲领。

---

① 赫·斯宾塞. 斯宾塞教育论著选［M］. 胡毅，王承绪，译. 北京：人民教育出版社，2005：11.
② 本小节参见：瞿葆奎，施良方. 泰勒的《课程与教学的基本原理》——兼论美国课程理论的兴起与发展［M］// 拉尔夫·泰勒. 课程与教学的基本原理. 施良方，译. 北京：人民教育出版社，1992：5—11.

第五，制定详细计划。即要设计为达到教育目标而提供的各种活动、经验和机会。

在总结课程发展史上的经验和教训的基础上，鲁格（H. Rugg）提炼并拓展了博比特的观点，提出了课程编制过程的三个步骤。

● 确定基本的目标。

● 选择活动和其他教学材料。

● 发现最有效的教材组织方式。

泰勒（Ralph W. Tyler）在 1971 年提到，他在"八年研究"中形成的课程原理与鲁格的构思是很相似的，但他对鲁格提出的三个步骤做了系统化、理论化的工作，并增添了评价阶段。他认为，进行课程编制必须回答以下四个问题。

● 学校应该达到哪些教育目标？

● 提供哪些教育经验才能实现这些目标？

● 怎样才能有效地组织这些教育经验？

● 怎样才能确定这些目标正在得到实现？

杰克逊（P. Jackson）把泰勒的《课程与教学的基本原理》（1949）称为"课程编制的圣经"。由于"泰勒原理"的完备性，该书被认为"达到了课程编制纪元的顶点"，成为"课程研究的范式"。

（三）课程的构成要素

课程是知识的教育形态，而课程编制或开发是知识从原生形态①向教育形态的转化过程。这一转化主要是通过选择和重组这两个步骤实现的。②"选择"主要是以教育目的提出的价值与要求为标准，对人类文化中可用来实现教育目的的内容的挑选。"重组"是指对选择出来的教育内容，按受教育者接受和内化的可能性，并考虑到教育活动的阶段性和连续性，以及各种教育内容之间的关联性和前后程序性，进行适合于教育活动的重新组建。这可看作是供加工的教育内容与教育学相关理论的具体整合。

---

① 由于存在不同的知识类型，因此存在不同类型的知识原生态。如理论知识以客观知识的形态存在，实践知识则以同情境不可分离的缄默知识的形态存在。相应地，不同的原生态知识会转化为不同的教育态知识与生命态知识。

② 叶澜. 教育研究方法论初探 [M]. 上海：上海教育出版社，1999：319.

因此，原生形态的知识和教育学视角就构成了课程的要素。其中，教育学视角构成了课程的独特内涵，并集中表现为教育学立场。教育学立场可以从多个维度进行描述。如从形式特征上看，作为一种人为的社会实践活动，教育活动的特殊问题是设计问题，它要求提出目标和构想行动方案。在这个意义上，课程犹如一张教育蓝图，可以把课程看作蕴含着教育目标的教育行动方案。再如，从实质特征上看，教育活动的主体是由处在人生发展某一特定阶段的个体与承担着教育者责任的个体共同组成的，他们之间处于多重的、独特的关系系统中，并在教育活动中发生着交互影响。在这个意义上，课程不能不考虑人的发展的可能性因素与现实性因素，精心设计有利于主体发展的各种活动，使受教育者通过活动实现发展，教育者则通过活动指导影响受教育者的发展。

通过教育学考虑，社会对教育过程的影响被转化为教育上合法的影响。正如本纳（D. Benner）所言："社会的条件和要求决不能从其单方面要求教育互动对其绝对服从出发来推导自己的教育性，而是只能通过表明自己可以转化为教育上合理的条件和要求，才能获得这种教育性。如果不能做到这一点，如果社会影响和要求不仅妨碍而且阻止教育行动的成就时，就必须通过教育学上的社会分析和批判重新构建和改变教育过程的前提、要求和条件，让它可以转化为符合教育情景的条件。"①

在课程编制或开发过程的每一个阶段，都会产生一定的课程物化形态作为课程产品。课程的物化形态是可见的文本或实物，如课程政策、课程方案、课程标准、教材、实训装备等。

（四）课程概念的复杂性

课程的构成要素、课程编制或开发的过程及其每一阶段的课程产品，都提供了理解课程内涵的线索。奥利维娅（P. F. Olivia）收集了不同的资料，用一系列定义和解释对"课程的不定型性"作了详细的描述。

- 课程是一组科目。
- 课程是内容。

---

① 底特利希·本纳. 普通教育学——教育思想和行动基本结构的系统的和问题史的引论 ［M］. 彭正梅，等，译. 上海：华东师范大学出版社，2005：80.

- 课程是一组材料。
- 课程是一组行为目标。
- 课程是接受指导的学习经历。
- 课程是教育机构中的一切，或者受教育机构指导的一切，包括对学生的指导和师生关系。①

在西方，有一项专门关于课程界定的研究证实，课程的定义有119种。我国台湾的课程学者黄政杰分析各种课程文献，发现课程学者都是从学科、经验、目标和计划四个角度来界定课程。

- 课程是学科或教材：认为课程是一门科目、几门科目、所有科目或各科目中的教材。
- 课程是经验：强调以学生为学习中心，重视学生的学习环境，认为课程是学生在学校情境交互作用之下所获得的一切学习经验。
- 课程是目标：认为课程是一连串预定的且有组织的目标。
- 课程是计划：重视计划的内容与计划的程序，其中包括目标、内容、活动、评价等要素。②

埃利斯（A. K. Ellis）则从不同的课程观、课程取向出发，区分了知识中心课程、社会中心课程和学习者中心课程三种组织课程的方式。③每一种课程模式都包含特殊的着重点与对教、学、环境和评价的独特认识。其中，知识中心课程是历史最为悠久的课程模式。它最初表现为分科课程（seperate subject curriculum），即每门学科背后的学术的逻辑性知识体系被视为学科的内容，不考虑学科相互之间关联的多学科并列的课程。分科课程强调学术知识的原生态，把学术体系原封不动地搬到学科中，而忽视教育的主动性要求的原则。经过改造的学科课程就是旨在克服学科课程所面临的教育学问题。改造了的学科课程的主要形态包括：

- 相关课程（correlated curriculum），指沿袭基于学科课程的学科区分，试图把若干学科关联起来，以便提高学习效果的课程。

---

① 转引自：N. 斯特罗门，A. C. 图季曼. 成人教育课程［M］//T. 胡森，T. N. 波斯尔斯韦特. 教育大百科全书. 重庆：西南师范大学出版社，海口：海南出版社，2006：273.
② 转引自：钟启泉. 现代课程论（第2版）［M］. 上海：上海教育出版社，2003：230.
③ 亚瑟·K. 埃利斯. 课程理论及其实践范例［M］. 张文军，译. 北京：教育科学出版社，2005：3.

- 融合课程（fused curriculum），指以学科为中心，撤销了覆盖问题范围的学科之界限的课程。诸如，把历史、地理、公民融合为社会科，把物理、化学、生物、地学融合为理科。

- 广域课程（broad-fields curriculum），指取消学科界限，由广域的内容所组成的课程。这是一种融合，即把课程所囊括的一切类似的学科群加以整合。

- 核心课程（core curriculum），由学习解决现实生活问题的"中心课程"和学习中心课程所必需的基础知识与技能的"周边课程"组成。"中心课程"的内容以经验课程的方式编制，处于课程的核心地位；"周边课程"由学科的内容构成，与不承认学科课程的经验课程相比，更接近学科课程。①

　　课程概念的复杂性还体现在课程定义的层次上。美国课程学者古德拉德（J. I. Goodlad）认为，有五种不同的课程在不同的层次上运作。第一层次是"理念课程"（ideal curriculum），诸如政府、基金会或特定的专业团体探讨的课程问题、提出的课程革新方向；第二层次是"正式课程"（formal curriculum），指由州政府或地方董事会核准的课程方案，可能是各种理念课程的综合或是修正，也可能包括其他课程政策、标准、科目表、教科书等；第三层次是"知觉课程"（perceived curriculum），指学校教师对正式课程加以解释后所认定的课程；第四层次是"运作课程"（operational curriculum），指教师在课堂教学中实际执行的课程；第五层次是"经验课程"（experiential curriculum），指学生实际学习或经验的课程。此外，格拉索恩（A. A. Glatthorn）还提出了"施测的课程"，即通过测验考试评价的课程内容。②课程的层次分析可被看作课程的过程分析的平面化，它的意义在于指出了"课程从规划、设计到实施，从课程决策者、编制者到教师和学生，经历了好几种转换"，③包括课程主体、课程活动和课程的物化形态等多个方面的整体转换。

　　钟启泉认为，课程编制需要一定的逻辑条件和运筹条件。所谓逻辑条件，是指教育目标、经验（知识）的构造方法、评价等各个侧面的问题；所谓运筹条件，是指必要的人、财、物的条件。④

① 钟启泉. 现代课程论（第2版）.［M］. 上海：上海教育出版社，2003：237—238.

② 同上：229.

③ 施良方. 课程理论：课程的基础、原理与问题［M］. 北京：教育科学出版社，1996：9.

④ 钟启泉. 现代课程论（第2版）［M］. 上海：上海教育出版社，2003：345.

20世纪70年代以来，西方教育科学领域发生了重要的范式转换：开始由探究普适性的教育规律转向寻求情境化的教育意义。这种范式转换在课程研究领域有突出表现。课程研究领域开始超越以"泰勒原理"为代表的具有技术理性性格的"课程开发范式"，走向"课程理解范式"——把课程作为一种多元"文本"来理解的研究范式。当代课程领域不再把课程问题视为"技术"问题，即"如何"的问题，而是把它视为"为什么"的问题。①

（五）课程与教学的关系

作为沟通社会与个体的中间环节，教育表现为一种独特的转化机制。教育过程从起点的形成开始，就体现了整合、转化的特征。这一转化过程可以区分为前后相继的两个阶段：首先，是人类共同文化向教育特殊文化转化；然后，是教育特殊文化向人的精神生命转化。②换言之，教育活动涉及两种转化，一是知识的原生态向教育态的转化，一是知识的教育态向生命态的转化。前一个转化涉及教育的社会方面，后一个转化涉及教育的个体—互动方面。两者分别遵循不同的教育思想和行动原则。

从前述讨论中可以看出，课程论的核心问题是课程开发，即知识的原生态向教育态的转化问题，并且涵盖了国家、学校、教师和学生等多个层面。课程开发的复杂性导致课程的话语体系几乎反映了教育活动型存在的全息，课程论也把自身的问题领域进一步延伸到知识的教育态向生命态的转化问题。由此，课程概念就包含了教学概念。

但是，对课程概念的梳理表明，课程是知识的教育形态，它的基本要素是原生态的知识与教育学考虑，它主要涉及教育的社会方面，反映的是教育与其他人类实践之间的联系。在这种情况下，课程与教学可以分属于两个相互联系但又相对独立的研究领域。

教学论的核心问题是知识的教育态向生命态的转化，它主要涉及教育的个体方面，它是最基础、最大量的教育活动型存在。只有对教学问题进行了充分的研究，教育研究才进入到微观和具体层面。正如在英美等国课程领域被置于教育的核心一样，在德国和东欧地区，教学领域被置于教育的核心，在这一教学论概念系统中，

---

① 威廉·F.派纳，等.理解课程：历史与当代课程话语研究导论 [M].张华，等，译.北京：教育科学出版社，2003：主编寄语，导论.

② 叶澜.教育研究方法论初探 [M].上海：上海教育出版社，1999：319.

教学概念包含课程概念。我国曾仿效苏联中央集权的课程行政，有关"课程"的话语一般是被包含在"教学大纲""教学计划"之中。这样，教学的话语体系映照着教育活动型存在的全息，教学也把自身的问题领域进一步延伸到知识的原生态向教育态的转化问题。由此，教学概念包含了课程概念。

事实上，对于课程和教学的关系可以用不同的方法来解释。这些方法可以描述成：二元法、连锁法、同中心法和循环法。①前述无论是把课程包含在教学之中，还是把教学包含在课程之中，都属于同中心取向。笔者不赞同这一观点，同时也不赞同二元取向和连锁取向，即要么把教学和课程看作两个界限分明的领域，要么把教学和课程看作融合为一体的领域。在对课程概念梳理的基础上，本书采用循环取向，即把教学和课程视为不断循环的反馈系统。

二、社区教育课程的特质与建设流程

泰勒在《课程与教学的基本原理》的"中译本序"中写道：

《课程与教学的基本原理》最初是作为我在芝加哥大学执教的一门学程的讲授纲要而编写的。这门学程是为高年级研究生开设的，当时这些研究生正在编制学校、大学和技术研究所的各种课程与教学计划，以及非大学层次的其他一些教育计划。这门课上的学生是来自学校、学院和大学、医学院、护理学校、社会慈善救济事业、管理、工程技术和企业管理方面的教育工作者。为了帮助这些背景不同的学生，这门学程有意识地把焦点集中在一般原理上，并为每个学生布置任务，尝试把这些原理分别应用于编制适合学生自己情况的课程与教学计划。②

显然，"泰勒原理"被作为一种具有普适性的课程模式，应用于普通教育和职业教育、基础教育和高等教育、学校教育与社会教育等教育领域。这种情况并非意味着各种教育领域的课程问题不具有独立存在的价值。随着课程研究领域的"范式

---

① N. 斯特罗门，A.C. 图季曼. 成人教育课程［M］// T. 胡森，T.N. 波斯尔斯韦特. 教育大百科全书. 重庆：西南师范大学出版社，海口：海南出版社，2006：274.
② 拉尔夫·泰勒. 课程与教学的基本原理［M］. 北京：人民教育出版社，1992：中译本序.

转换",课程被视为"复杂的会话",它对于许多环境——身体的、心理的、社会的、精神的环境——越来越敏锐。

同一般的教育活动一样,社区教育活动也涉及两种转化,即首先是从知识的原生态向教育态的转化,继而是从知识的教育态向生命态的转化。前一个转化属于课程领域,后一个转化属于教学领域。社区教育课程开发过程是知识从原生形态向社区教育形态的转化过程,由此原生态的知识和社区教育学考虑构成了社区教育课程的基本要素。其中,社区教育学考虑构成了社区教育课程的独特内涵。社区教育课程的特殊性表现在社区教育课程的构成要素、课程开发过程及其每一阶段的课程产品上。

(一)社区教育课程的特质

社区教育课程建设是社区教育内涵发展的重要方面,是实现社区教育服务能力提升的基本途径之一。如前所述,从国际社区教育发展背景来看,社区教育的基本理念之一就是以社区需求与终身学习为导向,即认识到学习贯穿人的一生,社区教育应提供贯穿多个人生阶段的正式和非正式学习机会,应向社区成员提供课程和服务以及代际交流的机会。把这一理念落实到社区教育课程上,就表现为社区教育课程的多样性,包括课程门类、课程类型等方面的多样性。

为了更好地理解社区教育课程的多样性,笔者借用我国台湾学者蔡培村、武文瑛的说法,把广义上的课程概念以"教育—学习"为纵轴,"个人—团体"为横轴,区分为四个狭义上的课程概念,即课程、方案、活动和自我导向学习(见图5-1)。①

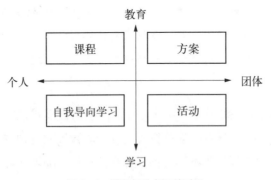

图5-1 课程相关名词关系图

---

① 蔡培村,武文瑛.成人教育学 [M].高雄:丽文文化事业股份有限公司,2010:199—200.

　　如图 5-1 所示，课程是指根据逻辑理论或学说建构的严谨安排，偏向制度规范，多用于个人的正规教育，以及企业训练与大学推广等实务，偏重总结性评价；方案（program）是一组精心设计的活动，多数提供非学分或非成套的学习项目，较具弹性和持续性，常应用在非正规教育、成人教育、社区教育、社会服务等领域，偏重形成性评价；活动（activity）是指团体的学习；自我导向学习（self-directed learning）是指个体的学习。显然，社区教育课程虽然具有多样性，但就其特质而言，更偏重于"方案"概念。

　　值得注意的是，社区教育课程系统虽然由一门门具体的课程组成，但是它首先并非一门门具体的课程，而是一个由主导学程、课程类别和具体课程组成的三层次系统。其中，主导学程是课程发展的聚焦点和主力点，课程类别是由一门门具有内在联系的课程组成的集群。例如，台北市松山社区大学以该校中长期发展计划为目标，在 2008 学年规划了"国际事务学程""环境学程""人文艺术学程"三个学程，旨在引导学员有系统地学习。学程的推出引发了社区学员更大的学习兴趣，2009学年起松山社区大学结合社区民众需求与台湾地区有关政策方针，规划了"地方学学程"与"多元文化学程"。各学程囊括了学术课程、社团课程与生活艺能课程，学期当中陆续开课。

　　（二）社区教育课程建设的流程

　　综合学者们对于课程一般性的看法，并基于对社区教育课程的特质分析，社区教育课程建设应遵循以下流程（如图 5-2 所示）。

　　首先是需求调查阶段，解决的是课程价值与目标问题，处在理念课程层面上。该阶段的参与者包含众多相关者，如社区教育课程政策制定者、课程管理者、课程研究者等。不同的参与者会从不同的角度和层面提出课程价值与目标问题，如社区教育课程政策制定者会从宏观需求角度，更多地看到国家或区域的发展需求；社区教育课程管理者会从中观需求角度，更多地看到课程开发机构的发展需求；社区教育课程研究者会从微观需求角度，更多地看到社区居民的发展需求。这些需求并非相互排斥的，而是可以整合起来，进而形成一个立体结构。需求调查阶段的课程产品是社区教育课程建设需求调查报告，借此可以反映社区教育课程建设的背景、需求现状以及值得追求的课程目标。

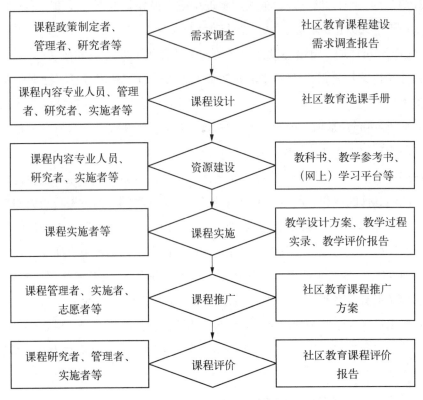

图5-2　社区教育课程建设的流程

第二是课程设计阶段，解决的是课程结构与大纲问题，处在正式课程层面上。该阶段的参与者包含社区教育课程内容专业人员、课程管理者、课程研究者与课程实施者等。该阶段的课程产品是社区教育选课手册，其中包含课时表、课程分类表、学员须知、学程规划、课程大纲等。课时表可以教学周为单位，每周七天分别安排相应的课程，并列出教师姓名。课程分类表以课程性质接近为原则，列出不同课程类别以及具体课程名称，并列出教师姓名。学员须知包含学员的权利和义务，并需注明学员报名与选课要求，如入学资格、报名时间、报名方式、报名材料、收费标准等。学程规划包含学程目标、学程内容结构及相应的学分结构。课程大纲包含课程基本信息和课程主题列表，前者包括课程名称、课程时段、授课教师、招收对象、课程程度、师资介绍、教学理念、教学方式、学习目标、评价方式、学分、推荐书目、收费方案等，后者应包括周次、课程主题与课程要点。

　　第三是资源建设阶段，解决的是课程资源与平台问题，也处在正式课程层面上，但针对的是社区教育经验的有效组织问题。该阶段的参与者包括社区教育课程内容专业人员、课程研究者与课程实施者等。课程资源有广义和狭义之分。广义的课程资源是对一系列提供学习、支持学习与改善学习的事物的总称，不仅包括学习内容和学习资料，还包括课程平台，如媒体、策略、方法以及环境条件等要素。狭义地说，课程资源是指学习内容和学习资料。这里的课程资源是指狭义的课程资源，它可以分为两类：专门设计的资源，指专门为了促进有目的的、正式的教学而进行研究、设计的资源，如教科书或教材；非专门设计的资源，指不是专为教学目的而设计，但可开发和利用以为教学服务的资源，如教学参考书。课程平台也有广义与狭义之分。广义的课程平台可以理解为提供与支持学习的各种场所、技术及其功能的结合，是一种综合介质集合。狭义的课程平台仅指以信息技术为载体的公共学习平台，即网上学习平台。

　　第四是课程实施阶段，解决的是教学设计、实施与评价问题，包含知觉课程、运作课程、经验课程和施测课程等多个层面。该阶段的参与者主要是社区教育课程实施者，包括教师与学员。广义的教学设计与备课同义，指课前的教学准备活动。狭义的教学设计仅指对教学要素及其相互联结方式的设计。教学设计的成果是一份完整的教学设计方案或教学设计表（简称"教学方案"或"教案"）。值得一提的是，为上课而做的幻灯片是教学内容载体，它虽然是教学设计方案的一部分，但其本身并不是教学设计方案。教学设计方案是开展教学活动的蓝图。教学设计方案完成之后，进入教学实施。一般来说，教学设计方案开始付诸实施时，总会有所调整、有所修正。教师应该在教学实施后及时地对教学实施情况进行反思与重建。教学反思可以看作教师的自评。除了自评，教学评价还包含学生评教、同行评价等方式。该阶段的课程产品包括教学设计方案、教学过程实录与教学评价报告等。

　　第五是课程推广阶段，解决的是课程效益扩大化问题，这是社区教育课程建设的独特问题。由于社区教育课程的多样性以及社区学员的异质性，要把特定的课程同特定的学员相联结，从而更充分地发挥课程的社会效益，并满足特定的学员需求，就涉及社区教育课程的推广问题。该阶段的参与者包含众多相关者，尤其是社区教育课程管理者、教师、学员以及志愿者。该阶段的课程产品是社区教育课程推广方案，包括背景分析、目标学员分析、推广策略等。

最后是课程评价阶段，解决的是课程质量的问题。它不同于课程实施阶段的教学评价。如前所述，课程评价是课程建设的反馈环节，并对课程建设的全过程起着导向作用，而教学评价仅仅是教学实施的反馈环节，主要对教学设计、实施等起着导向作用。因此，教学评价可被看作课程评价的一部分，但不能替代课程评价。课程评价者可以是社区教育课程研究者、课程管理者以及课程实施者等。该阶段的课程产品是社区教育课程评价报告，包含评价目标、评价方式、评价指标体系、评价过程、评价结果等方面。

三、社区教育课程评价指标体系的构建

社区教育课程评价不仅是社区教育课程建设的重要环节，而且在社区教育课程建设过程中起着重要的导向作用。一方面，社区教育课程评价是社区教育课程建设的反馈环节，缺失社区教育课程评价，社区教育课程建设就无法构成一个完整的系统；另一方面，社区教育课程评价渗透于社区教育课程建设的全过程，起着检查、鉴定课程质量，推动课程建设的功能。而实现社区教育课程评价的反馈与导向功能，关键在于设计出一套合理的评价指标体系。

社区教育课程评价指标体系是社区教育课程评价的核心构成部分，具体包括评价指标、评价标准、评分规则等。评价指标是对评价项目的描述，一般包含一级指标和二级指标。评价标准是对每一评价项目应该达到的状态的描述。评分规则是对评价标准实现程度的判断及相应的赋值。

(一) 社区教育课程评价指标设计

由于社区教育课程评价在社区教育课程建设过程中起着重要的导向作用，因而笔者主张从社区教育课程建设全过程的角度来把握社区教育课程评价指标。

基于前述社区教育课程建设的一般流程，社区教育课程评价的一级指标包含需求调查、课程设计、资源建设、课程实施、课程推广与课程评价六个项目，其具体内涵反映在二级指标中（见表5-1）。

表 5 - 1　社区教育课程评价指标结构

一　级　指　标	二　级　指　标
需求调查	需求分析
	课程目标
课程设计	课程结构
	课程大纲
资源建设	课程资源
	课程平台
课程实施	教学设计
	教学实施
	教学评价
课程推广	情境分析
	推广策略
课程评价	评价方案
	课程效果

（二）社区教育课程评价标准设计

社区教育课程评价标准描述了对每一评价项目的量的和质的要求。如在需求调查方面，"需求分析"的评价标准是熟悉课程建设的多方面需求，"课程目标"的评价标准是清晰表达适合需求的课程目标；在课程设计方面，"课程结构"的评价标准是形成丰富多样的课程类型，"课程大纲"的评价标准是形成规范、适用的课程大纲；在资源建设方面，"课程资源"的评价标准是拥有丰富、适用的课程资源，"课程平台"的评价标准是拥有可及的课程平台；在课程实施方面，"教学设计"的评价标准是考虑到多种教学要素及其相互关系，"教学实施"的评价标准是营造公平、和谐、互动的教学环境，"教学评价"的评价标准是形成教学评价机制并取得良好的教学评价结果；在课程推广方面，"情境分析"的评价标准是熟悉课程推广情境，"推广策略"的评价标准是形成有针对性的推广策略；在课程评价方面，"评价方案"的评价标准是形成完整的课程评价方案，"课程效果"的评价标准是取得良好的课程评价结果。

(三) 社区教育课程评价评分规则设计

社区教育课程评价的评分规则包含赋值规则与权重。赋值规则可采用三级赋值，如"1"表示未达到相应评价项目的评价标准，"2"表示基本达到相应评价项目的评价标准，"3"表示完全达到相应评价项目的评价标准。介于三级赋值之间的状态可用"1.5""2.5"等表示。

权重是一个相对的概念，针对某一指标而言。某一指标的权重是指该指标在整体评价中的相对重要程度。由于社区教育课程评价是一个新生事物，因此如何根据社区教育课程建设的实际状况设计合理的权重，一方面保护社区教育课程建设热情，逐步积累社区教育课程建设经验，另一方面如实反映社区教育课程建设现状，推动社区教育课程建设，就显得十分重要。当社区教育课程建设还处在起始阶段时，应强化课程实施和资源建设的权重，逐步前移后续，将之扩展到课程设计与课程推广，最后扩展到需求调查与课程评价方面。

综上所述，可以形成如下社区教育课程评价指标体系（见表5-2）。

表5-2 社区教育课程评价指标体系

一级指标（权重）	二级指标	评 价 标 准	评 分				
			1	1.5	2	2.5	3
需求调查（10）	需求分析	熟悉课程建设的多方面需求					
	课程目标	清晰表达适合需求的课程目标					
课程设计（15）	课程结构	形成丰富多样的课程类型					
	课程大纲	形成规范、适用的课程大纲					
资源建设（25）	课程资源	拥有丰富、适用的课程资源					
	课程平台	拥有可及的课程平台					
课程实施（25）	教学设计	考虑到多种教学要素及其相互关系					
	教学实施	营造公平、和谐、互动的教学环境					
	教学评价	形成教学评价机制并取得良好的教学评价结果					

续　表

一级指标 （权重）	二级指标	评　价　标　准	评　　分				
			1	1.5	2	2.5	3
课程推广 （15）	情境分析	熟悉课程推广情境					
	推广策略	形成有针对性的推广策略					
课程评价 （10）	评价方案	形成完整的课程评价方案					
	课程效果	取得良好的课程评价结果					

（四）社区教育课程评价再思考

通过前面对社区教育课程评价前提与社区教育课程评价指标体系设计的讨论，可以引出以下几点思考。

首先，社区教育课程评价是一种综合性的课程评价模式。一种课程评价模式，既体现了特定课程价值观，又表征了特定课程评价的操作形态。理论家们从不同的角度对课程评价进行界定，并构建了自己的评价模式。李子建、黄显华曾罗列了五种比较有代表性的课程评价模式：① 将教育或课程评价等同于教育测量和测验；② 将课程评价视为学生成就、表现和某种特定目标间的符合程度；③ 将评价视为搜集与提供资料，让决策人员从事有效决策的过程；④ 将评价视为专业人员的判断，对优缺点和价值的评估；⑤ 将评价视为一种政治活动，不仅检视课程的效率和管理问题，也理解评价所涉及的道德及美学含义，并探讨谁会从中得益。[①]本文所阐述的社区教育课程评价汲取了多种课程评价模式的成分，如目标评价模式中对课程目标的强调，CIPP 评价模式中对评价改进功能的强调以及背景评价（context evaluation）、输入评价（input evaluation）、过程评价（process evaluation）与结果评价（product evaluation）思想，教育鉴赏及教育批评模式所要求的由专业人员作为评价者及其深刻鉴赏和精细洞察的思想，等等。

其次，社区教育课程评价同社区教育工作者的课程建设能力息息相关。社区教育课程评价涉及两类社区教育工作者的课程建设能力。一方面，社区教育课程评价同社区教育课程评价者的课程建设能力息息相关。社区教育课程评价者若缺乏课程

---

① 冯生尧. 课程评价定义的批判分析［J］. 教育研究, 1996（9）: 54.

建设能力，如缺乏对社区教育课程特质的理解能力或缺乏对社区教育课程开发全过程的把握，就不能鉴别出符合社区教育特质的高质量的社区教育课程，更不可能洞察社区教育课程建设者的课程理解能力与课程开发能力，从而会把社区教育课程建设引向误区，如把课程建设引向文牍主义，使得社区教育课程建设者误认为课程建设等于写材料，做得好不如写得好。另一方面，社区教育课程评价的根本目的在于提升社区教育课程建设者的课程理解能力与课程开发能力。通过一定的社区教育课程评价，社区教育课程建设者的课程理解能力应得到相应的提升，并在社区教育需求调查、课程设计、资源建设、课程实施、课程推广与课程评价方面发现自身的长处与不足，从而增强社区教育课程开发的系统建构能力。

最后，社区教育课程评价有助于社区教育相关部门加强社区教育课程管理。社区教育课程评价是对社区教育课程建设全过程的评价，其指标体系包含了社区教育课程建设中的关键课程事件与相关课程产品，并反映出相关课程事件参与者的课程理解能力与课程开发能力。因此，社区教育课程评价有助于社区教育相关部门加强社区教育课程管理，并在此过程中提升社区教育课程管理能力。例如，在连续开展社区教育课程评价基础上，针对当前课程建设中存在的问题，上海市学习型社会建设服务指导中心办公室组建了上海社区教育课程联合教研室，通过市区合作、区区合作的方式，推进社区教育课程与资源建设，旨在培育社区教育师资骨干队伍，探索上海终身教育"学分银行"中社区教育课程的学分制管理，以进一步提升社区教育的内涵建设。该课程联合教研室在一定程度上提升了社区教育课程建设参与者的相应课程建设能力以及关键课程事件与课程产品的质量，是上海社区教育课程建设与管理的创新举措之一。

四、我国社区教育课程研究的状况

对我国社区教育课程研究状况的描述离不开对我国课程研究整个领域一般状态的概述。这主要是因为我国社区教育课程研究并未形成相对独立的学科领域，而是从属于普通教育课程研究，尤其是成人教育课程研究。

课程论作为一门独立学科在我国出现甚晚，在相当长的一段时间里，对课程问题的研究是包含在教学论研究中的。中华人民共和国成立后，受苏联教育学的影响，课程一直是教学论理论体系中的一个组成部分，反映在教学论教材中，只是作为一个章节出现，如"教学内容"。其具体内容也仅仅局限于介绍和解释国家颁布的"教学计划""教学大纲"和"教科书"。在 20 世纪 80 年代前期和中期，中小学教育改革几乎没有涉及课程问题，至多有一些与教法改革同步的教材改革。这种实际状况是我国课程理论长期不受重视的主要原因，也导致在开始课程研究时将课程直接等同于它的物化形态，如教材或教科书，并将课程编制等同于相应材料的编写，将课程评价等同于评价学生对相应材料的掌握程度。

自 20 世纪 80 年代末开始，我国教育研究者对课程的一些基本理论问题进行了广泛的探讨，初步建立起了课程论的学科体系和框架，使课程论在实际上成为一个独立的研究领域。1997 年 3 月，中国教育学会教育学分会正式批准成立全国课程专业委员会，并于 1997 年 11 月在广州召开了首届全国课程学术研讨会。1998 年，国务院学位办对自然科学和社会科学领域中招收博士、硕士研究生的二级学科专业进行调整，将原"教学论"专业更名为"课程与教学论"专业，并将课程理论、学科教学论归并于这一专业目录之下。至此，课程论在我国作为教育科学的一门分支学科的地位得以确立。

1999 年 1 月 13 日，国务院批转教育部《面向 21 世纪教育振兴行动计划》。这个计划是在贯彻落实《中华人民共和国教育法》和《中国教育改革与发展纲要》的基础上提出的跨世纪教育改革和发展的施工蓝图。为全面提高国民素质和民族创新能力，当务之急就是实施"跨世纪素质教育工程"。此项工程的一个重要任务就是改革课程体系和评价制度，初步形成现代化基础教育课程框架和课程标准，改革教育内容和教学方法，推行新的评价制度，开展师资培训，启动新课程实验。2001 年，教育部制定并颁发了《基础教育课程改革纲要（试行）》，研制颁布了九年义务教育阶段各科课程标准，同时在全国 42 个国家级实验区正式开展新课程实验。

1999 年 4 月 21—22 日，首届北京市成人教育课程、教材、教学研讨会在北京教育科学院召开，这标志着成人教育课程意识的觉醒。该研讨会对如下问题展开了集中讨论：① 当前成人教育课程教材建设中存在的问题；② 成人院校进行课程改革与建设的客观必然性；③ 课程与教材建设的对策；④ 各学科各专业大、中专两个层次上具体的课程设置、课程内容的改革、教材编写的具体措施以及新课的设置等；⑤ 教学与学习策略。

2002 年，成人教育课程研究专著《成人教育课程开发的理论与技术》出版，标志着成人教育课程研究在我国成为一门独立的分支学科。在此之前，成人教育课程论研究从属于成人教学论研究。该书分别从成人教育课程开发的理论、成人教育课程开发的技术、成人教育课程开发的实践三个方面对成人教育课程开发领域的一系列问题进行了分析和研究。作者从新世纪、新阶段的历史背景出发，对成人教育课程领域存在的基本课题进行了探究；从成人教育实践领域的视角，对成人教育课程的类型进行了梳理；从哲学、心理学、社会学等学科的角度，对支撑成人教育课程发展的理论基础进行了探讨；运用系统思考的方法论，为成人教育课程开发构建了一种具有普遍适用意义的基本模式，并明确提出，成人教育课程开发应树立"需求导向型"的指导思想；本着为成人教育课程工作者提供多样化课程开发方案的意愿，对国内外成人教育课程开发的模式进行了介绍。最后，该书还提供了成功的课程开发案例，充分地展示了成人教育领域课程的丰富性和独特性。

该书首先以一节的内容探讨了社区教育课程开发模式，即上海市原闸北区"社区教育课程开发的研究"项目组所设计的以社区教育课程观为核心的社区教育课程开发模式。[1]该模式的基本流程有：① 社区教育课程观构建；② 需求调研；③ 需求决策；④ 目标转换；⑤ 课程设计；⑥ 课程准备；⑦ 课程实施。该模式的基本理念是，社区教育课程的设计应以解放知识、服务于广大社区市民的生活为导向，应以社区问题的解决为导向。

在此基础上，杜君英结合我国国情提出了"社区发展需求导向型"课程开发模式。[2]该模式是以社区与社区人互动持续发展中的"问题"为中心，从学习需求调研开始，沿确立课程目标、选择组织课程内容，到实施课程和评价课程的路线而展开的循环往复、不断深化的社区教育课程开发过程。不断发现和解决、消除社区发展中的问题和居民生活中的障碍，是这一模式的出发点和归宿点。

近几年来，中国成人教育协会社区教育专业委员会一直把促进社区教育课程建

① 黄健. 成人教育课程开发的理论与技术 [M]. 上海：上海教育出版社，2002：150—151.
② 杜君英. 社区教育课程开发研究 [D]. 上海：华东师范大学，2005：32.

设作为一项重点任务和努力方向，由浅入深，着力推展，如 2007 年提出了加强社区教育课程建设的总体思路，2009 年启动了首批社区教育特色课程评审工作。从评审情况来看，多数单位重视社区教育课程建设，共申报了特色课程 296 门；在内容上，地域性的历史文化、民俗文化、民间工艺类的课程，卫生健康类、书画歌舞类、闲暇生活类课程，占了这次特色课程申报相当大的份额，凸显了社区教育课程建设的特色。

为了在将来的发展中获得更为丰富的内涵，社区教育课程研究应处理好三个基本关系，并作出相应的三重转换：① 处理好一般与特殊的关系问题，在思维方式上作出由简单演绎向具体思维的转换；② 处理好技术理性与理解理性的关系问题，在关注点上，在将社区教育课程与教学的问题视作"如何"的问题的基础上，更多地思考"为何"的问题；③ 处理好西方理论与本土理论的关系问题，在较多参照西方社区教育课程理论的基础上，更多地进行立足本土的原创研究。

就一般与特殊的关系问题而言，对于社区教育课程研究，关键是摆脱普通教育或成人教育课程研究的旧有思维方式和话语体系，走出一条属于自己的新路。社区教育课程研究在话语体系上不应成为普通教育或成人教育课程研究的翻版。这种理论上的"普通教育化""成人教育化"与实践上的"普通教育化""成人教育化"构成了社区教育课程的双重"普通教育化""成人教育化"，而且两者交互作用、相互加强。因此，如何处理社区教育课程研究与普通教育或成人教育课程研究的关系，摆脱跟随它们亦步亦趋的现状，在思维方式上实现由简单演绎向具体思维的转换，走出一条属于自己的新路，是新时期不可回避的重要课题。

就技术理性与理解理性的关系问题而言，社区教育课程研究需要跳出技术理性和方法思维，更加关注复杂的具体问题，走向理解范式。随着人们对教育问题及其产生背景之复杂性有了越来越清醒的认识，对传统上追问唯一本质或普遍规律之思维惯性有了越来越频繁的反思，研究者开始关注课程研究范式的转换：由寻找基础到面对现实，由构建理论到尝试解释，构成了一种消解唯一中心、多元并存的研究视野。课程的复杂性要求课程研究者从两极对立思维走向两极连续思维，从要素思维走向关系思维，从线性思维走向系统思维，不断地使自己的思维方式变得复杂起来。①社区教育

---

① 叶澜. 二十世纪中国社会科学·教育学卷［M］. 上海：上海人民出版社，2005：217.

课程论研究同样面临着上述范式转换问题，跳出就课程论课程的狭隘视野，更加关注社区教育课程理论的前提问题，关注社区教育课程开发的复杂性，由对"如何"的关注，转向对"为何"的深入思考。

就西方理论与本土理论的关系问题而言，社区教育课程研究应该把关注点由外部转向内部，以本国社区教育课程发展需要和问题为研究的本源，通过各种不同手段获取原始性素材，或作原始性（相对于"验证性"）的研究，进而构建在国内或国际范围内富有独特性和创新性的社区教育课程理论。我国社区教育课程研究的原创性至少应包括问题的原发性、研究素材的原始性、结论的独特性等要素。

五、社区教育课程建设案例分析

（一）台北市松山社区大学课程建设案例分析①

在我国台湾地区，社区大学被认为是教育改革的奇迹。设立社区大学的构想，源自1994年台湾大学数学系黄武雄教授的倡议。他认为，台湾社会的乱象主要源自台湾社会未有深耕文化的创造，因此就整个台湾社会而言，需要发起一个"重建台湾社会"的运动，如此台湾才可能迈向真正的民主，达成市民社会的理想。1998年，台湾第一所社区大学台北市文山社区大学成立。该社区大学强调知识的解放、公民事务的参与，以及落实当地社区的需求。该社区大学的成立带来一股风潮，短时间内台湾各地社区大学纷纷成立，对社区意识的形塑造成巨大的冲击。目前台湾社区大学与分校有79所，加上少数民族部落大学，共计112所。

台北市松山社区大学成立于2003年，由台北市政府教育主管部门主办，财团法人泛美国际文教基金会承办，中仑高中协办，并接受教育主管部门经费补助。该校的办学理念与目标表现为六个方面的整合：一是社区深耕，二是公共参与，三是国际交流，四是环境守护，五是弱势关怀，六是艺文推展。这六个方面的整合与发展，影响着该校的中长期发展方向与课程规划。为落实学习型社会理念，推动学习型城市、学习型社区的发展，建构一个人人可学、时时可学、处处可学的社区学习

---

① 这部分内容在资料收集过程中，得到了台湾财团法人阳升教育基金会执行长、台湾社区教育学会副秘书长詹明娟老师，台北市松山社区大学蔡素贞校长和钟育恒老师的大力支持和帮助，在此深表感谢！

体系，松山社区大学成立了"松山区社区学习服务中心"，借此形成社区学习资源平台与学习体系协力圈，一方面让社区内对终身学习有兴趣的机构或个人得以随时获得就近支援，另一方面让所有学习单位除学习外能深耕社区，让中心真正成为社区学习中心、社区咨询中心、地方产业发展教育中心。

1. 基本情况

台湾社区大学的课程分为一般性课程与专案性课程。一般性课程分为三类：一为学术课程，旨在培养民众学术涵养，拓展知识广度，培养思考分析与理性判断的能力，包括人文、社会与自然三大学术领域的课程；二为社团课程，旨在引导民众参与社区服务，培养民主素养，弘扬社会关怀，凝聚团体意识，包括社区参与和社团服务等课程；三为生活艺能课程，旨在提高民众生活实用技能与艺术素养，提供正当闲暇与提升生活品质，包括自我发展、人际沟通、身心保健和休闲运动等课程。专案性课程旨在配合市政宣传，培养民众公民素养，限于学术与社团课程，包括公民素养、环境生态、多元文化、弱势关怀、社区发展、志工培训及市政建设等相关议题的课程。社区大学对学员的要求是只要年满18岁即可。学员修习学分达到128学分便可申请毕业，但是并无修业年限及限修学分数的限制，只要求必须包括三大类课程的学分。

松山社区大学的课程体系遵循上述课程结构。例如在2011年春季班选课手册上共包含232门课程，其中学术课程74门（含人文科学、社会科学与自然科学，分别为34、23、17门），占总课程数的31.9%；社团课程21门，占总课程数的9.1%；生活艺能课程137门（含电脑资讯、生活应用、健康养生、肢体舞蹈、烹饪美食、音乐歌唱、美术手工、影像视觉、国际语文，分别为9、13、20、32、7、19、13、2、22门），占总课程数的59%。具体开设情况见表5-3。通过表5-3，我们可以发现以下几点情况。

表中13个课程类别，开设门数在20门以上者从高到低依次为人文科学（34门）、肢体舞蹈（32门）、社会科学（23门）、国际语文（22门）、社区社团（21门）和健康养生（20门）。其中，有3类课程属于生活艺能类，2类属于学术类，1类属于社团类，反映出社区教育课程具有鲜明的生活特质，服务于个体的生命和生活质量提升。

表 5 - 3 　台北市松山社区大学 2011 年春季班课程开设情况表

课程类别	课程数量(门)	学分分布				收费情况				招生情况			其他		
		无学分	1学分	2学分	3学分	免费	五折	八折	特收	停开或停招	将满或额满	本学期新增课程	台北市优良课程	教育主管部门学分认证	政大优良课程
人文科学	34 (14.7)	1(2.9)	2(5.9)	2(5.9)	29 (85.3)	1 (2.9)	18 (52.9)	8 (23.5)	0	12 (35.3)	4 (11.8)	11 (32.4)	5 (14.7)	1 (2.9)	1 (2.9)
社会科学	23 (9.9)	5 (21.7)	0	0	18 (78.3)	5 (21.7)	3 (13)	4 (17.4)	0	8 (34.8)	6 (26.1)	8 (34.8)	1 (4.3)	1 (4.3)	0
自然科学	17 (7.3)	2 (11.8)	0	0	15 (88.2)	1 (5.9)	5 (29.4)	2 (11.8)	1 (5.9)	3 (17.6)	6 (35.3)	4 (23.5)	0	0	0
社区社团	21 (9.1)	14 (66.7)	0	0	7 (33.3)	10 (47.6)	2 (9.5)	0	0	3 (14.3)	4 (19)	6 (28.6)	0	1 (4.8)	1 (4.8)
电脑资讯	9 (3.9)	0	0	0	9 (100)	0	0	0	0	2 (22.2)	5 (55.6)	1 (11.1)	0	0	0
生活应用	13 (5.6)	0	0	0	13 (100)	0	0	0	0	5 (38.5)	2 (15.4)	2 (15.4)	0	0	0
健康养生	20 (8.6)	0	0	1 (5)	19 (95)	0	0	0	0	1 (5)	6 (30)	0	0	0	0
肢体舞蹈	32 (13.8)	0	0	0	32 (100)	0	0	0	0	3 (9.4)	10 (31.5)	5 (15.6)	0	0	0

续 表

课程类别	课程数量（门）	学分分布				收费情况				招生情况			其他		
		无学分	1学分	2学分	3学分	免费	五折	八折	特收	停开或停招	将满或额满	本学期新增课程	台北市优良课程	教育主管部门学分认证	政大优良课程
烹饪美食	7 (3)	0	0	0	7 (100)	0	0	0	0	0	3 (42.9)	0	0	0	0
音乐歌唱	19 (8.2)	0	0	0	19 (100)	0	0	0	0	4 (21.5)	6 (31.6)	5 (26.3)	0	0	0
美术手工	13 (5.6)	0	0	0	13 (100)	0	0	0	0	4 (31.8)	1 (7.7)	4 (31.8)	0	0	0
影像视觉	2 (0.9)	0	0	0	2 (100)	0	0	0	0	0	1 (50)	0	0	0	0
国际语文	22 (9.4)	0	0	0	22 (100)	0	0	0	0	2 (9.1)	5 (22.7)	2 (9.1)	0	0	0
总计	232 (100)	22 (9.5)	2 (0.9)	3 (1.3)	205 (88.3)	17 (73.3)	28 (12.1)	14 (6)	1 (0.4)	47 (20.3)	59 (25.4)	48 (20.7)	6 (2.6)	3 (1.3)	2 (0.9)

注：小括号内为百分比，其中第二列与末行中的百分比的分母是总课程门数，其余百分比的分母为相应课程类别的门数；表中所列录的收费情况、招生情况和其他说明数据，以选课手册中的数据为准，有具体说明时，有相关数据，没有相关说明时则不录，故总数会有出入。

从学分分布上看，学分类型最多的是人文科学，其次是社区社团、社会科学、自然科学、健康养生。其中，社区社团在学分分布上同其他课程差异最大，即以无学分课程为主（占该课程类别的66.7%）。学分类型的丰富性高和学分分布的差异性大，至少可以说明这些课程类别的异质性比较强，有些课程在社区认同度不高，普适性不广。相对而言，生活艺能课程具有较强的同质性、较高的认同度和较广的普适性，因此学分类型和分布较为单一。

从收费情况看，免费课程比例从高到低依次为社区社团（47.6%）、社会科学（21.7%）、自然科学（5.9%）和人文科学（2.9%），五折课程比例从高到低依次为人文科学（52.9%）、自然科学（29.4%）、社会科学（13%）和社区社团（9.5%），八折课程比例从高到低依次为人文科学（23.5%）、社会科学（17.4%）和自然科学（11.8%）。免费课程和打折课程的分布特点表明，政府资助和主要关注的是学术类和社团类课程。综合来看，政府关注面和民众关注面之间存在着显著的差异。这种差异也是两方面进行互动和博弈的空间，而社区大学就成了多方力量互动和博弈的场所，社区大学从中既获得了发展的资源，也面临着多重挑战。

从招生情况看，13个课程类别中，停开或停招比例从高到低依次为生活应用（38.5%）、人文科学（35.3%）、社会科学（34.8%）、美术手工（31.8%）、电脑资讯（22.2%）、音乐歌唱（21.5%）等；招生将满或额满的比例从高到低依次为电脑资讯（55.6%）、影像视觉（50%）、烹饪美食（42.9%）、自然科学（35.3%）、音乐歌唱（31.6%）、肢体舞蹈（31.5%）、健康养生（30%）、社会科学（26.1%）和国际语文（22.7%）等。初步分析可以发现，在停开或停招比例较高的6类课程中，生活艺能类有4类，学术类有2类；在招生将满或额满比例较高的9类课程中，生活艺能类有7类，学术类有2类。在这两个序列中均出现的课程类别是社会科学、电脑资讯、音乐歌唱，说明这3类课程分化程度较高；仅在第一个序列中出现的课程是生活应用、人文科学、美术手工，说明这3类课程淘汰率较高；仅在第二个序列中出现的课程是影像视觉、烹饪美食、自然科学、肢体舞蹈、健康养生、国际语文，说明这6类课程受欢迎的程度较高。总体而言，在232门课程中，47门被淘汰（占20.3%），实际开课185门（占79.7%），其中59门很受欢迎（占总课程数的25.4%，占开课课程数的31.9%）。显然，社区教育课程之间的分化程度较高，这说明社区教育课程的选择自由度较大。在学术类课程中，人文科学淘汰率最高，自然科学受欢迎程度最高，而社会科学两极分化程度最高；社团类课程淘汰率和受欢迎程度均不高；在生活艺能类中，生活应用、美术手工淘汰率较高，影像视觉、烹饪美食、肢体舞蹈、健康养生、国际语文受欢迎程度较高，而电脑资讯、音乐歌唱两极分化程度较高。

从该学期新增课程数量来看，比例较高的为社会科学（34.8%）、人文科学（32.4%）、美术手工（31.8%）、社区社团（28.6%）、音乐歌唱（26.3%）、自然科学（23.5%）等。这从一个方面反映出，这些课程类别较不稳定，并引起了社区大学的重视。但是由于这些课程淘汰率较高或两极分化程度较高，反映出新增课程的成活率并不高。

从课程所获荣誉来看，获得荣誉的课程集中在学术类（人文科学和社会科学）和社团类课程。这说明，台北市政府较为重视学术类和社团类课程的建设。这也引起了社区大学的连锁反应，甚至是过度反应，一方面表现在这些课程的新增数量较多，但是成活率不高；另一方面表现在由于不同课程类别边界模糊，存在着打擦边球的现象，比如在选课手册上，"布里红拼布：创作拼布游戏"课程曾获得生活艺能类"2010 年台北市社区大学优良课程"荣誉，但是在 2011 年选课手册上，"布里红拼布·布绘女人（公共议题拼布研习）"却被归入人文科学类。

2. 特色与创新之处

相比台湾地区其他社区大学，台北市松山社区大学的特色在于强调社区深耕。松山社区大学成立以来，以深耕社区作为办学核心，不仅在松山区健康城市营造过程中起着重要的推动作用，而且为社区培育各项人才，举办各项社区活动，在社区营造过程中发挥着核心作用。因此，松山社区大学虽然是台北市 12 个行政区中最晚成立的社区大学之一，但是深受社区各界肯定。围绕深耕社区这一特色，松山社区大学进行了以下创新。

一是在课程规划上形成六大课程主轴。松山社区大学依据校务发展六大核心理念持续推动课程的规划与执行，并基于少子化、高龄化的社会现状，以更广的视野、更贴近社区需求的工作方式促进"学习型社会"与"学习型城市"的目标达成，形成了六大课程主轴：一是社区深耕与社区人才的培育，二是公共参与与公民意识的提升，三是国际交流与全球议题的关注，四是环境守护与河川教育的深化，五是弱势关怀与多元文化的推动，六是艺文推展与文化公民社会的催生。

二是在特色课程上形成五大学程。松山社区大学以本校中长期发展计划为目标，规划特色课程方向，在 2008 学年规划了"国际事务学程""环境学程""人文艺术学程"三个学程，让学员有方向性地循序参与终身学习。学程的推出更加引发社区学员的学习兴趣，2009 学年起，松山社区大学结合社区民众需求与有关教育政策方针，规划了"地方学学程"与"多元文化学程"。各学程囊括了学术课程、社团课程与生活艺能课程，学期当中陆续开课，期望通过学程的设计，引导学员有系统地学习。

例如，通过"地方学学程"（松山学）的建构，一是为松山区找记忆，将消失在记忆中的模糊的松山，一点一滴地重新建构；二是挖掘松山现有发展状况与困境，通过问题的发觉，建立相关讨论平台，唤起居民的正视与讨论，联结相关资源，协助社区面对与解决问题；三是通过愿景形塑，让松山人重新描绘一幅更宜居的幸福家园蓝图，进而产生营造及改变的力量。具体内容包括：① 出版松山区乡土教育教材（同时推动乡土教育教师培育营队）；② 持续开设社区文史导览志工培训课程；③ 举办各种乡土教育及活动；④ 松山区区志出版及延伸（典藏版及精华版）；⑤ 培训小小社区文史生态导览员；⑥ 持续于寒暑假组建乡土教育营队；⑦ 松山人社区报编辑议题深化与延展；⑧ 进行松山区耆老口述历史访问与调查工作（区志后续人物访谈的史料建构）。"地方学学程"课程丰富多元、创新活泼，从社区文史建构、环境守护、社区营造到社区专业人才培育。该学程应修满 24 学分，其中学术课程 12 学分，社团课程 6 学分，生活艺能课程 6 学分。经该校教学研究发展委员会核准后，将颁发正式学程证书。

2010 学年"地方学学程"实际开设课程如下：

"社区健康促进——身心灵全方位健康"：结合松山区营造健康城市目标，与松山区健康促进协会合办"社区健康促进——身心灵全方位健康"课程，社区民众与学员可以透过专业课程学习自我健康观念，并带动家人及社区共同促进健康城市的目标。

"社区领袖人才培育列车"：结合社区总体营造精神，让热心的社区人士也能具有专业能力参与社区运作，带领社区领袖人才在课程当中熟悉社区会议的召开与规划、社区网络传播的介绍与分享、社区网络传播的规划、社区刊物的经营与规划、社区活动的规划与创意、社区问题的诊断与调整，以实务相关业务发展为经营目标，让社区经理人在业务发展上获得参酌的依据。

"社区实务培育工作营"：以社区邻里长、社区发展协会干事或有志成为服务社区干部者为主要对象。本课程为"社区领袖人才培育列车"的进阶课程，课程内容涵盖更多的社区实务发展议题，包含社区志工经营与应用、企划书撰写与提案、社区媒体营销、如何营造宜居城市与社区、如何做一个成功的社区经理人，以及社区资源的盘点、整合与应用等。

"从周遭环境玩社区营造"和"社区营造·创意行动（营造后巷——超乎想"巷"：台北后巷我的家）"：课程以社区营造为主要经营方向，同时结合青年规划师体系，学员在课程学习之外，也能够直接进入社区邻里协助社区规划与改造。

"地方发声 PeoPo 公民新闻记者培育"：在地方新闻版面日益缩小的潮流下，公民新闻记者成了社区改造、社会关怀、生态环保等先锋队，透过由下而上的媒体内容，透过公民对环境、议题的参与和监督，积极发声，让台湾的公民社会呈现更多元的对话平台。该课程旨在为社区培育一批新闻报道人才，让社区的故事、议题，有更多发声管道，也透过课程强化媒体使用权，让公民发声形塑更加透明的社会氛围。

"社区报社区新闻—编辑采访工作营"：课程以培训地方新闻人才、发掘地方新闻为主要发展目标。本课程为"地方发声 PeoPo 公民新闻记者培育"之进阶课程，内容涵盖专业记者的专业知识，包含新闻的基本概念、采访的准备与技巧、怎么写新闻报道、如何规划专题、新闻报道的责任等，以使本校公民记者可以深化采访的内容。在实际效益方面以 PeoPo 新闻平台与《松山人杂志》为实习平台，发布优良的新闻资讯。

"台语阅读与诗词吟唱"：用台语阅读作为结合地方文化的媒介，让学员透过语言与阅读的学习，去探讨和了解地方文化的起源与发展。

"纪实摄影——走拍新故乡"：让社区居民用相片写日记。课程除带领学员学习各种摄影技巧外，也以摄影的角度带领学员透过镜头一同记录社区的地方文化特色。

"台北文史生态游学"：松山地区经历千百年的演进后，不但人文荟萃、美景天成，也积淀了丰富的文化内涵。情怀探索研究认识其今昔变迁，先人开拓的足迹和几乎埋没于乡野的传说，更有待有心人的发掘与推动。通过了解地理环境、动植物生态及人类生活的脉动轨迹、所面临的冲击，进而激励更多知行合一的实践行动者。①

三是在课程拓展上推动学习型社区发展。为落实"社区自主、由下而上"的学习精神，让终身学习从社区开始，松山社区大学在规划活动时都会融入学习设计，从社区学习方案的角度进行思考，以提升活动的学习含量，借此营造学习型社区氛围，提升社区整体生活品质。该校在推动松山区社区学习体系时，计划每年协助2～5个社区朝学习型社区发展。为了将学习落实在社区场域，与之相关的调查、课程培育、活动与协助关系都是依社区的需求而设计。2011年以东荣里、吉祥里作为学习型社区辅导对象。具体做法是，以"松山区后巷与街廓社区的推展"作为东荣里的培育与学习方向，以"社区读书会暨团队创意学习"作为吉祥里学习型社区的辅导方向，并兼顾不同的社区类型以及学习型社区的多样化形态。可以把社区大学推动学习型社区的开展看作社区学程的深化与拓展，初阶将设计辅导咨询机制，协助社区大学伙伴发掘社区特色，找出介入社区的方法；进阶将协助社区发掘当地特色，建立社区学习平台。

3. 未来发展思路和发展瓶颈

台北市松山社区大学课程建设的未来发展思路蕴含在该校课程系统中，尤其是课程规划的六大主轴、五大学程中。正如前面对该校2011年春季班课程开设情况的分析中所指出的那样，在课程建设中还存在不同课程类别的认同度和普适性差异显著、新增课程成活率较低、政府关注面与民众关注面之间差异显著、社区大学的权衡和反应失序等问题。

因此，松山社区大学把课程质与量的提升作为未来的工作重点，包括如何落实艺能课程公共化，如何推动与深化师资培训，如何提升学术课程与社团课程的深度与广度。这些问题也可能是该校未来发展的瓶颈。

① 台北市松山社区大学. 台北市松山社区大学100-1期教学研究发展委员会会议手册. 2011-04-23.

该校教学研究发展委员会 2011 年第一学期委员会会议于该年度 4 月 23 日召开，议程包含了下述提案。

- 课程系统发展的规划研拟案。
- 社大组织培力计划——2011 年师资培训计划。
- 学术性及社团课程之经营与发展，如何提高社区学员参与之意愿。
- 不同课程教师如何建立协同教学机制。
- 乡土教学推动计划的延伸与联结。
- 年度教师读书会规划方向与安排。
- 社区学习行动彩屋的推广与课程联结。
- 社区网络学习课程的开发。

笔者有幸全程参与了这次会议，感受比较强烈的问题有三个。

一是社区需求的问题。社区教育当以社区居民需求为本，但是以社区居民需求为本是否就是以社区居民现有需求为本？与会者提出，不应拘泥于社区居民的现有需求，而应兼顾社区居民的潜在需求，尤其是在社区大学核心价值观的引领下，从社区可持续发展的角度来发掘社区居民的潜在需求，以此作为社区教育课程建设的出发点。现实需求与潜在需求的关系问题，从一个侧面反映出民众关注面同政府、社区大学、相关学者关注面之间的差异问题。它们之间不是非此即彼的关系，而是如何互动、互补、沟通与整合的关系。

二是学程建构的问题。有与会者明确提出，社区大学不需要多个学程，只需要一个学程，这样可以避免备多力分。就松山社区大学而言，为了凸显本校社区深耕特色，可以着力于建设"社区营造和培育学程"，使之形成纵横交错的结构体系。这个问题有关社区大学的发展思路：是生根和深耕，还是一味地着重发展，追求立竿见影；是形成主力学程和套装学程，还是备多力分。

三是协同教学的问题。协同教学主张将不同教师的课整合起来，拓展和丰富学习者的视野，而不是片面发展。协同教学的可能性不仅存在于学术课程、社团课程或生活艺能课程内部，而且存在于这些课程之间，借此提高课程教学的品质和学员多元学习的质量，同时也能够解决因不同课程之间不能协调而给学员参与带来的阻碍，以及不同课程教师在生源上的竞争。

4. 思考与启发

台北市松山社区大学成立不足 10 年，但是从 2008 年开始连续四年荣获台北市政府教育主管部门年度评鉴成绩"特优"奖，成效斐然。背后的原因当然是多方面的，其中之一当是社区大学自身的学习与调适能力较强。就课程建设而言，松山社区大学至少可以给我们以下思考与启发。

重视课程系统的建构。社区教育课程系统虽然是由一门门具体的课程组成，但是它首先是一个由主导学程、课程类别和具体课程组成的三层次系统。主导学程是课程发展的聚焦点和着力点，它体现着课程发展的理念与目标。课程类别是由一门门具有内在联系的课程组成的集群。反观大陆社区教育课程建设，点状思维和割裂思维明显，关注的往往是一门门具体的课程，缺少系统和整合的思维方式。对比大陆的特色课程与台湾的特色学程概念可以看出，前者关注的是具体的一门门课程，这些课程往往在新陈代谢中不断变更，后者关注的是社区特色和问题的发掘，彰显的是社区的自我意识和自我认识，具有较强的连续性和可积累性。正因为点状思维和割裂思维，社区教育中亟待发展的协同教学或课程整合无法成为大陆社区教育探讨的重要问题。

重视社区教育的人文取向。在台湾教育领域中，随着终身教育转向终身学习、成人教育转向成人学习，社区教育同样转向社区学习。换言之，以教育者为主体的时代逐渐隐退，以学习者为主体的时代逐渐浮现。这些新的说法不只是创造了一些新的教育词汇或教育形态，还试图创造一种新的生活方式和生活态度，这是一种文化建设或公民养成意义上的生命自觉。同教育领域中的人文化取向相呼应，台湾地区文化建设主管部门近年来积极推动所谓文化公民、生活美学，强调公民对于文化意识的自觉性，强调公民的美感责任。生活美学从环境生态的角度，着力于培育一般大众对日常生活的美感判断力，从而改善日常生活环境的美感品质，最终达到提升精神生活品质、净化心灵的目的。生活美学的教育意蕴在于，它体现的是一种大学习观，即学习场所不限于学校和教室，学习资源不限于书本或教材，学习主体不限于学生，从而突破了小学习观对学习场所、学习资源和学习主体的刻板印象。

重视社区教育师资力量的培育。自 2008 年开始，松山社区大学教学研究发展委员会每学期举办一次教师研讨会，并举行教师读书会，期望通过教师研讨会和读书会轻松地进行经验交流，同时邀请其他学校在课程教学方面较有经验的教师一同与会分享；2010 年开始针对成人教学问题，以"教学行动研究工作坊"的方式，带领课程教师进行专业反省与探究，在此过程中强调观察、反省与行动，希望能发展出理想的教学方法与策略，提升社区大学的教学品质与学员的学习能力；2008年至 2010 年平均每月举办一场相关教师教学研究活动，使得松山社区大学的课程建设取得了相当大的成效。

（二）上海市宝山区张庙社区心理健康教育课程开发案例分析

上海市宝山区张庙社区是一个人口快速导入区，现总人数已达到 15 万人，其中外来人口 3 万多人，相当一部分居民是由市政府动迁而来，素质参差不齐，思想观念和行为方式存在较大差异。要实现社区居民由"市民向文明市民"的转化，将是一项长期并且艰巨的任务。

宝山区张庙社区学校于 2003 年 4 月成立，是该区首家挂牌的社区学校。社区学校分为总校、分校两级网络，16 个社工站设 16 个社区分校。多年来，社区学校以高度的政治责任感和历史使命感，紧密结合实施"张庙社区发展规划"和社区网络化建设的管理要求，初步形成了教育"新生代"、服务"中生代"、关心"休闲代"的社区教育特色，并于 2006 年 9 月申报了"构建和谐社区中的心理健康教育实验"课题。课题组以社区心理健康教育课程开发为抓手，形成了一种项目推进型运作模式。

健康教育项目的计划、执行与评价是 20 世纪 70 年代以来国际上普遍使用的科学工作程序。[①]课题组按照健康教育项目运行的工作程序，即社区心理健康教育需求评估→确定教育策略（包括方法、内容、材料和人员）→安排项目活动日程→项目监测与评价，有序推进。

1. 社区心理健康教育需求评估

为了对社区教育做到心中有数，课题组开展了心理健康状况调查。在进行调查之前，课题组多次对参与实验项目的社工进行专题培训。2007 年 1 月，在课题组的指导下，社工们完成了调查表的发放和回收工作。2 月，课题组利用 EXCEL 软件完成了对调查数据的统计分析工作。

---

① 林琳，米光明. 社区健康教育［M］. 北京：中国医药科技出版社，1999：41.

(1) 调查工具和调查对象的选择

课题组采用的调查工具包括两部分，一部分是个人基本信息调查，一部分是 SCL—90 (Symptom Check List—90)。个人基本信息调查主要采用封闭式问题，从性别、年龄、婚姻状况、家庭月收入、家庭结构、文化程度、职业、户籍所在地、健康状况等方面反映被调查人群的基本特点。

SCL—90 即 90 项症状清单，又名"症状自评量表"（Self Reporting Inventory）。该量表经过国内心理学工作者的改编，近年来在国内心理健康问题调查以及临床心理诊断中应用十分广泛。它是一份实用、简便而有价值的量表，可用于对求助者进行心理健康状况鉴别及团体心理卫生普查，广泛地应用于心理辅导中。SCL—90 共计 90 题，包含 9 个因子，对感觉、思维、情绪、意识、行为直至生活习惯、人际关系、饮食睡眠等均有所涉及。9 个因子的名称为：

- 躯体化（F1），主要反映主观的身体不适感，包括心血管、胃肠道、呼吸等系统的不适，以及头痛、背痛、肌肉酸痛和焦虑等其他躯体表现；
- 强迫症状（F2），主要指那种明知没有必要，但又无法摆脱的无意义的思想、冲动、行为等；
- 人际关系敏感（F3），主要指某些个人不自在感和自卑感，尤其是在与其他人相比较时更突出；
- 抑郁（F4），以对生活的兴趣减退、缺乏活动愿望、丧失活动力等为特征，包括失望、悲观、与忧郁相联系的其他感知及躯体方面的问题；
- 焦虑（F5），一般指无法静息、神经过敏、紧张以及由此产生的躯体征象，如震颤；
- 敌对（F6），反映敌对表现的思想、感情及行为，包括厌烦、争论、摔物，直到争斗和不可抑制的冲动爆发等各个方面；
- 恐怖（F7），它与传统的恐怖状态或广场恐怖所反映的内容基本一致；
- 偏执（F8），主要是指思维方面的猜疑和妄想等；
- 精神病性（F9），包括幻听、思维播散、被洞悉感等反映精神分裂症状的项目。①

---

① 唐红波. 心理卫生［M］. 广州：广东高等教育出版社，2004：41—42.

调查对象具有质和量的规定性，这两方面都必须符合研究目的。前者涉及抽样方式问题，后者涉及样本容量问题。

本次调查的抽样方式是有目的的分层抽样。课题组分别确定了几类被调查人群，如社区青少年、高中生、一般在职人员、在职白领、下岗／失业人员、外来人员和老年人等，在一定程度上反映了调查对象的层次性。之所以选择这些人群，是因为他们都是社区教育的典型服务群体，从而反映出抽样的目的性。

从调查样本容量上看，均采用大样本抽样，即每类被调查人群均多于或等于30人，以保证调查结果的科学性。本次共计调查 378 人，其中社区青少年 39 人（10.3%），高中生 60 人（15.9%），在职白领 31 人（8.2%），一般在职人员 59 人（15.6%），下岗／失业人员 43 人（11.4%），老年人 116 人（30.7%），外来人员 30 人（7.9%）。

有目的的分层抽样和大样本抽样可以保证调查对象基本上反映出社区人群结构的丰富性（见图 5-3）。

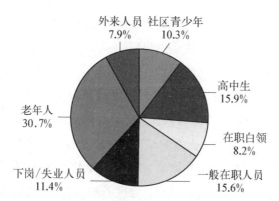

图 5-3 宝山区张庙社区居民心理健康状况调查对象的层次构成

（2）调查结果分析

调查工具第一部分的 10 个项目反映的是调查对象在构成上的基本特点。具体来说，从性别上看，女性占 57%，说明女性更可能成为社区教育的服务对象；从年龄看，20 岁以下占 26%，50 岁以上占 37%，说明社区教育的主体是老年人和青少年；从家庭人口数量上看，二人家庭占 12%；三人家庭占 50%，说明社区中小家庭比例趋高，社区教育具有广阔的发展空间；从家庭月收入的构成状况看，低收入者占调查对象的四分之一，说明社区教育在很长时期内的主要任务之一将是帮扶低收入者改善自身人力和社会资本条件；从文化程度上看，低学历者在社区人群中占据显著比例，约三分之一强，说明文化素质教育将是社区教育的重点之一；从户籍构成上看，没有本地户口的占33%，说明本社区是一个人口快速导入区，社区教育面临着实现社区居民市民化的任务。

调查工具第二部分 SCL—90 反映的是调查对象的心理健康状况。就 378 位调查对象而言，因子分被检出异常的调查对象数量见表 5－4。

表 5－4　宝山区张庙社区居民心理健康状况调查总体因子分的异常检出率

	F1	F2	F3	F4	F5	F6	F7	F8	F9
异常数量（人）	10	12	9	12	15	13	15	10	13
检出率（%）	2.6	3.2	2.4	3.2	4	3.4	4	2.6	3.4

注：F1—躯体化；F2—强迫症状；F3—人际关系敏感；F4—抑郁；F5—焦虑；F6—敌对；F7—恐怖；F8—偏执；F9—精神病性。

从表 5－4 可以看出，异常检出率最高的因子为 F5 和 F7，均为 4%；异常检出率最低的因子为 F3，为 2.4%。表中结果说明，本社区人群在 9 个因子上均存在不同程度的问题，其中焦虑及恐怖问题高于其他各项因子，其他依次为敌对和精神病性、忧郁和强迫症状、躯体化和偏执，而人际敏感低于其他各项因子。

就各类人群因子分而言，40～49 岁人群的心理健康状况最佳，其次是 30～39 岁人群；20 岁以下和 60 岁以上人群的心理健康状况堪忧，其次是 20～29 岁人群。显然，社区心理健康教育的重心应该是 20 岁以下的青少年和 60 岁以上的老年人。为了取得社区心理健康教育的最佳效果，社区心理健康教育应该同家庭和学校的心理健康教育相配合，发挥中年人在心理健康教育方面的引导示范作用。

各类人群因子分异常检出率的分布十分不均匀，因此在社区心理健康教育的策略上应该有所不同。20 岁以下人群和 60 岁以上人群应该进行较为全面的心理健康教育，而其他人群则可以针对某些问题进行教育。

就具体的心理问题而言，社区心理健康教育也应该有所侧重。其中，对 20 岁以下人群应该加强焦虑方面的心理健康教育，其次是敌对、精神病性、恐怖、强迫症状等方面的心理健康教育。对 20～29 岁人群应着力于敌对方面的心理健康教育，其次是精神病性方面的心理健康教育。对 60 岁以上的老年人则应着力于恐怖方面的心理健康教育。

就各类人群因子分而言，以在职人群的心理健康状况为最佳；高中生和外来人员的心理健康状况堪忧，其次是老年人群和青少年人群。这里的结论同上述各年龄组的分析结果是一致的，同样存在"两端脆弱、中间坚强"的现象，即青少年和老年人成为心理健康问题的易发人群，而中年人表现出良好的自我心理健康调适能力。因此，在社区心理健康教育上，对"新生代""中生代"和"休闲代"采取不同的教育策略是十分必要的。

就具体的心理问题而言，高中生的心理健康问题最需要关注，尤其是敌对、焦虑和精神病性方面的心理健康教育问题，其次是抑郁、恐怖、强迫症状和人际敏感方面的心理健康教育问题。此外，还需要针对外来人员的恐怖和精神病性、焦虑和躯体化问题进行心理健康方面的社区教育。

2. 确定教育策略

在掌握调查对象基本特点和心理健康状况的基础上，明确了宝山区张庙社区心理健康教育方面的需求，进而可以有针对性地制定宝山区张庙社区心理健康教育的目标、策略。

(1) 开展普及性的社区心理健康教育系列讲座和咨询

社区心理健康预防有三个层面：第一层面是一级预防，其目标是针对心理健康问题的原因，提供包括生理（食品、住房）、心理社会（关系）、社会文化（文化价值、习俗和期望）等方面的支持；第二层面为二级预防，其目标是防止问题恶化，干预方式有早发现、早治疗等；三级预防运用于严重精神残障人士，目的在于将他们的功能恢复到尽可能高的水平，并防止并发症。[1]

社区心理健康教育属于社区心理健康的一级预防，并会对二级预防和三级预防产生积极效应。因此，社区学校应该针对社区人群的构成特点，倡导和开展社区心理健康教育，为社区人群的自我认识和社会认识提供支持。课题组通过系列讲座的形式普及心理健康知识。

---

[1] 罗伯特·桑兹. 精神健康——临床社会工作实践 [M]. 何雪松，花菊香，译. 上海：华东理工大学出版社，2003：5.

- "认识自我——心理健康自我调适"讲座和咨询：通过讲座介绍一些心理健康的基本知识、典型个案；
- "认识社区——让社区充满爱"讲座和咨询：通过讲座，使居民了解所在社区人群的基本构成特点，及各类人群容易出现的心理健康问题。

(2) 开展有针对性的社区心理健康教育系列讲座和咨询

在教育策略上，需要把全面的社区心理健康教育与有针对性的社区心理健康教育结合起来。上述普及性的社区心理健康教育属于全面教育。有针对性的社区心理健康教育是指针对社区特定人群的特定心理问题开展心理健康教育活动。

由于社区人群在心理健康问题上具有"两端脆弱、中间坚强"的特点，社区学校尤其需要对青少年和老年人群体开展有针对性的教育活动。

- "消除恐惧——老年人心理健康指南"讲座和咨询：针对老年人群体的生命恐惧和现实恐惧，开展讲座和现场心理咨询，引导老年人走向心理健康；
- "走出焦虑——青少年心理健康辅导"讲座和咨询：针对青少年群体的焦虑、抑郁和敌对问题，开展讲座和现场心理咨询，增强他们的心理调适能力。
- "融入社区——外来人员心理健康指导"讲座和咨询：针对外来人员的典型心理问题，开展现场心理咨询，提高他们的心理适应能力。

(3) 开展社工心理健康教育培训系列讲座

任何一项社区教育活动，都是由指导者、实施者和社区人群等多方协同作用的结果。其中，作为实施者的社区教育工作者起着桥梁沟通作用。社区心理健康教育不能选择自己的教育对象，但可以通过改进社工的工作状态，提高社区教育的有效性。

社工的工作状态可以分为三个层次：较低的层次是被动应答状态，等着上面布置了工作才去行动，人浮于事；中间层次是自觉适应状态，就是在拿到了工作规划后，认真学习相关领域的知识，较完满地完成工作任务；较高的层次是主动创造状态，即边学习边研究，根据本社区的特点创造性地开展工作，主动开拓社区教育的发展空间。

为了有效实施社区心理健康教育活动，必须把社工的工作状态从较低的层次转化到较高的层次。转化的契机就在于通过一系列有针对性的培训，为社工的觉醒提供支持。

- "守护家园——认识社区人群的心理健康状况" 讲座：通过讲座，使社工了解本社区的人群构成特点、典型人群容易出现的典型心理问题；
- "洞明世事——我与社会主义和谐社会建设" 讲座：通过讲座，使社工进一步认识社区教育的本质和特殊性，提升建设社会主义和谐社区的自觉性和主动性。

3. 安排项目活动日程

在宝山区张庙社区健康教育项目实施过程中，课题组共召开了 3 次研讨会、6 次工作会议，开展了 9 次心理健康讲座和咨询活动（见表 5-5），留下了丰富的文字资料，包括课题组会议记录、培训计划、讲座内容和幻灯片、心理健康调查表、访谈记录、心理咨询活动记录、学员座谈会记录、心理健康教育开班情况表等，为编写具有本社区特色的心理健康教材提供了基础。

表 5-5　宝山区张庙社区健康教育项目活动日程安排

序号	时　间	地　点	主　题	教育者	参与人员
1	2006 年 10 月	社区活动中心	普及性社区心理健康教育讲座	WYY	社区居民
2	2007 年 1 月	社区活动中心	社区青少年心理讲座	CYQ	社区青少年
3	2007 年 2 月	社区活动中心	普及性社区心理健康教育	CYQ	社区居民
4	2007 年 3 月	社区活动中心	守护家园——认识社区人群的心理健康状况	ZY	社区教育干部和志愿者
5	2007 年 4 月	社区活动中心	心理健康辅导	CYQ	刑满释放人员
6	2007 年 5 月	社区成人学校	洞明世事——我与社会主义和谐社会建设	ZY	社区教育干部
7	2007 年 7 月	社区活动中心	老年人心理健康讲座	XJF	老年人
8	2007 年 7 月	交通技术学校	外来人员心理健康讲座	YHY	外来人员
9	2007 年 9 月	社区活动中心	外来媳妇心理健康讲座	CYQ	外来媳妇

4. 项目监测与评价

在项目实施过程中，共计培训社区教育干部和志愿者 75 人次，参加讲座和咨询的社区居民达 1 240 人次，其中社区青少年 50 人次，老年人 150 人次，外来人员 700 人次，刑满释放人员 30 人次。参加者积极踊跃，对社区心理健康教育的效果给予了好评。ZJZ 老人说："对于子女平时不来探望，我总是很生气，听了讲座后，我知道应该理解他们，自己用老师介绍的方法进行自我调适，多参加社区学校的活动，心情好多了。"对于外来人员，张庙社区搭建了"善解心意"心理沙龙平台作为每次讲座后的专题心理辅导。"善解心意"妇女心理健康宣传活动还经常通过心理测试和讲座让妇女能与心理咨询师一起探索心灵，获得成长的力量，提高社区妇女的生活质量。例如，有一次在沙龙中，"对于婆婆到媳妇房间整理东西的看法"一议题引起了激烈的争论，大家通过沙龙获得交流，无形中对自己的行为做法有了触动、反思和调整，在相互的交流中，化解自己的一些不良情绪，提高了妇女的心理素质和自我心理调节能力。在婆媳关系这对矛盾中，课题组首先从媳妇一方打开工作的突破口，帮助其调整应对家庭事务的情绪和方法，化解家庭中的矛盾，以家庭和睦来促进社区和谐。

第六章
社区教育教师发展

　　《教育部关于推进社区教育工作的若干意见》指出："各地教育行政部门要加强社区教育队伍的建设，建立一支以专职人员为骨干，兼职人员和志愿者为主体的适应社区教育需要的管理队伍和师资队伍。"社区教育教师是指社区教育师资队伍中的专职人员，又称"社区教育专职教师"（北京市崇文区与石景山区、天津市南开区、上海市徐汇区等）、"社区教育辅导员"（重庆市渝中区、成都市武侯区、江苏省仪征市、上海市静安区等）。

　　社区教育教师是直接为社区居民提供服务的社区教育专职工作者。他们主要任职于社区学校、社区文化活动中心等社区教育机构，其主要构成是由区县教育行政部门派驻街道办事处或居委会专门负责社区教育工作的中小学教师。本章将针对具有普通教育背景的社区教育教师，探讨其发展问题，讨论相关外部支持。

一、社区教育教师的职业认同与发展策略

各地在推进社区教育实验过程中，对社区教育教师队伍建设进行了积极探索，通过在普通教育教师队伍中定向招聘、从社会上招聘、定期轮换等途径，建立起了一支数量相当、素养相对较高的社区教育教师队伍。这些教师在社区教育中扮演着重要角色。然而，随着社区教育实践的深入，一些影响社区教育教师队伍稳定性及可持续发展的问题日益凸显。

就社区教育教师的结构性安排而言，其面临的最大挑战是条与块的关系问题。社区教育教师的工作背后既有行政推动，也有业务推动。在行政推动方面，既要接受街道办事处主任的直接领导，以及文教科等职能部门的大力支持，也要接受区层面教育局等职能部门的领导；在业务推动方面，则要在社区学院相关部门指导下开展一系列工作，并对居委会教学点提供指导服务。在这种情况下，社区教育教师处于一种条块交错的格局中，很容易遭遇工作关系上的不顺畅。正如有的社区教育教师所说："管人的、派工作的、考核的三分离：发钱的是学校，不管人，不派工作；管派事的是街道，是组长，但是没有考核权，没有奖惩权……社教办管考核，但无权决定奖金等的分配。"

上述结构性安排既对社区教育教师的工作作出了一定的规定与制约，也为他们提供了建构与创造的空间。可以用"工作在别处"描述上述结构性安排以及与之相应的主观体验和认同。一方面，根据社区教育的现有管理制度和运作机制，社区教育教师虽然在社区工作并接受社区办事处主任的领导，但是其编制是中小幼教师或教育管理者；另一方面，他们会接受或拒绝结构性安排中的一些要素以建构自身的主观体验和认同。从社会学视角来看，这个过程可以被描述为职业认同形成中结构和个体方面的相互依赖。已经存在的结构，诸如具有特定工作特征的职业、资格条件、社会承认和传统，继续存在并发展着。这些结构可以随着时间改变，并提供机会和限制。然而，它们不一定强制个体进入一个特定的结构路径，因为总有个体主动行动的空间。

本节将通过社区教育教师对自身所面临问题、所遭遇关键事件与工作收获的叙

述，探究其职业认同是如何形成、维持和改变的，以及对其职业生涯发展的启示。之所以选取社区教育教师所面临问题、所遭遇关键事件与工作收获作为叙事探究的起点，是因为人类个体在本质上是一个问题解决者与参与性行动者。正如哈贝马斯（J. Habermas）在评论杜威（John Dewey）的理论贡献时所言："杜威揭示了一种其任务是应对一个出人意料之实在的种种偶然事件和挫折的生活世界实践的认知根源。确定性寻求的反面，是一种风险意识，意识到恰当的行动习惯只有靠创造性地摸索于失败之中、支配挑战而得到发展和维持。确认人类作为本质上有能力行动者而与众不同的，就是这种解题能力：知道如何去澄清一个成问题的情境，并且知道在这种活动中，除了自己的理智能力以外，我们是没有任何其他权威可以凭借的。"[①]

本研究的第一手资料包含社区教育教师的心路自述和小组焦点访谈转录资料，共搜集到 63 位社区教育教师的 69 篇心路自述，分别完成于 2004 年与 2010 年。进行了 12 次小组焦点访谈，分别完成于 2010 年 5 月和 2011 年 1 月，受访者共计 39人。每次访谈不少于 2 小时，并在得到允许的情况下对访谈全过程进行了录音。所有录音均被转换为书面文本。通过访谈，收集到包括现场记录和录音整理文本在内的现场文本共计 8 万多字。

本研究的合作者主要来自上海市原闸北区。该区是 2001 年最早确定的 28 个全国社区教育实验区之一，也是 2008 年最早确定的 34 个全国社区教育示范区之一。原闸北区社区教育以中小幼校外德育教育为起点，每个街道由一名教师负责联络校外德育教育点，如大宁路街道有 15 个校外德育教育点。2001 年开始，随着学习型城市、学习型社区理念的倡导与社区教育实验区和原闸北区十五年规划的实施，每个街道安排 5 位推进学习化社区建设辅导员，其中 1 名为组长，由校级领导调任。这一队伍结构延续至今，但是随着对工作环境、内容与对象的认识逐渐清晰，群体名称调整为社区教育辅导员，并朝着社区学校教师的方向发展。

（一）社区教育教师的工作转换与面临的问题

本研究的合作者都经历了从中小幼教师到社区教育教师的工作转换。在工作转换之后，他们对社区教育教师同中小幼教师之间多方面的差异与可沟通之处有着真切的体验。

---

① 杜威．确定性的寻求［M］.北京：人民出版社，2004：6.

第一，新的工作岗位带来了全新的工作内容、工作环境与工作对象。首先，新的工作岗位带来了全新的工作内容。例如，如何开展学习型社区的创建工作？为什么要创建学习型家庭？什么是学习型家庭？怎样创建学习型家庭？这一系列问题是社区教育教师要重点考虑的，而中小幼教师就可以自由选择。

第二，新的工作岗位带来了全新的工作环境。创建学习型社区是个新生事物，刚开始并不为周围人们所理解、接受。如有的社区教育教师在自述中写道："刚去社区开展工作时，我们深入到各居委，指导帮助创建学习型家庭、学习型楼组活动，起初有的文教干部对我们的工作不太理解，觉得增加了他们的工作量，有的甚至有抵触情绪。"有的写道："一开始在与社区各个方面打交道的过程中，在与人的接触中往往遇到不理解的目光。"因此，让居委干部接受、理解与认可自己就成了一个迫切需要解决的问题。随着自身经历与体验的丰富，有的社区教育教师从不熟悉社区工作到热爱社区工作，从不了解居委这一基层的工作到理解居委干部的辛苦，为自身建构了一个和谐的工作环境。同时，工作环境不仅包括外在工作环境，还包括内在工作环境，即班组建设问题。

第三，新的工作岗位带来了全新的工作对象。到社区工作后，工作环境变了，服务的对象也变了。有的社区教育教师谈道："在教学中，招收的学员不仅人数多，而且年龄偏大，平均 62 岁左右，又不懂音乐节奏，因此教学的难度相当大。"有的说："面对的学习者绝大部分都是社区老年人，他们既是你的学生，又是你的长辈，处理好与他们的关系是非常关键的。"总之，以前的工作对象单一，现在面对社区居民，人际交往对象扩大到多种阶层多类人员，工作领域也由相对封闭的教室转向相对开放的社会大课堂。有的社区教育教师反思道："猛一下来到社区居民当中，心高气傲、个性张扬的我，面对社区教育工作真是不知所措，好一段时间都抑郁苦闷，满腹牢骚。"有的则在社区学校办班过程中，遇到了难以沟通甚至强词夺理的居民。在这种情况下，如何做一个倾听者，如何与老年朋友沟通，就成了社区教育教师面临的新问题。

第四，新的工作岗位也同原来的工作岗位存在可沟通之处。例如，有的社区教育教师谈道："尽管初次接触社区学校工作，但在办班问题上和原学校工作并无很大的差异，只是办班的对象、内容不同而已。"有的说："现在的工作和学校的教育是完全不一样的，可是我时刻都牢记着自己是从学校走出来的教师，肩负着传道、授业、解惑的职责，这是走到哪里都不会改变的。"还有一位原来从事幼教工作的教师说："虽然社区教育工作和幼儿教育是两种不同的工作，但它们也有共同点，就是都需要热情、奉献与爱心。"

但是，由于社区教育教师对工作转换前后工作岗位之间差异的感受远远强于对两者可沟通之处的感受，因此，社区教育教师面临着程度不等的职业认同问题。

第一，社区教育教师的职业认同问题有时表现为认同危机，即他们目前正在不同的职业方向之间挣扎。例如，有的社区教育教师谈道："刚到社区，我苦闷过，犹豫过，疑惑过：'十几年的教学生涯难道就此中断？教书育人的崇高事业将成为我的过去？'"显然，他们在对"真正的教师"的认同与对由新的工作内容、环境和对象所带来的"社会工作者"的认同之间彷徨着、徘徊着、迷惘着。

第二，刚刚接触社区教育而一时理不出头绪者面临着无法适应的问题。如有的社区教育教师谈道："刚来到街道时，工作对象变了，工作场地变了，以往的工作经验方法无处施展，一切都要从头开始，我迷惘了，没有方向了。"有的则说："有一段不适应的日子：一切是那么陌生，简陋的办公条件，缓慢的工作节奏，复杂的人际关系，与学校有着天壤之别；特别是面对那杂而烦琐的工作，我不知所措，几乎要望而却步。敬业爱岗，能否真的成为心灵的需求？"

第三，上述无法适应的问题常常让社区教育教师反求诸己、反躬自省。有的社区教育教师谈道："作为一名社区教育教师，理应为社区教育事业作贡献。可是我会什么呢？我能教什么呢？"有的谈道："面对全新的工作内容，面对陌生的工作环境，面对纷至沓来的教师节庆祝会、第六届推普周、学习型社区创建研讨会等一系列活动，我的工作节奏、工作时间一下子被拉紧、变长，一边要缩短磨合期，尽快进入角色，一边要努力地组织好各项活动，于是，学习便成了我的首要任务……常常是痴痴地盯着电脑屏幕而将辅导女儿学习、关心她的生活等事丢在了一边，女儿与我的语言交流成了一个个手势、一个个眼神、一张张便条。"

从社区教育教师对所面临问题的叙述可以发现，社区教育教师对这一新工作岗位的认同处在一个连续体中，连续体的一端是过去的职业角色，即中小幼教师，也是"真正的教师"，连续体的另一端是新的工作岗位，由此带来了新的工作内容、工作环境与工作对象，类同于社会工作者。连续体的两端虽然存在工作内容、工作环境与工作对象上的显著差异，却也存在工作性质上的可沟通之处，即都是一种助人自助的工作。这一连续体两端相互冲突的方面，为发挥个体作为重要行动者在自身职业认同建构过程中的作用提供了契机，如果处理得好，会成为个体职业生涯发展过程中的创造性张力。

（二）社区教育教师的劳动分工与所遭遇的关键事件

通过对访谈资料的解读，发现社区教育教师之间存在下述多重劳动分工。

第一，存在以个体工作为主（简称"个体工作"）和以团队工作为主（简称"团队工作"）两种工作类型。个体工作是具体的实务工作，工作对象是居民学习者、居民学习团队或居委会教学点，等等。团队工作是面上的工作和大活动，如实验项目、特色课程建设、课题研究、终身教育节、青少年暑期活动等。

第二，个体工作可以进一步区分为同质分工和异质分工。同质分工是指在工作内容与工作性质相同或接近的情况下根据工作量进行的分工，如班主任工作、上课、培育团队、指导居委教学点等，这是每位社区教育教师都需承担的工作。异质分工是指在工作量相同或接近的情况下根据工作内容与工作性质进行的分工，如"四大员"（包括联络员、通讯员、统计员、档案员）的工作，这不是社区教育教师必须承担的工作。同质分工面对的是共性的工作，异质分工面对的是特殊的工作。同质分工时工作角色相同，异质分工时工作角色分化。因此，同质分工更容易取得社区教育教师的认同，属于该岗位的基础性工作，处于核心地位；异质分工则带有一定的兼职性，处于该岗位的边缘地位。相对于异质分工而言，同质分工处理的是更加接近"真正的教师"所做的工作。

团队工作可以进一步区分为主持者与参与者两种工作角色。团队工作既包含了同质分工，也包含了异质分工。相对于个体工作，团队工作在工作角色分化上面临更多的挑战。

上述劳动分工中能够成为关键事件的往往是社区教育教师所遭遇的全新的工作内容、工作环境与工作对象，以及由此带来的职业认同问题。

第一，全新的工作内容带来了多个"第一次"的经历与体验。正如有的社区教育教师所言："第一次独立组织80多人的交谊舞班结业典礼，第一次上台表演小品，第一次创作诗歌，第一次年度考核优秀。"全新的工作内容还包括创建学习型居委和家庭、承担语言文字管理、担任信息员、创建教育基地、借调、建设社区学校、组建团队，等等。

第二，全新的工作环境促进了工作方法的转变。有的社区教育教师写道："我感到，我们的工作首先是要让与居民接触最多的文教干部真正懂得创建学习型城区的意义，并使之成为他们工作的动力，我终于找到了问题的根源。如何改变工作中的不利状况呢，我意识到：必须改变工作方法，化被动为主动。"当然，在同居委打交道时，不仅是讲大道理，更重要的是拿出操作方案。

第三，全新的工作对象带来了新的触动。有的社区教育教师写道："在对参加活动的老人们的访谈中，常听到的是这么一些话：年纪大了，正好有时间多学点东西，我们是老有所学、老有所乐；学习，学习，再学习。正是他们的话触动了我。"不止一位教师谈到，老人好学的事例，一些社区居民通过努力成功摆脱生活困境的事迹，一些兼职教师或志愿者的人格魅力和工作精神，深深地教育着、感动着和震撼着自己。

第四，由工作适应问题而产生培训与学习的强烈需求，社区教育教师因此对教育局组织的社区教育业务知识培训、自身的业务知识和新技能与技术的自主学习或考证以及班组团队学习有着深刻的印象。

此外，工作与家庭生活的失衡也成为一些社区教育教师所遭遇的关键事件。

从社区教育教师对所遭遇关键事件的叙述可以发现，在中小学教师—社会工作者这一职业认同的连续体中，个体在自身职业认同建构过程中的作用，主要由他们所面临的新的工作内容、工作环境与工作对象所触发。这既说明了职业认同的形成、维持与改变总是受到周围关系性质的影响，也说明了个体及其同他人之间的互动会导致工作情境结构和过程以及实践共同体的改变，因此在个体与结构之间存在着双向的关系。

(三) 社区教育教师的工作收获

社区教育教师的工作收获包括以下五个方面。

第一，工作取得了一定成效，尤其是在创建学习型居委、学习型组织和学习型家庭以及教育基地等方面，从而亲身体验到社区教育的意义与作用。

第二，工作环境明显改善。有些社区教育教师用自己的言行换来了合作者的信任和支持。如"取得居委主任、书记、文教干部的理解和支持""居委主任、书记改变以往因'手头工作多'而轻视'创建学习型社区'工作的看法，主动要求我留下联系电话"。

第三，个人效能感增强。有的社区教育教师不仅获得了个人或集体荣誉，而且在根据社区教育特点凭借自己的特长开展工作过程中获得了学员的积极反馈。有的社区教育教师写道："上好课是一名教师应尽的职责，一节课成功与否主要看学员们的是否满意，他们满意我就觉得欣慰。"

第四，获得了工作经验，取得了学习与研究成效。在工作过程中，社区教育教师对社区教育的特点有了一定的认识，如"社区学校的主体是居民，只有站在居民的立场上，才能得到居民的支持和拥护""抓好辅导员队伍建设，是搞好社区教育的关键"等。与此同时，他们也取得了一定的学习与研究成效。如有的社区教育教师"重新找到了再学习（学以致用、与实践结合的学习）的感觉"，有的撰写了几十篇经验总结和论文。

第五，获得了观念变革与情感升华。在观念变革方面，具体而言，包括转变传统教育观念，树立现代教育观念；转变自卑心理观念，树立自信心理观念；转变小教育观念，树立大教育观念，从而慢慢进入角色，增强了立足社区教育工作的信心。有的社区教育教师写道："在社区的大课堂中，我感受到了人世间许多的真情、许多的深情，它脉脉地流动着，滋润着每一个平凡的人，我的心回归到一种纯朴、敦厚的状态。"有的写道："一千多个日日夜夜，工作在听得到大地心跳的社区土地上，所有的飞跃，所有的灿烂，所有的岁月，所有的心情都汇聚成一种大平静，自己在平静中感受到了自己的重量、自己的微笑和平凡。"

从社区教育教师对工作收获的叙述可以发现，一方面，社区教育教师的职业认同处在动态变化之中；另一方面，他们获得工作成就感的来源多种多样，包括了工作成效、工作环境改善、个体效能感、观念变革与情感升华等。不同的成就感来源表明了他们的职业认同处于不同的状态。

(四) 社区教育教师的发展策略

通过对社区教育教师所面临问题、所遭遇关键事件与工作收获的叙事探究可以发现，他们的职业认同总是处在动态变化之中。其中，"真正的教师""社会工作者"与"自我"构成了他们进行职业认同建构的关键因素，三者之间存在一定的联结与互动，由三者作为顶点构成的一个三角结构为"社区教育教师"这一职业认同的建构划定了边界。

玛西亚（J. E. Marcia）曾区分了四种不同的认同状态，即认同实现（identity achievements）、认同封闭（identity foreclosure）、认同弥散（identity diffusions）与认同延迟（identity moratorium）。[1]基于"真正的教师""社会工作者"与"自我"三者的不同组合，产生了三种不同的社区教育教师职业认同状态，包括认同延迟型、认同实现型和认同弥散型。认同延迟型的社区教育教师目前正在职业问题中挣扎，处于认同危机中；认同实现型的社区教育教师经历了一段决策时期，并且正在追寻着自我选择的职业目标；认同弥散型的社区教育教师没有固定的职业方向，更不用说是否经历过一段决策时期。

在社区教育目前的发展阶段，探讨社区教育教师职业认同与生涯发展的关联具有多重意义。这不仅是因为社区教育工作本身既有规定性的一面，也有建构性的一面，从而蕴藏着社区教育教师职业认同建构的广阔空间，并表现为社区教育教师生涯发展路径的多样性，更因为社区教育作为一个新的教育领域，置身其中的社区教育教师既是推进者，也是创生者，从而不同的职业认同状态蕴含着不同的生涯发展路径。

基于不同的职业认同状态，在社区教育教师的职业生涯发展过程中，应综合采用不同的发展策略，同时有所侧重。

对于认同实现型社区教育教师，应建构社区教育教师的素质结构，帮助其自我完善。根据前述对社区教育教师劳动分工的分析，社区教育教师的素质结构既包含共性的能力和素养，也包含特殊的能力和素养。

共性的能力和素养是指社区教育教师在个体同质分工情况下必备的任职条件。根据社区学校学员大多是成年人，尤其是退休以后的中老年人这一情况，社区教育教师必须具备成人教育工作者所应具备的任职条件，包括从事成人教育管理、成人教育教学、成人教育研究等的基本能力和素养。由于社区教育是一种非正规的教育

---

① Marcia, J. E. Identity in Adolescence [C] // Adelson, J. (ed.). Handbook of Adolescent Psychology. New York：Wiley, 1980：161.

形态，同时也包含非正式的教育形态，因此社区教育教师还应具备广泛的兴趣爱好，自助助人以及助学、助教的能力和素养。

特殊的能力和素养包含社区教育教师在个体异质分工与团队工作时必备的任职条件。在个体异质分工情况下，要求承担相应职责的社区教育教师分别具备基本的社区教育资源、信息、数据、文件等的搜集、整理、分析与综合的能力和素养。在团队工作时，要求承担相应职责的社区教育教师分别具备基本的项目或活动策划、组织、推进、指导、反馈、评价等能力和素养。

对于认同延迟型社区教育教师，应调动其自身蕴藏的各种发展资源来解决其面临的发展问题。由于社区教育教师在自身职业生涯发展过程中起着主体作用，因此需要从他们自己身上捕捉和重组下述各种发展资源：社区教育教师带到培训过程中的一切人生经验，即职业生涯发展的"原始性资源"；他们对社区教育工作的态度与能力以及已有的经验，即职业生涯发展的"基础性资源"；他们已有的差异，即互动中不可缺少的"互动性资源"；他们在社区教育工作过程中的状态和行为，从事社区教育工作的不同角度、不同方法乃至由此提出的不同问题或得出的不同答案，甚至是错误，即可能构成重组职业生涯发展过程的"生成性资源"；当他们对随后的职业生涯发展过程提出新的想法和方案，或影响教师队伍建设方案时，其言语和行为即为"方案性资源"。

对于认同弥散型社区教育教师，应进行社区教育教师工作的再设计，丰富其工作体验。社区教育教师的劳动分工、任职条件与工作环境既对社区教育教师工作进行了一定的规定和制约，也为他们提供了建构与创造的空间。现代管理中对工作进行了大量的再设计，其突出的特点是充分考虑了人性的因素，体现了以人为本的管理思想。常见的主要有以下几种形式：

工作轮换，即让员工在能力要求相似的工作之间不断调换，以减少枯燥单调感。社区教育教师的同质分工为工作轮换提供了基础，如不同班主任、任课教师之间的轮换。

工作扩大化，指在横向水平上增加工作任务的数目或变化性，使工作内容多样化。社区教育教师的同质分工和异质分工都为工作扩大化提供了基础，如任课教师开发新课程、统计员与档案员合并。

工作丰富化，指从纵向上赋予员工更复杂、更系列化的工作，使工作内容多样化。社区教育教师的团队工作为工作丰富化提供了基础，如把重要参与者变成项目或活动主持者。

此外，还有社会技术系统、工作生活质量、自主性工作团队等。社会技术系统和工作丰富化一样，是针对科学管理使工作设计过细以致产生问题而提出的。工作生活质量旨在改善工作环境，从员工需要考虑，建立各种制度，使员工分享工作内容的决策权。自主工作团队是工作丰富化在团体上的应用。

二、社区教育教师发展的立法建设和制度保障

《教育部关于推进社区教育工作的若干意见》在阐述加强社区教育队伍建设时指出："专职人员主要在现有的教育行政管理人员和教师队伍中统筹安排解决，街道要有专人分管社区教育工作。兼职人员要根据社区教育的实际需要确定。要充分发挥社区内教师、专家、各行各业工作人员、在校大中专学生的积极性，建立表彰激励机制，使之成为开展社区教育活动的重要力量。要努力解决社区教育师资的待遇问题，在职务、职称、工资和进修等方面应与其他教育工作者一视同仁。要制定社区教育工作者岗位规范，开发社区教育工作者的培训课程，依托有条件的高校，建立若干个社区教育工作者培训中心，将社区教育工作者的培训工作提高到一个新的水平。"

社区教育教师发展的外在支持包括立法建设和制度保障两个方面。

（一）立法建设

加强立法是各国社区教育发展的成功经验之一，而我国社区教育以及社区教育教师的发展由于缺乏法律法规上的规定和保障，在实际推行过程中遭遇了较大的阻力。当前，应当修改 1989 年制定的《中华人民共和国城市居民委员会组织法》，这部法对"居委会"下的定义已经不适应我们今天社会的发展实际；同时要积极制定并促进社区教育、社区教育工作者管理等方面的法律法规的出台。

2011 年 1 月 5 日，上海市第十三届人民代表大会常务委员会第二十四次会议通过了《上海市终身教育促进条例》。该条例赋予了社区教育在终身教育体系中的基础性地位，明确了社区教育专职教师的身份。其第二十条规定："从事终身教育工

作的专职教师应当取得相应的教师资格。政府有关部门应当根据终身教育培训机构的性质，将从事终身教育工作的专职教师的职务评聘纳入相关行业职务评聘系列。社区学院、社区学校专职教师的职务评聘，可以在教师职务系列中增设相应的学科组，参照国家教师职务评聘的相关制度执行。从事终身教育的专职教师在业务进修、专业技术考核等方面与相应的专业技术人员享有同等权利。"该条例明确了社区教育教师的角色定位、职责权益等，有力地带动了社区教育工作的发展。

(二) 制度保障

社区教育教师发展的制度保障贯穿于社区教育教师选聘、培训、使用、激励等各个环节。

1. 社区教育教师选聘制度

资格认证制度。资格认证制度的制定是一个职业向专业化迈进的重要标志之一。当前社区教育教师角色身份不明晰、社会认同度低，资格认证制度的确立将有效提升社区教育教师的地位，促进其专业化发展。

聘用制度。如何"引入"社区教育教师，如何在社区教育领域中"留人"，都是当前我们需要思考与重视的问题。依照科学合理的聘用程序聘用优秀的社区教育教师，并对其薪酬、福利、保障等方面予以明确的规定，是维护社区教育教师队伍稳定性的有力保障。

2. 社区教育教师培训制度

概括起来，社区教育工作者的培养方式主要有：一是依托大学、学院开设成人教育、社区教育与发展、人力资源开发等专业课程来培养社区教育所需要的专业教学人员；二是对从事社区教育工作的人员开展不同层次的培训。①对专业人员的培训，各国都注重理论与实践的结合。如美国的做法就是依托大学开设社区教育的专业课程，颁授学位，培养社区学院的行政领导和教师。英国借鉴了美国的一些做法，并加以改进。英国对社区教育工作者的教育培训，主要采用了课程的讲授与讨论、能力与人格的培养、社区工作实习三种方式，其中尤以实习这一实践环节为重。日本社会教育工作者一般也通过大学的社会教育专业来培养，并设有硕士、博士学位。设置人才库，或称人才银行，是日本培养社区教育工作者的主要措施。

---

① 刘雪莲. 关于社区教育工作者专业化问题的研究 [D]. 上海：华东师范大学，2007：34—35.

3. 社区教育教师使用制度

当前社区教育教师管理还存在较为浓厚的行政管理色彩。要促进社区教育教师的专业化，建立科学的管理制度是十分必要的。社区教育教师的聘用、关系的解除、奖惩、监督等需要依靠制度的完善。

4. 社区教育教师激励制度

设立社区教育教师先进个人奖励基金，对在社区教育工作中作出突出贡献的个人给予表彰和奖励，以激发广大社区教育教师的工作热情，并对其所作出的成绩和贡献给予及时的认可。

杭州市的社区教育实践证明，专职师资队伍是发展社区教育的骨干力量，兼职师资队伍是创建学习型城市的主体力量，志愿者队伍是创建学习型城市的基础力量。杭州市在不断探索中逐步建立起了一支专职、兼职及志愿者相结合的师资队伍。专职工作队伍主要从事社区学院、学院分院及市民学校的日常教学工作；兼职工作队伍广泛存在于三级社区教育网络中，充当主力军的角色；志愿者队伍中包括教授、学生、干部及其他有一技之长的人才，他们的专业知识涉及方方面面，是社区教育有力的后备力量。由于建立起了这样一支专职、兼职及志愿者相结合的师资队伍，杭州市社区教育发展就有了一个广阔、坚实的社会基础。目前，全市有近千名专职人员，一万余名兼职教师，数万名志愿者在为社区教育教学辛勤工作。例如，上城区和下城区为优化社区教育师资队伍，分别采取了一系列富有实效的措施：上城区将社区教育工作和教师职称评定工作结合起来，要求每一位教师在晋级培训时必须参加社区教育志愿者活动；下城区要求中小学学校领导、后备干部必须到社区或街道挂职锻炼半年到一年，实际从事社区教育工作，并将挂职考核成绩和晋级挂钩。

因此，在制定政策制度时，不仅要考虑社区教育专职工作者，而且要考虑社区教育兼职工作者和志愿者。在实际工作中，人们尤其容易忽视社区教育志愿者。社区教育中的志愿服务，其性质虽然是志愿的、非功利性的，但是要深入持久地开展下去，必须得到充分的财力、物力和制度的支持。由于社区教育是由政府提倡并与地区基层组织共同推动的，政府在社区教育的实施中，无论是在制度上还是在资金上均应给予一定的重视。制度上，公开招募制度的形成为鼓励社会各界参与志愿服务提供了多种渠道；志愿者奖励制度方面，实行志愿服务储蓄制度，即把志愿者提供的服务折算成时间储蓄起来，等自己需要被服务时，可以及时地得到回报；学校把青年学生参加的志愿服务时间折算成学分，鼓励学生积极参加志愿服务等。资金上，形成以政府拨款为主、民间赞助为辅的经费筹措机制。另外，政府还在社区教育服务活动中，给予适当的方法指导和理论指导，这也是社区教育志愿服务顺利开展的重要保障。①

三、社区教育教师发展案例——上海市闸北区社区教育辅导员上岗培训调研②

本案例聚集上海市闸北区社区教育专职教师培训系统重构，呈现了社区教育教师培训系统重构的前期调研和方案建议。

（一）调研目的

对闸北区社区教育辅导员的培训需求形成系统性认识，为制定本区社区教育辅导员上岗培训计划与三年培训规划提供依据。

（二）调研合作者

本次调研包含多个层面的合作者。在社区教育区级管理和研究层面，包括闸北区社区教育研究中心与区政府相关部门的领导和老师；在社区教育辅导员个体层面，包括9位闸北区前三批社区教育辅导员的代表。

（三）调研资料的收集方法

首先是收集文件资料，主要是上海市和闸北区相关文件，如《关于推进学习型社会建设的指导意见》《上海市闸北区社区教育实验工作方案》等。

第二是查阅闸北区有关社区教育辅导员的调研资料，主要是闸北区社区教育研究中心分别于2001年、2004年、2007年、2010年组织实施的四轮社区教育辅导员上岗培训方案等相关资料。

第三是组织座谈会与小组焦点访谈。2010年5月17日上午，听取了闸北区社

---

① 刘素芬，丘建新. 对社区教育中志愿者队伍建设的理性思考 [J]. 广东青年干部学院学报，2005 (3)：49.
② 上海市闸北区于2015年11月4日同原静安区"撤二建一"，形成新的静安区。本调研的开展在两区合并之前，故行文时维持原区名。

区教育研究中心王凯雄主任、黄长江老师、杜君英老师和闸北区职业教育与成人教育科鲍中银科长有关培训需求的意见。2010 年 5 月 24 日上午和下午，对 9 位社区教育辅导员分三个小组进行了小组焦点访谈，并在允许的情况下对访谈全过程进行了录音。所有录音均被逐字逐句转化为书面文本。通过座谈与访谈，收集到包括现场记录和录音整理文本在内的现场文本共计大约 5 万字。

最后是查阅闸北区第四批社区教育辅导员的上岗培训学习日志，[①] 包括 44 位社区教育辅导员 2010 年 7 月 12—14 日三天的上岗培训学习日志。上岗培训学习日志包含三个问题：一是"我在今天的培训活动中学到了什么"；二是"学到的东西对我有什么帮助"；三是"对今天的培训活动我有哪些看法与建议"。闸北区各街道社区教育辅导员的学习日志页数情况如表 6-1 所示。

表 6-1　上海市闸北区各街道社区教育辅导员的学习日志页数情况

序号	街道名称	辅导员人数	学习日志页数			
			7 月 12 日	7 月 13 日	7 月 14 日	总计
1	天目西路	4	4	4	3	11
2	北站	5	5	5	4	14
3	宝山路	5	4	6	4	14
4	芷江西路	5	4	4	5	13
5	共和新路	5	4	5	6	15
6	大宁路	5	5	5	5	15
7	彭浦新村	5	5	5	3	13
8	临汾路	5	5	6	4	15
9	彭浦镇	5	5	5	5	15
各项总计		44	41	45	39	125

经过逐字逐句地阅读上述社区教育辅导员的上岗培训学习日志，剔除对学习日志中三个问题回答不完整或重复的条目，获得有效条目数如表 6-2 所示。

---

① 上海市闸北区社区教育委员会办公室档案.2010 年闸北区第四批社区教育辅导员上岗培训学习日志.2010 年 7 月.

（四）调研资料的分析方法

在上岗培训前期调研中，对文件资料与座谈、访谈录音转录资料采用文本解读方法，尤其是从后者中解读调研合作者的关注点、发展状态与相应的学习需求。

在上岗培训后期调研中，对学习日志采用关键词统计分析方法，借以量化调研合作者的典型反应与对培训的需求。

表6-2　闸北区第四批社区教育辅导员学习日志中有关三个问题的回答有效条目数

问题	7月12日		7月13日		7月14日		总计
	日志条目代码	数量	日志条目代码	数量	日志条目代码	数量	
1	1,4,10,20,23,37,40,44	8	2,5,11,24,51	5	3,6,22,25,39,42,52,54,60,63,73,82,90,110,116,125	16	29
2	1,4,7,10,12,14,20,23,26,40,44,47,55,77,123	15	2,5,8,11,21,24,41,45,48,51,53,62,81,103,121	15	3,6,16,22,25,36,39,46,49,57,60,63,93,104,116,122,125	17	47
3	1,4,7,10,12,17,20,23,26,29,44,50,55,61,68,71,74,83,88,91,96,99,105,108,123	25	2,5,11,15,21,24,30,34,35,38,45,48,51,53,56,59,65,69,72,75,81,89,92,97,100,103,121	27	3,6,9,16,22,25,39,46,49,52,54,57,60,63,70,73,76,90,93,98,104,110,113,116,122,125	26	78
总计	—	48	—	47	—	59	154

（五）调研内容与结果

1. 区级管理与研究层面的调研内容与结果

从区级管理与研究层面的调研中了解到，闸北区第四批社区教育辅导员培训分两阶段进行，即上岗培训与日常培训，因此他们要制定两份计划：一是制定第四批闸北区社区教育辅导员2010年7月的上岗培训计划，包括培训目的、时间、内容、形式、考核等内容；二是制定闸北区第四批社区教育辅导员的三年培训规划。其中，制定第一阶段的上岗培训计划是当务之急。

王凯雄主任在介绍情况时谈到，已有的培训主要有三个难点：① 因为学员交叉得太厉害，搞重了；② 学员年龄跨度很大；③ 跟着当前的任务跑，系统性被打乱了。基于闸北区社区教育辅导员的复杂构成，上岗培训要做什么、如何做是两个焦点问题。关于做什么，主要应围绕三个问题：社区教育是怎么一回事，社区教育辅导员是怎样一个岗位，社区教育辅导员如何从岗位职责的角度从事教育教学工作；关于如何做，提出了分层分类、以老带新等方式。

2. 社区教育辅导员个体层面的调研内容与结果

针对社区教育辅导员的小组焦点访谈主要围绕以下问题进行：① 接受培训的感受，对培训内容、教材、教师、考核形式的感受和建议；② 在工作中遇到的经常性任务、问题或挑战；③ 在工作中取得的经验、教训；④ 对培训效果评估的建议。

通过对访谈录音转录文本的解读，获得了以下几点认识。第一，对闸北区多个层面的社区教育发展获得了具体认识。闸北区社区教育以中小幼校外德育教育为起点，当时是每个街道由一名教师负责联络校外德育教育点，如大宁路街道有15个校外德育教育点。2001年开始，随着学习型城市、学习型社区理念的倡导与社区教育实验区和闸北区十五年规划的实施，每个街道安排5位推进学习化社区建设的辅导员，其中一名任组长，由校级领导调任。这一队伍结构延续至今，但是随着对工作环境、内容与对象的认识逐渐清晰，群体名称调整为社区教育辅导员，并朝着社区学校专职教师的方向发展。就街道层面上的社区教育发展而言，每个街道都有自己相对独特的发展起点与路径，如大宁路街道的社区学校实体建设，芷江西路街道的终身教育节。调研中还发现，在更加微观的居委会层面上，社区教育教学点也是各具特色。总之，作为社区教育先行者的上海市闸北区，不仅形成了结构完善的社区教育三级网络，而且网络中各个层面上的节点建设也呈现出百花齐放的特征。

第二，对闸北区社区教育辅导员的工作项目形成了相对系统化的认识。在调研中，通过开放式的访谈，聚焦社区教育辅导员的岗位职责，通过对更加具体的工作项目与子项目的描述，进一步形成相对系统化的工作项目系列。这一工作项目系列的一级指标包含社区学校实务管理、"三员（联络员、信息员、资料员）"工作、社区教育实验项目、社区教育活动、社区教育资源开发与整合五项。其中，社区学校实务管理包含师资队伍建设、课程设置、教育教学、教学点服务四个子项目。"三员"工作中包含了通讯报道撰写、资料整理与归档等具有培训需求的子项目。

最后，调研还涉及对培训指导原则、培训方式方法等方面的建议。在培训指导原则上，比较一致的建议是以实务培训为主，正如一位合作者所言："这个培训，不能说不要理论，因为我们要在社区教育理论指导下开展社区教育的实践工作。但是从培训内容上来说，实务要大于理论。实务培训可以采用多种形式，比如说辅导员可以讲他在社区教育工作当中怎么做，或他做了些什么，是怎么做的，有什么收获，就这么三点。做什么、怎么做、有什么收获，这也是我们有时写文章会写到的，比如说现在经验性的文章也就是分这样三大块来写。从这三大块来开展培训是比较务实的，闸北区在这方面也在不断地做工作。"

在培训方式方法上，建议加强其互动性、可选择性。如一位合作者谈道："关于辅导员培训，我感到单一地听讲座受益不是很明显，还要有一些互动，有一些交流。单单坐在这儿听，效果不是很好，但是有一些讲座是必须听的，蛮好的，我听了几次。"为了把"你要我做（学）"，变成"我要做（学）"，她还建议借鉴必修课与选修课的课程结构，必修课是"规范动作，每个人都必须听"，而选修课"能针对辅导员担任的不同职务，组织他们去参观，你们出几个课题，像项目一样，比如这趟到哪个街道学习档案管理。这要看教师的兴趣，只要有兴趣就可以报名，像选菜单一样，可以设几个活动的菜单出来，学期开始的时候，给他们看看，每个人按自己的兴趣报名"。

此外，调研合作者还强调，"怎么让这个队伍活起来呢？还是要让教师感觉到我们社区教育辅导员是有人关心的，可以在这块土地上发挥很大的作用"；"我们9个街道肯定有很多的资源，可以互相交流，但是展示不要弄虚作假，平常怎么做就怎么展示；还有，去的人也不能说你们做的有什么，我们做得比这还好。要让外面的人理解，搞这样的活动，对教师本身、对领导都是一种提升"。

3. 上岗培训学习日志的调研内容与结果

上岗培训学习日志包含三个开放性问题：①"我在今天的培训活动中学到了什么"；②"学到的东西对我有什么帮助"；③"对今天的培训活动我有哪些看法与建

议"。第一个问题旨在了解社区教育辅导员在培训活动中所习得的新知识和新技能,第二个问题旨在了解社区教育辅导员对新知识和新技能的应用情况,第三个问题旨在了解培训活动中社区教育辅导员的反应。

社区教育辅导员对前两个问题的回答所用的句式主要是动宾结构,即由动词和宾语构成。表6-3呈现了他们使用的动词及其频率。

表6-3 闸北区第四批社区教育辅导员学习日志中前两个问题回答中的动词使用频率

问题	7月12日		7月13日		7月14日	
	动词举例	频率	动词举例	频率	动词举例	频率
1	了解	8	—	—	了解、学到	4
	—	—	—	—	感到	3
	学习、明白、知道、明确	2	懂得、学到、知道	2	建议	2
	感觉、感到、更新、掌握、知晓、学到、认识、理解	1	明白、了解、理解	1	启发、知道、看到、提升、学会、引发	1
2	认识	5	—	—	—	—
	学习、理解	4	知道	4	—	—
	了解	3	了解	3	了解	3
	知道、明确、开阔	2	学到	2	学到、开拓	2
	引领、指导、憧憬、学习、反思、提高、加强、明白、感受、回顾、拓展、改变、认知、更新、投身、做到	1	明确、启发、感到、运用、感受、解决、认识、明白	1	知道、借鉴、体会、触动、激发、感触、打开、重新审视、欣赏、拓宽	1

一般而言,学习目标可以分为四个层次:① 记忆:学习者需要记忆术语、定义、程序,等等;② 理解:学习者从新的方面去解释、说明或推测;③ 态度:学习者的信念、价值观和关注朝向期望的方式转变;④ 行为:学习者能够完成新的活动。从表6-3中可以看出,2010年7月的上岗培训所实现的学习目标主要体现在

前三个层次上,尤其体现在前两个层次上。

社区教育辅导员对培训活动的反应,可以归纳为表6-4中的看法与建议。

通过对表6-4所列建议的进一步归纳,可以发现:① 社区教育辅导员对培训形式的呼声最高,对互动性表示欢迎或要求增强互动性的建议多达41条;② 对培训内容的要求是操作性与实用性强、有实例、结合实际工作,这方面的建议达22条;③ 对培训环境与时间安排也提出了具体要求,如运用现代媒体、定时分阶段举行与实地参观等,这方面的建议有16条。

表6-4 闸北区第四批社区教育辅导员学习日志中第三个问题回答中的建议统计

序号	7月12日		7月13日		7月14日	
	建议举例	频率	建议举例	频率	建议举例	频率
1	用多媒体讲解、运用PPT、提供讲稿或讲义	6	互动、小组讨论、游戏教学	16	小组交流、大会发言	22
2	用实例来讲析	5	好的内容、实用	3	操作性、实用	2
3	讲师与学员的互动、讨论、交流	3	现身说法	2	走出去、走访外区	2
4	实际工作经验交流	3	考虑可操作性	2	—	—
5	走出去看看,实地参观考察、观摩	3	定期举行	1	—	—
6	多开展此类活动	2	采纳实际案例	1	—	—
7	定时分阶段举行、不限于集中培训	2	参观外区	1	—	—
8	考虑操作性、具体指导	2	讲座安排在上午	1	—	—

(六) 讨论与建议

1. 关于上岗培训计划的讨论与建议

(1) 指导原则讨论

在培训方案制定过程中,总的原则是兼顾社区教育辅导员的岗位需求与自身状态。在培训方案制定前期进行多次调研，就是希望从组织需求与学习者的角度和状态出发，制定出真正符合社区教育辅导员岗位需求与自身状态的培训方案。具体指导原则如下：

第一，处理好理论与实务之间的关系。调研过程中，在制定培训方案方面，一个被反复谈到的问题是如何处理理论与实务的关系。被调研者的共识是，实务应该大于理论。但是，理论与实务之间的关系不是谁大谁小的问题，而是如何密切结合的问题。理论要与岗位需求相关，而不是游离于岗位需求的、抽象的泛泛而谈。为此，在培训内容设计上，应围绕社区教育辅导员的岗位需求，以实务性探讨为主，以宏观的理论探讨为辅。

第二，充分调动社区教育辅导员自身蕴藏的各种培训资源。社区教育辅导员队伍结构复杂，年龄、学历、知识和能力等参差不齐，任职时间长短不一，如何提升他们的专业素养，以满足社区教育工作者的职业需求，成为社区教育师资队伍培训方面的一大难题。但是，与此同时，社区教育辅导员的自身状态也蕴含各种培训资源。在培训过程中，为了调动参与者的积极性，契合成人的学习心理，需要从社区教育辅导员身上捕捉和重组下述各种培训资源：社区教育辅导员带到培训过程中的一切人生经验，即培训的"原始性资源"；他们对课程的态度与能力，已有的经验，以及与培训内容相关的知识、课前准备或收集所得的资源，即培训得以开展的"基础性资源"；他们已有的差异，即互动中不可缺少的"互动性资源"；他们在课程上的状态和行为，掌握培训内容的不同程度、不同角度、不同方法乃至由此提出的不同问题或得出的不同答案，甚至是错误，即可能构成重组培训过程的"生成性资源"；当他们对随后进行的培训过程提出新的想法和方案，或影响教师修改培训方案，其言说和行为即为"方案性资源"。

第三，把研究的因素贯穿于培训过程始终。为了提高培训的针对性和实效性，应边实践、边研究，牢牢把握"培训需求调研—培训方案制定—培训过程实施—培训效果评估"四个国际上通行的培训环节。每个环节都制定相应的研究工具，如培训需求调研问卷、培训效果评估问卷，并委派相关人员全程参与四个培训环节，进行跟踪和过程评估。

（2）培训模块建议

依据前述指导原则，在培训模块设计上，建议以实务理论为贯穿培训始终的主线，着力于开发和调动社区教育辅导员自身蕴藏的各种培训资源。具体设计了以下三个培训模块。

- 系列讲座：该模块旨在让社区教育辅导员形成对社区教育发展历程与核心要素的系统认识。为此，建议开设以下六个讲座：在社区教育发展历程方面，从国际与全国视野、上海经验以及闸北思考三个层面作系统介绍；在社区教育核心要素方面，围绕社区学校管理、课程建设与社区教育辅导员的沟通协调能力作理念与方法上的介绍。

- 反思探究：该模块旨在促进社区教育辅导员之间的互相学习，增强培训过程的互动性、参与性与可选择性。为此，建议设置两个单元：在第一个单元，围绕"如何做好社区教育教学管理"进行经验分享与汇报交流，其中经验分享由该方面具有示范引领作用的一线人员现身说法，汇报交流部分确定四个分主题及相关主发言人，每个主题要求各街镇至少有一人参加；在第二个单元，围绕"如何做合格的社区教育辅导员"进行，具体方式如第一单元。

- 现场观摩：该模块的设计同反思探究相同，但是增加了直接经验学习这一新的学习途径。为此，建议设置两个单元，主题分别是"社区教育资料整理与归档""社区教育资源开发与利用"。

2. 关于三年培训规划的讨论与建议

(1) 问题讨论

通过前期调研与学习日志反馈，发现以下问题值得注意。

第一，社区教育辅导员在发展状态、关注点与学习风格上存在差异。在学习日志反馈中，有 11 人次分别提到自己是"一个刚踏入社区教育领域不久的社区教师""新来社区近一年的辅导员""一个社区教育辅导员岗位上的新兵"，或"作为组长""作为辅导员我见证并参与社区教育的发展"。这说明一些学员对自身的发展状态有着相对清晰的知觉。从他们的具体阐述中还发现，处于不同发展状态的社区教育辅导员在培训过程中带着不同的问题，感受、关注与兴奋点也存在差异。此外，尽管大多数社区教育辅导员对互动或小组交流给予了好评，但是也有个别人觉得收获不多，这说明他们之间存在学习风格上的差异。

第二，培训目标设计应考虑行为目标。上岗培训中比较典型的问题是，培训讲师关注到了学员在态度与理念上的转变，但是很少或缺乏对行为目标的关注。因此，在之后三年的"一月一培训"中，行为目标的设计应作为重点。这就要求培训讲师不仅是理论的阐发者，更应该是化理论为实践的转化者，多做理论与实践相互滋养、相互结合的工作。

第三，培训内容与形式的统一问题。通过对学习日志进行分析，可以发现培训内容与形式的四种典型的关联状态：培训内容与形式均未获得好评，培训内容获得好评而形式未获得好评，培训形式获得好评而内容未获得好评，培训内容与形式均获得好评。在培训内容与形式未获得一致好评的情况下，社区教育辅导员偏重于从培训形式上作出评价，并表现出对互动性与参与性的偏好。当然，有效的培训是培训内容与形式的高度统一，正如一份学习日志上写的："从达到的效果来看，还是小组学习形式比较好，参与的人比较多，加强了沟通，但对授课老师的要求就比较高了。"

(2)"一月一培训"课程模式建议

经过对前期调研与上岗培训学习日志的内容进行分析，总的建议是，在培训过程中要牢固树立社区教育辅导员是学习的主体与培训的重要资源的思想。一方面，这是由社区教育辅导员在发展状态、关注点与学习风格上的差异，以及他们的培训偏好所决定的；另一方面，这也是由社区教育的发展状态所决定的，即社区教育作为一个新的教育领域，置身其中的社区教育辅导员既是推进者，也是创生者。此外，也唯有如此，才能有助于社区教育辅导员对自身发展问题获得深刻、丰富的思考与体验，从而使得他们能够为社区居民创设更理想的学习环境。

为此，建议"一月一培训"课程模式采用滚雪球式的课程结构，由旨在解决现实社区教育问题的"核心课程"和旨在传授学习核心课程所必需的基础知识与技能的"周边课程"组成。

① 核心课程的组织——建立教师学习圈

核心课程旨在突出社区教育辅导员自身的成长与发展问题在"一月一培训"课程体系中的逻辑主线地位，而不是把社区教育辅导员看作培训课程的被动接受者。为此，建议核心课程的组织采用教师学习圈的概念架构。

教师学习圈既是一种由教师组成的学习型组织，又是对有效的学习所包含的完整学习过程的一种表达。前者重在学习圈的成员结构，后者重在学习圈的过程结构，两者共同构成学习圈的概念架构。

从成员结构上看，根据社区教育辅导员关注点与发展状态的不同，可以形成以下几种组合的学习圈：相同关注点与不同发展状态的组合，相同关注点与相同发展状态的组合，不同关注点与相同发展状态的组合，不同关注点与不同发展状态的组合。为了具有现实的可操作性，就闸北区社区教育辅导员的队伍建设现状而言，可以形成区级层面上以组长为主体的学习圈（简称"区级学习圈"或"组长学习圈"）与街道层面上以社区教育辅导员为主体的学习圈（简称"街道学习圈"或"辅导员学习圈"）。

从过程结构上看，由于社区教育的常规活动以项目的方式进行，因此核心课程的组织包含项目活动前的策划、项目活动中的实施与项目活动后的总结。每一阶段都有特殊的问题需要社区教育辅导员去解决，如项目活动前的方案制定、项目活动中的策略选择与项目活动后的反馈机制。相应地，随着学习圈的过程推进，社区教育辅导员也经历着设计者、行动者与反思者的角色转换。

② 周边课程的组织

周边课程旨在为核心课程提供各种形式的外在支持。如在项目活动前，可以通过内部交流，在头脑风暴中形成项目创意，并且获得项目设计的灵感；进而可以通过项目设计知识讲座，形成对项目要素及其结构关系的理性认知。再如在项目活动中，可以通过参观考察、内部交流获得行动参照；进而可以通过理论跟进，获得认知参照。又如在项目活动后，可以通过内部交流生成新的项目；进而可以通过理论提升，获得新知。由此，周边课程就包含了内部交流、参观考察、知识讲座等多种培训形式。

通过以上对核心课程与周边课程的组织建议，可以看出滚雪球式课程结构包含以下特征。

● 项目引领。滚雪球式课程结构以社区教育辅导员深刻认同的项目为原动力，自始至终围绕着项目进行。项目不仅是核心课程的原动力，而且引领着周边课程的设置。

● 多元组合。滚雪球式课程结构是社区教育辅导员内在认同与外在支持的统一，因而从成员结构上看，既包含参与者，也包含来自内部或外部的合作者。其中，核心课程的组织侧重于参与者同内部合作者的组合，周边课程侧重于参与者同外部合作者的组合。

- 过程控制。有效的学习需要学习者经历一个完整的学习过程，包括策划、实施、总结与提升。滚雪球式课程结构不仅追求在核心课程中让社区教育辅导员经历一个完整的学习过程，而且追求核心课程与周边课程的恰当连接，并使后者融入学习过程。

- 动态生成。滚雪球式课程结构不仅在核心课程中追求动态生成，即项目活动前、中、后之间的相辅相成，而且追求核心课程与周边课程之间的相互生成，即核心课程为周边课程提供切入点，周边课程为核心课程提供支持资源，两者相互滋养、同生共长。

正是由于以上四个特点，滚雪球式课程结构呈现出螺旋上升的态势。见过雪的孩子大都玩过滚雪球游戏。一个小小的冰块、石头或者就是一把雪，在雪地上滚几下就会迅速滚成一个雪球，只要你有足够的力气和兴趣，这个雪球会滚成足够惊人的体积。这就是所谓的滚雪球效应！

③ 培训规划框架

首先，在教师学习圈组成方面，根据前面的讨论，建议闸北区在区级层面组成1个组长学习圈，成员包括9位组长、至少1位内部合作者（闸北区域内的社区教育辅导员、研究者或管理者）与至少1位外部合作者（闸北区域外的社区教育辅导员、研究者或管理者）；在街道层面组成9个辅导员学习圈，成员包括该街道中5位辅导员与至少1位合作者（如表6-5所示）。

表6-5 闸北区社区教育教师学习圈的成员构成

	学习圈数量	参 与 者	合 作 者	
			内部合作者	外部合作者
区级层面	1个	9位组长	至少1位	至少1位
街道层面	9个	5位辅导员	至少1位	

其次，在年度培训规划方面，滚雪球式课程结构凸显的是人的成长与项目

进展的统一。虽然"一月一培训"时间跨度为三年，但是很少有社区教育项目时间跨度超过一年。所以，滚雪球式课程结构强调年度培训规划，以期适应社区教育项目的运行周期。建议 2010 年 10 月至 2011 年 10 月年度培训规划如表 6 - 6 所示。

表 6 - 6　闸北区社区教育辅导员 2010 年 10 月至 2011 年 10 月年度培训规划

月份	核心课程		周边课程	
	组长学习圈	辅导员学习圈	过程控制	资源支持
2010 年 10 月	教师学习圈说明会		项目活动前	—
2010 年 11 月	—	—		项目知识与项目设计讲座
2010 年 12 月	项目设计交流	—		—
	—	项目设计交流		—
2011 年 1 月	—	—	完成项目设计方案	—
2011 年 3 月			项目活动中	参观考察
2011 年 4 月	推进交流	—		理论跟进
2011 年 5 月	—	推进交流		理论跟进
2011 年 6 月	—	—	完成项目推进回顾	—
2011 年 7 月	反思会	—	项目活动后	理论提升
2011 年 8 月	—	反思会		理论提升
2011 年 9 月	—	—	完成项目反思小结	—

　　最后，在三年培训规划方面，根据滚雪球效应，小的雪球在滚动初期还需要借助外力的推动，当雪球的体积足够大，可依靠其自身惯性向前推进的时候，外在动力就会相对弱化。因此，建议三年培训规划在每一年度有所侧重，并形成阶梯式推进态势。

　　第一年度培训规划：着重于组长培养。核心课程重点放在组长学习圈的项目活动上，并突出内部与外部合作者的全方位支持，包括过程控制与资源支持。

　　第二年度培训规划：着重于辅导员培养。核心课程重点放在辅导员学习圈的项目活动上，并突出内部合作者与外部合作者的全方位支持，包括过程控制与资源支持。

　　第三年度培训规划：着重于组长引领。核心课程重点放在辅导员学习圈的项目活动上，并突出组长的骨干引领作用。

第七章
社区教育管理改革

一、管理理论的产生与发展

"管理"一词的英文是 management，是从意大利文 maneggiare 和法文 manage 演变而来的，原意是"训练和驾驭马匹"。到目前为止，管理学的各个流派对管理的定义还没有一个统一的认识。虽然有诸多争议，但比较权威的管理定义还是存在的，如法约尔（H. Fayol）对管理的定义就至今仍是研究者们的研究基本依据。他在 1916 年出版的《工业管理和一般管理》一书中首次指出："管理活动，指的是计划、组织、指挥、协调、控制。"[1] 自法约尔对管理的定义出现以来，许多教科书一直沿用这个定义。

---

[1] 袁勇志，宋典．管理的定义与管理理论发展——对法约尔管理定义的检验及反思［J］．学术界（双月刊），2006（6）：174.

（一）管理理论的演变

人类的管理活动历史悠久，在管理学形成之后，管理理论先后经历了三次比较大的变革，形成了三个重要的历史阶段。

第一阶段为管理理论的形成阶段，即科学管理理论阶段（从 19 世纪末至 20 世纪 40 年代）。这一阶段的代表人物主要有"科学管理之父"泰勒（F. W. Taylor）、"管理理论之父"法约尔以及"组织理论之父"韦伯（W. Weber）。这个阶段的特点是管理从经验型走向科学化。科学管理理论，又称"古典管理理论"，主要包括"三论"，即泰勒提出的"效率论"、法约尔提出的"职能论"、韦伯提出的"组织论"。

泰勒的"效率论"。从 19 世纪末到 20 世纪初，美国德瓦尔钢铁公司总工程师泰勒致力于企业管理改革的研究，创造了一套科学管理方法，并于 1911 年出版了理论著作《科学管理原则》，提出以计划、标准化、统一管理作为管理生产的三条基本原则，代替以往的经验法则，从而奠定了科学管理的理论基础，标志着科学管理思想的正式形成。人们称之为"泰勒制"，泰勒也被誉为"科学管理之父"。泰勒提出了以定额计件工资制为核心的效率主义思想。在他看来，科学管理不是单凭经验办事的方法，它提倡合作，要求最大产出，同时推动每个人发挥其最大效能和获得最多的财富。泰勒的思想展示了工厂生产现场管理的精髓，即合作—效能—最大的产出和个人收入。由于"泰勒制"的推行，美国当时的劳动生产率提高了 2～3 倍，对世界产生了巨大的影响。随后，泰勒的追随者也对科学管理作出了重大贡献，主要有：甘特（H. L. Gantt）创造了"甘特图"，提出了"劳动报酬奖金制"等；吉尔布雷（F. B. Gilbreth）在建筑业中研究发展科学管理，在动作研究、工作简化方面作出了独特贡献；埃默森（H. Emerson）著有《十二条效率原则》一书（1912），被称为"效率大师"。

法约尔的"职能论"。法约尔在其管理名著《工业管理和一般管理》中，将企业的全部活动分为六类，即技术活动（生产、制造、加工）、商业活动（购买、销售、交换）、财务活动（筹集和最适当地利用资本）、安全活动（保护财产和人员）、会计活动（清点财产、做资产负债表、控制成本、统计收支等）和管理活动（计划、组织、指挥、协调和控制）。法约尔通过对企业上述全部活动的分析，将管理活动从经营职能（包括技术、商业、业务、安全和会计五大职能）中提炼出来，使之成为经营的第六项职能。他认为企业的前五类活动都不负责制定企业的总体经营计划，不负责建立社会组织、协调和调和各方面的力量和行动。第六类活动组成了另外一种职能，人们习惯叫它"管理"，但对管理的职权和范围却没有很好地界定。据此法约尔认为，所谓的管理，就是实行计划、组织、指挥、协调和控制。法约尔认为在管理五要素中，计划是管理活动的出发点，也是其他各项管理职能活动的依据；组织是其他各项管理职能赖以发挥的基础；指挥、协调和控制则保证组织的各项活动正常进行。由于法约尔认为管理是以计划为中心的各种管理职能交替发挥作用的循环往复过程，因此他的管理理论被称为"管理过程理论"。法约尔是位成功的企业家，他把其所取得的成就归功于 14 项管理原则的应用，分别是劳动分工、权利与责任、规章与纪律、命令的统一、指挥的统一、个人利益服从集体利益、职工的报酬、集权化、等级系列、秩序、公平、保持人员的稳定、首创精神、团结一致。法约尔认为，管理是一种普遍的单独活动，有自己的一套知识体系，由各种职能构成，是管理者通过完成各种职能来实现目标的过程。他的管理理论不仅适用于企业，而且适用于一切人类组织，诸如政府、教会、军事组织以及团体等。

韦伯的"组织论"。韦伯创立了行政组织设计理论（又称"古典组织理论"）。他主张建立一种高度结构化、正式的、非人格式的"理论的行政组织体系"，并认为这是对个人进行强制控制的最合理手段，是提高劳动生产率的最有效形式，而且在精确性、稳定性、纪律性和可靠性方面优于其他组织。他的这些思想体现在其著作《社会和经济组织理论》之中。韦伯认为，任何一种组织都是以某种形式的权威（力）为基础的，如果没有某种形式的权威（力），组织就不能实现目标。权威（力）有三种被社会接受的纯粹形式，即合理合法的权力、传统的权力和神授的权力。由于传统权力的行使不是按能力挑选的，而是按传统继承的，因而效率较差；而神授的权力过于带有感情色彩，依靠的是神秘和神圣的启示，因而也不宜作为行政组织体系的基础。韦伯认为，可以作为行政组织体系基础的，只能是符合理性的、合理合法的权力。

"效率论"和"职能论"均在一定程度上解决了当时生产、经营中的效率问题，也第一次把管理活动从生产经营实务中分离出来，而且在后来的企业经营实践中，定额计件工资制也一直为人们所遵循、沿用，构成了目前广泛运用的企业现场管理方法的主要内涵。韦伯在《社会与经济组织理论》一书中提出了理想的行政组织理论，被称为"组织理论之父"。但是，科学管理理论阶段是建立在"物本主义"基础上的古典管理理论，侧重于从管理职能、组织方式等方面研究效率问题，对人的心理因素考虑很少或根本不去考虑，这是它的最大缺陷。

第二阶段是现代管理理论阶段。这一阶段又划分为两个阶段——行为科学学派阶段和管理理论丛林阶段。行为科学学派阶段主要研究个体行为、团体行为与组织行为，重视研究人的心理、行为等的影响作用。20世纪40—80年代，现代系统论、信息论、控制论、数学、统计学、经济学等研究方法的出现，极大地丰富了管理科学研究。这一时期出现了系统管理学派、决策学派、管理科学学派、社会系统学派等多个流派，呈现出管理理论的"丛林"。

20世纪30年代，受资本主义社会旷日持久的经济危机的影响，欧美许多国家在经济上都陷于萧条之中，生产经营一蹶不振。此时，新伦理推崇的个人自由放任主义受到极大的怀疑，工人的归属感强烈，因此一种以人为中心的新的管理思想——行为科学理论就应运而生。从科学管理理论到行为科学理论，其最明显的转变是，企业所有者或管理者们不再把工人或职工看成单纯追求物质利益的"经济人"或会说话的机器工具，而是开始将之视为具有情感需要的"社会人"。

著名的行为科学理论主要有美国哈佛大学研究员梅奥（E. Mayo）在《工业文明的人类问题》一书中创立的人际关系学说，马斯洛（A. H. Maslow）提出的"人类需要层次理论"，麦格雷戈（D. McGregor）在《企业中的人的因素》一书中提出的"X理论与Y理论"，布莱克（R. R. Blake）与穆顿（J. S. Mouton）在《新管理方格》一书中提出的管理坐标理论。

行为科学理论的主要论点大致上可以归纳为：① 人的需要是多层次的，其中物质利益的需要属于最基本层次，也较易实现和满足；除此之外，职工还有情感需要，企业所有者和管理者应设法满足，以激发人们的工作积极性与创造性，其中梅奥提出了一个著名的论点："满意的工人是最有效率的工人"；② 人的天性的外在表现可以是懒惰的，也可以是勤奋的，转换的关键是人们的需要能否及时并充分地得到满足，已满足的需要不再成为激励因素，人们的多层次需要大多是部分地得到满足；③ 人的绝大部分需要是通过正式的组织来实现的，而其余的由非正式组织来满足，因而人总是具有部分的隐私与结成非正式组织的愿望；④ 任何工作都是由人来做的，如果职工对工作不感兴趣，那么工作绩效就难以取得，因此好的管理者要把关心职工与关心绩效有机地结合起来。

现代管理理论进一步发展，相继出现了以西蒙（H. Simon）为代表的管理决策学派、明茨伯格（H. Mintzberg）为代表的经理角色学派、德鲁克（P. Drucker）为代表的经验管理学派，以及系统管理学派、权变管理学派、数量经济学派、社会行为学派、企业文化学派，等等。当代管理科学理论在注重将心理学应用于管理的同时，特别推崇数量化的管理方法，强调经济数学模拟、计算机在管理中的作用。

研究西方管理理论丛林的鼻祖——孔茨（H. Koontz）在 1961 年的名篇《管理理论丛林》一文中把 20 世纪 60 年代初的管理流派分为管理过程学派、人类行为学派、经验学派、社会系统学派、决策理论学派与管理科学学派六大学派。时隔近二十载，孔茨重游管理理论丛林，他惊奇地发现管理理论的丛林不但还存在，而且更加茂密，已经逐渐演化成了 11 个学派，即管理过程学派、人际关系学派、群体行为学派、经验学派、社会协作系统学派、社会技术系统学派、系统学派、决策理论学派、管理科学学派、权变理论学派、经理角色学派等。每一个学派作为管理理论丛林的一部分，都有其研究的对象、基础、方法和代表人物。比较这 11 种学派在研究对象、基础、方法和代表人物方面的不同，有利于我们更深刻地理解西方管理理论丛林（见表 7-1）。①

表 7-1　西方管理理论丛林的主要流派

序号	管理学派	研究对象	研究基础	研究方法	代表人物
1	管理过程学派	计划、组织、领导、控制等管理过程	管理实践	注意和研究管理人员的职能	法约尔
2	人际关系学派	人与人之间的关系	心理学、社会心理学	在实践中研究	梅奥

---

① 周伟．管理理论丛林发展研究评介 [J]．社会科学战线，2008 (1)：215．

序号	管理学派	研究对象	研究基础	研究方法	代表人物
3	群体行为学派	群体中人的行为、各种群体行为方式	社会学、人类学、社会心理学	在实践中研究组织的行为	道格拉斯—麦格雷戈
4	经验学派	成功和失败的管理案例	过去的管理过程、实例、历史	经验分析	德鲁克和戴尔（E. Dale）
5	社会协作系统学派	管理过程	社会学	实践中的组织分析	巴纳德（C. Barnard）
6	社会技术系统学派	企业中的技术系统和社会系统	工业工程问题	把企业中的技术系统同社会系统结合起来研究	卡斯特（F. E. Kast）、罗森茨韦克（J. E. Rosenzweiq）
7	系统学派	管理学研究中的系统方法	一般系统理论	系统分析	巴纳德
8	决策理论学派	决策问题	消费者选择理论、经济学	模型构造和数学	西蒙
9	管理科学学派	数学模型、程序系统	数学、运筹学	建立数学模型、模拟、求解	伯法（E. S. Buffa）
10	权变理论学派	管理者所处的环境	实际情况	应用理论和方法时结合实际情况	卢桑斯（F. Luthans）
11	经理角色学派	经理在管理中的角色	经理的实际工作	观察经理的实际活动，研究经理角色	明茨伯格

第三个阶段为后现代管理理论阶段。后现代管理思潮源于 20 世纪 80 年代的美国。目前，后现代管理主要侧重于研究战略管理、组织结构、组织的变革与发展、知识管理、绿色管理、企业的国际化战略与跨文化管理等。后现代管理学说更加注重人性化管理，是高层次科学管理、变化与多样化和人性化管理的有机结合，而且

从本质上正在演变为"以人为本"的管理。

西方管理理论的发展和突破，几乎都是基于对人的认识的飞跃。各种管理理论的不同，也是基于对人的认识的不同。①西方管理理论的萌芽阶段，尤其是古典管理理论阶段，基于对"经济人"的假设，提出了著名的"胡萝卜加大棒"的管理观念。"经济人"又称为"理性—经济人"，也称为"实利人"。行为科学理论认为，人不仅是"经济人"，更是"社会人"，从而建立了一套全新的，以满足人们的各种社会需要为基本出发点的管理理论。现代管理理论阶段，进一步把人看作"自我实现的人""决策人"和"复杂人"，因此极力主张实行参与式、灵活多变的管理，以适应日趋民主化、复杂化的管理环境。

由此可见，人是管理中的决定因素，关于人的理论假设也就成了西方管理理论研究的基本依据和基本出发点，并成为影响管理理论发展的一根主线。

（二）教育管理理论的演变

管理理论发展的历史线索也是讨论教育管理理论发展的线索。②20 世纪初，教育管理进入了研究的初始阶段，在管理科学发展的影响下，教育管理的研究也逐渐增多。20 世纪 50 年代后，社会科学和管理科学的发展给教育管理带来了许多新思想和新观点，促进了教育管理理论的研究，教育管理进入了理论构建阶段。70 年代，在众多教育管理研究的基础上，出现了许多教育管理理论，形成了"教育管理理论运动"。80 年代以来，教育管理领域在学术上出现了一些变化，既对 70 年代教育管理理论运动进行了反思，又对未来的研究重新确定了方向。

霍伊（W. K. Hoy）和米斯克尔（C. G. Miskel）认为，过去的 90 多年可以分为四个阶段：古典组织思想、人际关系、社会科学方法和新出现的反传统方法。坎贝尔（R. F. Campbell）等把教育管理思想的发展分为以泰勒的科学管理理论为基础的教育中的"科学管理"、以杜威的民主思想和梅奥的人际关系理论等为基础的"民主管理与人际关系"、以韦伯的官僚制理论和以效率为目标的管理研究为基础的"理性主义"，以及 20 世纪 60 年代以后兴起的"开放系统管理"等，认为前

---

① 参见：张书颖，杨玉泉. 西方管理理论发展主线评析 [J]. 乡镇企业研究，2003（3）：18—20.

② 参见：黄威. 20 世纪西方教育管理理论及其模式的发展 [J]. 华东师范大学学报（教育科学版），2001（1）：19—20.

两种属于强调组织的理论，后两种属于关注个体的理论，并讨论了组织和个体如何保持平衡的问题。

卡伯特森（J. A. Culbertson）以教育管理理论发展自身的逻辑为线索进行了讨论，说明了教育管理理论的来源及其基本概念，并讨论了各阶段理论发展的优点和缺陷。他把 1875 年到 1985 年教育管理理论的发展分为五个阶段。第一阶段是"实践者正视教育和管理科学：1875—1900 年"。第二阶段是"学校管理科学的确立和新观点的发现：1901—1925 年"，这一阶段主要受孔德（A. Comte）和斯宾塞的影响。第三阶段是"教育和管理科学源流的拓宽和加深：1926—1950 年"，这一阶段深受杜威的实用主义思想的影响。杜威的思想和孔德的科学概念被用于教育管理理论之中。第四阶段是"提升为一种管理科学：1951—1966 年"。格里菲斯（D. E. Griffiths）、哈尔平（A. W. Halpin）等以逻辑实证主义和行为主义为基础发起了旨在建立一种教育管理科学的"理论运动"。第五阶段是"作为一个防卫概念的管理科学：1967—1985 年"。这一时期许多新理论开始向逻辑实证主义挑战，其中最有影响的挑战性概念是库恩（T. Kuhn）提出的"范式"以及批判理论，对"理论运动"进行全面批判的是格林菲尔德（T. B. Greenfield）、福斯特（W. Foster）和贝茨（R. Bates）等。

著名学者塞基万理（T. Sergiovanni）采用历史分析和模式分析相结合的方法分析了 100 年来教育管理思想的发展形态。他把教育管理思想分为四种模式。第一种模式是从 1900 年早期到 1930 年左右的"关注效率模式"。第二种模式是 1930 年到 1965 年左右的"关注人的模式"。第三种模式是从第二次世界大战后到现在的"关心政治与决策制定模式"。这种模式重视外部环境对组织的动力作用以及政策的发展，认为组织中的冲突是自然的和必要的，还认为决策的制定不一定总是依据理性的模式进行。第四种模式是当前的"关心文化"模式。这种模式关注"集体性和意义与价值分享"。

我国学者黄崴运用历史分析与模式分析相结合的方法，将以上各种教育管理思想归纳为四种：古典教育组织理论——效率为本模式，人本主义教育管理理论——人本模式，教育管理科学理论——理性为本模式和后现代教育管理理论——多元整合模式。

二、社区教育管理的意涵、特征与职能

陈乃林等学者曾经指出："社区教育并不是一种具体的教育形式，而是一种对社区内各种形式的教育进行综合以产生新功能的教育体制和体系。它不是终身教育的一种成分，而是'全息'地体现着终身教育的本质特征，是终身教育体系在一个社区范围内的缩影。"① 因此，社区教育管理具有独特的意涵、特征与功能。

（一）社区教育管理的意涵

在学习型社会建设和终身教育发展的背景下，社区教育管理的重要性正日益显现。社区内的教育一般包括三个子系统：① 从幼儿园到中小学乃至大学所构成的学校正规教育系统；② 家庭教育系统；③ 对各行各业劳动者进行多种专业化培训的非正规教育系统，由博物馆、展览馆、纪念馆、图书馆、文化馆、科技站以及电视、电影、广播、报刊、书籍和各种文化艺术活动（节）等社会文化组成的非正式教育系统。社区教育管理意味着对这三个子系统进行整合，促进其结构和功能日渐扩展和丰富，逐步成为一个结构完整、协调有致、功能自足、运行有序的大教育系统，形成覆盖全社区的严密有致的教育网络。

社区教育管理所涉及的内容，主要包括管理体制、人员配备、经费投入等方面。管理体制是有关管理组织机构设置、隶属关系和权限划分等管理组织制度的总称。管理体制对管理效能往往具有决定性的作用，而管理效能的发挥要靠合理的管理体制来保证。任何一个管理组织都须满足四个基本条件才能有效地实现管理：一是要有合理的管理机构设置；二是管理权限要明确、有权威性；三是要有信息、能量和物质的交换与流通；四是要有高昂的士气、氛围和工作满足感。

中国社区教育发展过程中形成了两类基本的社区教育管理组织形式：一类是社区教育委员会，一类是各种各类的社区学校（院）或社区教育培训中心。前者的组织功能主要是协调管理，而后者主要是提供教育服务。

---

① 陈乃林，孙孔懿. 社区教育：终身教育体系的依托 [J]. 开放教育研究，1999 (5)：13.

社区教育委员会是各种社区教育管理组织中产生最早、发展较快的组织形式之一,① 是各种社区教育管理组织中的典型代表。社区教育委员会是中国社区教育管理赖以开展的基本组织形态。社区教育委员会的普遍建立促进了中国社区教育从自发形式转变为自觉组织,促进了中国社区教育的第一个飞跃。但是,这种组织机构究竟是何属性?是行政性机构,还是事业性机构,抑或是其他社会机构?这点至今并未得到充分的揭示与研究,而社区教育发展实践的基本经验告诉我们:要想有效地发挥社区教育组织的功能与作用,必须科学地揭示它的基本属性。组织性质决定组织功能,组织功能受组织性质制约。科学地规定社区教育组织的属性,才可能进一步完善社区教育组织的体制、结构及运行机制,才可能充分发挥其管理功能。

中国社区教育管理体制之所以选择委员会的形式,是由社区教育发展的性质、社区教育管理的组织行为要求及委员会制本身的组织特性所决定的。首先,社区教育的特点决定了管理体制实行委员会制。社区教育一产生就以打破学校封闭式办学的旧模式、推动学校教育的社会化为己任,它作为一个纵横交错的教育大系统,立体交错着教育社会化、社会教育化的各个子系统。这样的社区教育网络的基本特征决定了社区教育管理组织应当选择社会各界人士参与组合、力量核心各有所偏向的"委员会"组织体制。只有集中了社区各方智慧力量的"委员会",才能使复杂多变的社区教育系统得以顺利运转。其次,社区教育的管理要求决定了管理体制实行委员会制。兴办教育事业在我国历来是政府行政行为的重要组成部分,但社区教育要求将社会民众力量引入学校教育领域。行政性与民众性的矛盾,使我们不得不在对社区教育进行管理引导的组织行为方式上有所创新。委员会制正顺应了这一新要求,它对组成人员、组织行为方式的兼容性,使其极其容易地在行政性、民众性之间找到平衡点;它的灵活性又便于对管理及时进行调整,以适应外在要求,不断达

---

① 目前,我国各城市社区教育管理组织体制普遍选择了"委员会制"这种形式。它最初产生于上海市真如中学。1986 年教师节之际,上海市真如镇长征塑料编制企业负责人提出厂校挂钩的建议,正是在这一创造性、导向性意见的推动下,全国第一个社区教育委员会得以成立(当时被称为"学校社会教育委员会")。随后这一管理组织体制在全国各地得到推广,并不断发展成熟。目前其名称在各地区有所不同:在上海市和天津市被称为"社区教育委员会",在北京市被称为"社区教育工作委员会",在吉林省则有"学区管理委员会""社会教育委员会"和"联办、联教、联管委员会"三种组织名称。参见:黄云龙. 社区教育管理若干基本问题的理性思考 [J]. 上海师范大学学报(哲学社会科学版),1999 (5):76.

到新的平衡。最后，委员会制的优势适应了管理社区教育的需要。委员会制有其自身不可替代的优点，这是它成为社区教育管理组织体制形式的另一重要因素。与首长制相比，它能够集思广益，吸纳众人参与决策，利于发挥集体的智慧和力量，可有效预防独断专行的弊病，从而有效提高决策的民主性。因此，选择委员会制可充分发挥它在社区教育管理中的沟通协调作用，推动社区教育的健康发展。

在社区教育管理中，考察组织系统的机构设置、隶属关系、权限划分，以及各级党委和政府的角色和作用，可以从管理过程的演变切入。以上海市为例，上海市社区教育管理大致经历了学校教育主导、社区社会工作主导和整合共治三个阶段，当前正面临从分割转向整合、从无序转向有序的变革期。①

学校教育主导阶段。20 世纪 80 年代中期到 90 年代初，上海市成立了不少社区教育组织，最早的可以追溯到 1986 年上海市真如中学与附近工厂、企业、商店、机关等 26 个单位组成的社区教育委员会，之后多数区县及街道都相继成立了类似组织。但受限于对社区教育的认识，加上缺少社区教育运作实体，社区教育对象以在校中小学生为主，内容以德育为主，主要开展校外教育，社区教育本身被视为学校教育的延伸。

社区社会工作主导阶段。1993 年，中共中央、国务院颁发了《中国教育改革与发展纲要》，其中提出了"终身教育"概念。其后，社区教育进入了一个新的发展时期。从组织建设上看，至 21 世纪初，上海市各区县大多成立了负责社区教育的机构，并在街道（乡镇）层面确立了专门负责机构。从 1993 年金山区成立社区学院开始，各区县社区学院、街道（乡镇）社区学校及居民区教学点逐步建立。在这一阶段，社区教育成为社区建设和稳定的一项工作，其主导力量更多来自区县和街道（乡镇）的党委和政府。但是在部分区县，由于体制、经费和人员的束缚，区县一层的社区教育管理职能还有待进一步落实，所以大多表现为街道（乡镇）和居委会（村）的二级管理。

整合共治阶段。21 世纪以来，社区教育得到了国家的高度重视。党的十六大、十七大都提出要"建设全民学习、终身学习的学习型社会"，教育部也正式将社区教育纳入教育管理范畴。社区教育的作用与内涵得到了扩展，要为人的终身学习和

---

① 杨平，杨东. 上海社区教育管理的演变与完善 [J]. 教育发展研究，2008（9）：81—82.

终身发展提供服务。随着各级党委、政府和社会各界对终身教育日益重视，社区教育的管理变得更加多元。上海市成立了由宣传部、文明办、市教委等共同组成的上海市推进学习型社会建设指导委员会，并由市教委和市精神文明办联合成立了上海市推进学习型社会建设指导委员会办公室（以下简称"市指导委"）。区县层面也纷纷成立了类似于区推进学习型社会建设委员会（以下简称"区推进委"）的机构。同时依托上海远程教育集团成立了上海市学习型社会建设服务指导中心，作为推进学习型社会建设、指导全市社区教育发展的工作实施机构。上海社区教育逐渐形成了"市指导委、区推进委统筹领导，教育部门主管，多个部门协调，社会广泛参与，社区自主活动"的管理体制。这一阶段更注重党委领导下政府多个部门的参与合作，并强调社会力量在社区教育管理中的作用，强调多资源的整合，多力量的共治。这个体制为四级管理模式，即从市到区县再到街镇乃至村居委会都建立了社区教育管理机构。但是，该管理体制组织架构尚不成熟，还有许多关系没有理顺，需要不断完善。

机制在组织学上泛指系统整体运作所依赖的组织结构、调控方式及其制度保障体系。管理的机制作用一般是指系统的整体运作，是系统构件要素合理组合的有效运转。从总体结构上看，社区教育中介管理组织一般都由多维镶嵌的四个构件要素组成的系统整合发挥其机制作用。具体如下：

教育行政部门——教育行政部门是政府的职能部门，代表政府通过社区教育委员会介入社区教育，发挥统筹、规划、协调、控制和服务等管理功能。

社区教育力量——社会（社区）各种教育力量通过社区教育委员会参与社区教育决策与管理，支持社区教育发展；通过举办和组织各种各类社区学校（院）、社区教育中心和社区教育基金会等中介性教育实体机构，参与社区人才的教育培养与社区教育发展以及社区精神文明建设，使社区自身成为一所大学校。

社区教育机构——社区教育委员会与社区学校（院）或社区教育中心等是社区教育的基本组织形式。前者是社区中介性教育管理组织机构，后者是社区中介性教育培训实体机构。通过这两类中介性社区教育机构的组织与管理作用，促进教育社会一体化、学习化社区和终身教育的实现。

学校教育系统——普通教育、职业教育、成人教育和高等教育等各类学校教育系统，通过社区教育委员会的中介作用，使学校教育向社区辐射，为社区发展提供教育服务，促进教育与社会之间的双向服务，促进学校、家庭、社会教育一体化。

社区教育管理者由以下几类人员组成：首先是教育行政部门中分管社区教育的人员；其次是政府机构各部门中负责社区教育的管理人员，如区（县）、街道（乡镇）、居委会（村）内的相关人员；最后还有专门的社区教育管理机构，即社区教育委员会中的管理人员。

社区教育管理的工作者队伍由专职、兼职和志愿者共同组成。[1]其中，专职人员是骨干力量，兼职人员和志愿者属于主体力量。以四川省成都市青羊区为例，该地区社区教育工作者队伍一般通过以下途径建立起来。第一，专任制。划出专门编制，向社会招聘，被聘者经过培训到社区担任社区教育专职管理人员。第二，委任制。从学校教育系统选派教师和干部轮流到基层社区从事社区教育工作，工资由原单位负责，奖金由社区承担。第一批抽调45名中小学教师和干部，经过培训作为社区专职辅导员，每个街道社区5名，成立辅导员小组，协助社区开展社区教育活动。第三，聘任制。从社区企事业单位聘请兼职的社区教育人员，从事社区教育工作。第四，志愿者。主要从社区内各单位组织、社会团体中吸纳有志于献身社区教育事业的积极分子作为社区教育工作志愿者。

（二）社区教育管理的特征

社区教育管理除具有管理的共同性外，如通过合理地计划、组织、控制、指挥、协调，最有效地配置和利用人力、物力、财力等资源，还有自身的个性或特征。社区教育管理的特征可以概括为区域性、开放性、实践性与服务性。[2]

1. 区域性

作为区域教育中心的社区教育管理组织，毫无疑问，天然地带有非常浓厚的地方色彩，它的生存发展既要受地区环境条件的制约，又反作用于社区教育。区域性特征反映在两个侧面：一为自然环境特征，一为人文环境特征。自然环境与人文环境的不同构成了区域之间客观的差异性。因此，社区教育管理组织要从本地区实际出发，充分研究、分析本地区环境特点，从而作出规划设计，拟订实施方案，以维

---

[1] 秦钠. 中日都市社区教育比较研究——以上海和大阪为例 [D]. 上海：上海大学，2006：39.

[2] 严督. 教育管理的一种新型模式——社区教育组织管理功能剖视 [J]. 中国教育学刊，1993 (3)：47—48.

护区域环境的生态平衡，创建富有个性特点的区域化的社区教育。

2. 开放性

突破封闭式的垂直型管理体系，实行开放性的网络型管理是社区教育管理组织又一重要特性。社区教育管理组织是全方位、多侧面的区域性横向联合体，其特点是覆盖面广、信息量大、眼界开阔，形成了多维的视角和管理视野，具有"广采、博闻、多识"的优势，同时有统筹协调之利而无条块分割之弊，在社区资源和力量的吸收、融合与调集方面，在排忧解难、疏通开导方面，都具有客观的调控度与有效度。社区教育管理是在社区居民（单位或代表）参与、监督、制约下进行的活动，所以，这里所说的开放性，实则就是"放开"，放手发动区域群众自主、自理、自议和自治。开放性特征同时也要求在摒弃了传统观念之后，能站在时代高度和现代文明高度，对区域教育加以审视和构思，因而必然具有较大的想象空间与活动空间，会产生较强的灵敏度和适应性，有利于攻坚和创新能力的发掘与培育。因此，开放性特征自然也含有创新的底蕴。

3. 实践性

社区教育管理是一门实践性很强的应用学科，其宗旨在于"兴教治邦"。社区居民在有生之年，在社区中接受学校教育、社会教育，继续学习直至终生，因而社区教育管理包含了学前教育、基础教育、职业技术教育、成人教育等，涵盖终身教育的全过程。同时，社区教育管理包含了各阶层居民在社区内进行文化的、教育的协同性活动，涵盖了全民教育。社区教育管理人员不仅要掌握基本理论、基础知识，还应该具有社区教育管理所需要的思维方式和实际活动能力。而实践智慧和技能又非一夕之功，学懂不一定学会，常常需要长期的实践锻炼。

4. 服务性

社区教育课程资源的开发和管理，是社区教育的核心领域，是推进社区教育的一项重点工作，也是全民终身学习服务平台的智力和软件支撑。为了满足社区居民持续增长的多样化精神生活的需要，开展社区教育和终身学习的当务之急是，社区教育指导部门及社区培训学院应当经常调查社区居民的需求，选用、引进适宜的社区教育教材及教育资源，组织、发动社区内外的专家、学者和其他有专长的人员，编写各种课程与教材，逐步形成社区教育的课程资源"超市"，为社区居民提供

"看单点菜"服务。

（三）社区教育管理的基本职能

基本职能是指管理机构应有的基本职责任务和功能作用。处于起步阶段的社区教育组织，其管理工作的基本职能大致有下列四项。

一是宣传倡导。依靠信息传播制造舆论，发动社区群众（单位）参与社区教育活动，争取社会各界的理解和支持。各项舆论宣传要为开展活动鸣锣开道。

二是参谋指导。为开展社区教育出主意、想办法、提建议，发挥思想库、智囊团的参谋指导作用。其方式方法有社会调查、蹲点摸底、问题会诊、座谈讨论和民主协商等，目的是提高工作的整体效果。

三是服务疏导。开展双向服务是社区教育赖以生存的基础，也是社区教育组织实行微观管理的一项重要工作。其内容有咨询服务、信息服务、资源服务、劳力服务等。要通过方方面面的协调疏通，建立起和谐融合的社区归属感和荣誉感，在思想上行动上取得真诚的合作。

四是工作创新。各级教育行政部门定期（如一年一度）召开工作会议或经验交流会，加强部署，提出要求，在我国政府主导型的情况下，这仍然是一种主要的工作方法；依靠社区教育重点课题研究的带动，采取培训、研究、交流、考察相结合，有虚有实，虚实结合，已成为"十五"期间指导社区教育工作行之有效的一条经验；根据区域发展不平衡的特点，举行一些区域性的研讨会或论坛，就一些共同关心的重点与热点问题开展讨论，交流信息，也是推动区域性社区教育发展的有效方法。搞好社区教育，思想观念和工作方法的创新是相辅相成的。

三、社区教育管理的改革趋势

改革开放以来，教育体制的改革适应社会经济的改革发展，总体上呈现出两个趋势：一是由过去中央高度集中的管理方式变成分级办学、分级管理，完成了管理体制由高重心向低重心的转变；二是在办学体制上，从国家包办教育到动员社会力量和个人参与办学。这两个趋势使得各地的教育与地方社会经济文化的发展紧紧地捆绑在一起，从而调动了地方办教育的积极性，使地方乐于挖掘更多的资源发展教育事业。近 20 年来，我国不少地方社区教育规模不断扩大，多主体、多渠道、多形式、多层次的办学体制已基本形成，从实践上证明了社区管理机构完全有必要也有能力统筹好社区教育。

（一）以人为本，构建顺应现代公民社会发展要求的社区教育管理范式

对社区教育管理体制问题的讨论，实际上涉及一个国家行政力量应如何发挥作用，以及它在社区教育中应处于何种地位的问题。自 20 世纪 80 年代以来，新公共管理理论在西方国家"突破官僚制"的行政改革中，逐渐成为主导性的行政范式。但新公共管理理论对经济、效率、效能的片面追求，使得民主、公民权和公共利益等公共行政应有的价值观念丧失殆尽。在此背景下，一种新的公共行政理论——新公共服务理论应运而生了。它在肯定新公共管理理论固有价值的基础上，对其理论与实践中的缺陷进行了批判，努力构建一种以公民权利和公共利益为指向、顺应现代公民社会发展要求的新的公共行政范式。

所谓"新公共服务"，是关于公共行政在服务于公民社会时，其运行体系所应发挥功能的一套系统的价值观念。①作为一种全新的公共行政理论，新公共服务理论是在汲取以下理论精华的基础上提炼出来的：民主的公民权理论、组织人本主义、公民社区理论、新公共行政与后现代公共行政等。在新公共服务的视角下，公共行政的主要使命是为公民服务，公共行政的着力点既不是传统公共行政所强调的"划桨"，也不是新公共管理所突出的"掌舵"，而应该是建立具有资源聚合力与现实回应力的公共机构，以更好地承担起服务于社会公共利益的职责。

具体来说，新公共服务理论包括如下主要观点。

第一，政府的职能是服务，而不是"掌舵"。在新公共服务理论家看来，尽管政府过去在为社会"划桨"与"掌舵"方面出色地发挥过作用，但全球化与信息化时代的公共政策涉及各类社会群体与多种多样的利益集团，这些为经济社会发展提供结构和方向的政策是许多不同意见和利益的混合物。如今政府的作用既不是"划桨"也不是"掌舵"，而是服务，服务的具体形式就是提供议程安排，使各方利益相关者坐到一起，协商解决大家共同面临的公共问题。在这样一个强调参与的社会

---

① 王枫云. 从新公共管理到新公共服务——西方公共行政理论的最新发展 [J]. 行政论坛，2006 (1)：92—93.

中，公共行政官员扮演的角色已不是服务的直接提供者，而是调停者、中介人和仲裁员。这些新角色所需要的不是"划桨"与"掌舵"的老办法，而是协调利益、解决矛盾的新技巧。

第二，公共利益是目标，而非副产品。新公共服务理论认为，政府的作用不仅在于将人们聚集在一个无拘无束、真诚对话的环境中，共商社会应该选择的发展方向，还在于确保经由这些程序而产生的解决方案完全符合公平与公正的规范，确保公共利益居于主导地位。因此，公共行政官员应积极地为公民通过对话清晰地表达自己的价值观念并形成共同的公共利益观念提供舞台，应该鼓励公民采取一致的行动，而不应该仅仅通过促成妥协而简单地回应不同的利益需求。这样，公民就可以理解各自的利益，具备更长远、更广博的社会利益观念。

第三，在思想上要具有战略性，在行动上要具有民主性。新公共服务理论认为，为了达到实现公共利益的目标，不仅要确立一种战略性的远见，而且要使所有相关各方共同参与到一些将会朝着预期方向发展的政策方案的执行过程中。在新公共服务理论家看来，政府应该采取一定的措施激发人们恢复公民自豪感与公民责任感，这种自豪感与责任感会进一步发展成为在许多层次都会出现的一种更强烈的参与意愿。在这种情况下，所有相关各方都会努力为参与、合作和达成共识创造机会。于是，思想上的战略性有助于确保政府的开放性，行动上的民主性有助于确保政府的可接近性与回应力，能够更好地为公民服务。

第四，为公民服务，而不是为顾客服务。新公共服务理论认为，政府与公民之间的关系不同于企业与顾客之间的关系。在公共部门，我们很难确定谁是顾客，因为，政府服务的对象不只是直接的当事人，而且，有些服务对象可以凭借其拥有的更多的资源和更高的技能使自己的需求优先得到满足。在政府中，公平与公正是其提供服务时必须考虑的一个重要因素。政府不应该仅仅关注服务对象自私的短期利益，相反，必须为一些超越短期利益的事务承担义务。也就是说，政府必须关注全体公民的需要和利益。

第五，责任并不简单。传统的公共行政理论认为，公共行政官员只需对上级或政治官员负责。新公共管理理论认为，公共行政官员应具有企业家精神，应以高效、低成本和强回应性的行为对"顾客"负责。新公共服务理论认为，上述两种理论都有将责任简单化的倾向，公共行政官员的责任实际上极为复杂。他们已经受到并且应该受到包括公共利益、宪法法律、政府、媒体、职业标准、社会价值观念、环境因素、民主规范、公民需求在内的各种制度和标准等复杂因素的影响，而且他们应该对这些制度和标准等复杂因素负责。

第六，重视人，而不是仅仅重视生产率。在新公共服务理论看来，如果要求公共行政官员善待社会公众，那么公共行政官员本身首先应受到公共机构管理者的善待。新公共服务理论已经充分认识到，公共行政官员的工作不仅极其复杂，而且面临着巨大的挑战。公共行政官员既不像传统公共行政理论所认为的那样只是一种职业雇员，也不像新公共管理理论所主张的那样只是市场参与者，他们应该是立足于公共服务，并且拥有为社会作贡献的强烈愿望的一群人。因此，为实现为公众服务的愿望，被合理适当地授权对公共行政官员显得特别重要。通过被合理适当地授权，公共行政官员得以与主动参与的社会公众一起行使相关行政职权，可以使公共行政官员与参与行政活动的社会公众将关注的焦点转移到更高的价值理念层次上去。从长远来看，这种对人的关注的理念更容易使公共组织的运作获得成功。

第七，公民权和公共服务比企业家精神更重要。新公共服务理论认为，新公共管理理论鼓励公共行政官员采取企业家的行为方式和思维方式，这样会导致公共行政官员将其所追求的目标狭隘化为只是为了最大限度地提高生产率和满足顾客的需求。而在新公共服务理论看来，公共行政官员不是公共机构的所有者，政府的所有者是公民。公共行政官员的责任仅仅在于通过担当公共资源的管理者、公共组织的监督者、民主权力的促进者和公民参与的推动者等角色来完成公共服务的使命。因此，新公共服务理论认为，公共行政官员不仅要通过中介职能来解决公共问题，而且还必须将其公共事务管理中的角色重新定位为负责任的参与者，而非企业家。

(二) 探索政府、市场和社会之间的恰当联系，实现社区教育可持续发展

从 20 世纪末我国实施社区教育实验区以来，在各级党委和政府的重视与领导下，在国家教育行政部门的指导下，社区教育取得了长足的发展。截至 2016 年底，教育部已先后批准了 228 个国家级社区教育实验区，122 个国家级社区教育示范区。这些实验区和示范区成为全国及各地发展社区教育的先行者和主干力量，涌现了一批整体素质品位较高、特色优势突出、示范引领作用明显的社区教育典型单

位，为全国社区教育示范区的确立打下了坚实的基础。

在此基础上，社区教育管理应致力于探索和建立可持续发展的运行机制，以利于实现社区教育的可持续发展。从我国的基本国情看，社区教育同其他工作一样，基本上是政府主导型的发展模式。在教育部的重视与指导下，各级党委政府从加强基层政权建设的高度出发，也都比较重视社区教育工作，社区居民参与度比较广，出现了上下互动、社会参与的良好局面。现在的问题在于，如何建立一个自行组织、自行调控、自行适应且能持续发展的运行机制。之所以如此重视机制问题，是因为机制比体制更具本质性和稳定性，更能摆脱和超越人治的消极因素的影响，与规章制度相比又带有动态发展的特点。因此，社区教育要做到可持续发展，就应当探讨建立一种内在的富有长效的运行机制。

这种运行机制应在政府、市场、社会三者之间寻找恰当的结合点。在肯定政府主导作用的基础上，恰当地运用市场机制，强化社会力量的作用，大力扶持"第三部门"。所谓"第三部门"，在国外又称"非政府组织""非营利组织"或"志愿者组织"，是处于政府组织和企业组织、政府和市场之间的一种社会组织。近年来，在国外，非营利组织已发展成为政府和市场之外的"第三部门"，志愿者也成为一支活跃的积极力量。据国外有关调查数据显示，22个国家的非营利部门中，就有占总人口28%的志愿者向非营利组织贡献了他们的时间和服务。在国外和我国港、台地区的社区教育中，同样活跃着志愿者队伍，他们不仅在为社区及居民服务方面发挥了重要的作用，更重要的是其实践本身向人们昭示了一个国家、一个社会文明进步的水平，反映了高度重视人的主体精神。政府主导和居民参与的结合，是社区教育发展的不竭动力。居民参与还可以弥补政府单一行政行为的不足或失灵，进而创造出以社会团体或社会中介机构为主体的社区教育发展模式。因此，发展以志愿者队伍为主体的"第三部门"应当成为社区教育发展的一个重要的方向性任务。

（三）促进社区教育与社区发展良性循环，构筑具有本社区特色的教育结构

根据不同的标准，我国现有社区可以划分为不同的类型。如根据生产力发展水平的高低可将社区划分为：传统社区，这是人类社会发展史上社区的残余形态；发展中社区，这是传统社区向现代社区转型的过渡形态，目前我国大多数地区都属于这类社区；现代或发达社区，表现为城乡融为一体，乡村生活水平甚至高于城市，

如苏南等发达地区。根据空间分布不同，可将社区划分为：法定社区，即通常所说的地方行政区，它们的界限可以在地图上标示并见诸政策文件；自然社区，即人类在生产和生活中自然形成的聚落，它与法定的行政区划不一定完全重合；专能的社区，指人们从事某些专门活动而形成于一定地域空间上的聚集区，如经济特区、工业社区、文化社区、军营、生活小区、自然保护区、风景旅游区等；还有一类空间特征不甚明显的精神的或心理的社区，其成员以共同的起源、价值、信仰为纽带而获得维系，如种族社区、散杂居住的民族社区、宗教社区、职业社区等。此外，还可以从生产生活方式的角度，将社区划分为城市社区、农村社区、小城镇（集镇）社区和城乡联合社区等。

我国幅员辽阔，各地的自然条件相差很大，发展也不平衡。对此，我们既不应过于追求发展速度和规模上的平衡，也不能依赖计划经济模式下那种统一的政府行为来消除这种差别，而应该在国家教育发展战略规划指导下，从不同地区的实际出发，注意社区间教育发展的相对独立性和差异性，创立符合本地区经济和社会发展实际需求的教育模式。要以促进教育与社区发展的良性循环为目标，根据终身教育的要求，在发展和巩固正规的学校教育的同时，凭借本社区的相对优势，大力发展非正规教育，构筑具有本社区特色的教育结构。从总体上讲，西部地区的社区教育宜以农、科、教三位一体的方式促进基础教育的普及，同时适当开展早期职业教育；中部地区的社区教育宜实行经、科、教三者结合，使初中后教育广泛地为经济建设服务；发达地区由于已出现了以城市为中心、农村为基础、小城镇为纽带的城乡一体化趋势，因而这类地区的社区教育应充分利用优势，抓住机遇，促进各类学校向小城镇集中，并积极推进"高等教育社区化"。

目前，我国社区教育已形成了以京、津、沪等大城市为龙头，以东部沿海发达地区为主干，中西部地区有重点地发展、紧紧跟上的梯度发展格局。按照教育部的规划，全国社区教育实验区要扩展到各省（自治区、直辖市），各省级、市级实验区的范围进一步扩大，并形成一批具有较高水平的省市级社区教育实验区和普遍开展社区教育的城市；创建一批社区教育示范区，为学习型城市建设奠定扎实的基础；在经济、教育发达的东部地区，社区教育延伸到农村地区并取得初步经验。

四、社区教育管理改革案例——上海市青浦区社区教育综合改革模式的探索与实践

上海市青浦区社区教育萌芽于 20 世纪 80 年代。早在 1986 年，青浦就提出：走农、科、教结合之路，发展农村社区教育。当时主要是以"燎原"项目为抓手，积极在农村地区开展农民技能培训等社区教育活动。到 21 世纪初，上海市青浦区社区教育整体框架始见雏形。2003 年，上海市青浦区委、区政府制定了《关于加强青浦区社区教育工作的意见》，成立了社区教育工作委员会，各街镇也分别成立了社区教育工作委员会，大力开展社区教育。2007 年，青浦区被国家教育部确定为第四批全国社区教育实验区。以此为契机，传承和发展 30 多年来以综合改革为精髓的"青浦实验"，青浦区社区教育开始实践和探索社区教育综合改革之路，形成了"一体两翼"的工作架构和机制。

（一）青浦区社区教育综合改革模式的缘起与价值

青浦区社区教育经历了早期的零星活动、21 世纪初的系统建构与 2007 年至今的综合改革模式的提出三个阶段。青浦区社区教育综合改革模式的逐渐明晰并形成整体推进思路是青浦区社区教育发展的一个新阶段。这一模式的提出标志着青浦区社区教育在完成了从无到有的外延发展阶段之后，进入到从有到优的内涵发展阶段。

1. 青浦区社区教育综合改革模式的缘起

青浦区社区教育综合改革模式起源于 30 多年来以综合改革为精髓的"青浦实验"。"青浦实验"起步于 20 世纪 70 年代后期青浦全县[①]范围内的数学教学方法改革，旨在通过探索让所有学生都能有效学习的教学措施，大面积提高教学质量。在数学教学改革引领下，从单科到多科，从智育到其他各育，从几所学校到全县中小学，并进一步扩展到基础教育的整体改革和农村教育的综合改革。

青浦区于 1987 年开始进行农村教育综合改革的实践和探索。青浦区农村教育综合改革将全区各类各层次教育作为一个系统来认识，一方面综合考虑社会各个方

---

① 1999 年 9 月 16 日，经国务院批准，"青浦县"更名为"青浦区"。为方便写作与读者阅读，只在更名之前的具体情况下用"青浦县"，其他情况下都用"青浦区"。相应的城镇名处理方式同此。

面的改革与发展，促进教育与本地经济、社会改革和发展相协调，另一方面综合考虑学前教育、普通教育、职业教育与成人教育等教育改革的方向、内容、途径、具体措施、侧重点，促进各类各层次教育的改革和发展相协调。

因为树立了全区教育和终身教育的整体观念，社区教育实验一直是"青浦实验"的内在构成。20世纪80年代，青浦县赵屯乡（现为赵屯镇）在市郊率先开展了"九年一贯，五四分段"学制，以培养新型农村劳动者为目标，以课程教材改革为核心，以劳动技术教育综合实验和社区教育为特色的基础教育综合改革。在社区教育经历了从无到有、从零星活动到系统构建的发展阶段之后，提出社区教育综合改革模式，旨在传承和发展以综合改革为精髓的"青浦实验"，促进社区教育实现从有到优的内涵发展。

2. 青浦区社区教育综合改革模式的价值

在青浦谈教育，显然离不开"青浦实验"。以此为参照点，也可以认识青浦区社区教育综合改革模式的价值。作为一项区域性综合教育改革的"青浦实验"，从1977年开始，一直延续和影响到今天。在20世纪末至21世纪初，"青浦实验"逐渐形成以区域推进教育均衡、优质发展为抓手，以课程教学改革和教师专业发展为核心的综合改革。

青浦区社区教育综合改革模式的探索起源于"青浦实验"，并进一步丰富了"青浦实验"的理论和实践。青浦区坚持为本地经济和社会发展服务的综合教育改革思路，紧紧围绕"普职成联动、农科教结合"与"传承发展本土文化"两条主线实施社区教育实验工作，开展多层次的实验研究，既积极参与上海市社区教育实验项目的组织、设计和实施工作，又推出区级项目，从而不断丰富了"青浦实验"的时代内涵。作为"青浦实验"的生力军，青浦社区教育实验越来越成为"青浦实验"的重要构成。

（二）青浦区社区教育综合改革模式的整体推进

青浦区社区教育综合改革模式是青浦区在社区教育发展模式上的一种独特选择和提炼。它是在青浦区社区教育已有发展积淀和成果的基础上，将社区教育作为一个复杂的开放系统来认识，综合考虑社区教育内部因素与外部因素及其相互关系，选择和提炼社区教育的特定目标和关键路径，从整体上推动社区教育发展，并产生社区教育发展的综合效应。

具体而言，青浦区社区教育综合改革模式的整体思路可以用"一体两翼"来描述。其中，"一体"既是指将社区教育作为一项系统工程而言，又是社区教育在培养目标上的特定选择；"两翼"既是社区教育这项系统工程的重要构成，又是为了实现特定培养目标而作出的关键路径选择。

1. 明确社区教育的培养目标，找准社区教育的发展空间

教育是培养人、造就人的一种社会活动，主要是通过培养人促进社会的发展，因此，培养具有怎样素质的人才能切实促进社会的发展就成为至关重要的问题。这就意味着，社区教育的培养目标应是社区教育综合改革过程中必须明确的首要问题。

青浦区社区教育的培养目标以党和国家的教育方针为根本依据，同时考虑本地区经济、社会发展对人的素质、规格的要求与本地区居民自身发展的需要。为了具体认识经济、社会发展对人的素质的要求，青浦区专门进行了青浦人才素质调查。调查对象包含获区以上荣誉称号的工人、农民和干部，获区以上科技成果奖的科技人员，获区以上荣誉称号的企业经理、厂长，获市以上作品评选奖的文化工作者以及有荣誉称号的教师共 208 人。研究他们的素质特点后，得到以下结论。

第一，青浦人才素质具有共性。

一是热爱劳动。这些调查对象无一例外都有早期参加劳动的经历，一般早在八九岁就学着帮助家里做些力所能及的劳动，十二三岁则成了家中的辅助劳力，从小就养成了良好的劳动习惯，掌握了一般的劳动技能。

二是具有由社会责任感激起的目标意识。这种目标意识的形成，一般经历了"家庭责任感—集体责任感—社会责任感"的发展过程，即由低层次到高层次的发展过程。

三是具有扎实的文化基础知识。调查对象大都具有较强的求知欲，一般在青少年时期就逐步掌握了比较扎实的文化基础知识和基本技能，以后经过短期培训或专业深造或本人刻苦自学，掌握了适用的专业知识和技能。

四是具有良好的心理素质。调查对象大都具有强烈的兴趣爱好，较强的思维能力，坚强的意志品质。

第二，青浦人才素质具有特性。

调查过程中发现，具有不同个性特征的人，实践于不同的领域，发展不同的特性，会成为不同类型的人才，各类人才的素质结构因此具有各自的特点。一般说来，生产操作型人才的特点是体魄健壮，特别能吃苦耐劳，动手能力强；生产科技型人才的特点是有对口的专业知识，技能基础好，有创新的思想和能力；文化教育型人才的特点是有丰富的想象能力，较强的观察、思维、表达能力；管理复合型人才的特点是有高度的社会责任感，较强的组织能力和活动能力，是懂本专业的内行领导。

毋庸置疑，高素质的人才要依靠高质量的教育来培养，青浦人才素质的提高与教育的改革发展取得成效有直接的关系。目前，青浦人才素质的一般状况同青浦人才素质的要求还存在一定的距离，这里蕴含着现阶段青浦社区教育的发展空间。

社区教育内涵发展的核心问题是社区教育服务能力建设问题。社区教育服务能力主要体现在两个方面，一是社区教育对社区精神文化发展的服务能力，二是社区教育对社区物质文化发展的服务能力。在推进社区教育实验区建设过程中，青浦区从实际出发，明确了以"传承弘扬区域特色文化"和"经（农）科教结合"为主线引领社区教育工作的整体思路，形成围绕社区教育培养目标的"两翼"。

2. 传承弘扬区域特色文化，完善社区教育运作机制

围绕"传承弘扬区域特色文化"这一主线，青浦社区教育实验以促进社区教育与区域文化实现互动融合，提升青浦市民素养和新农村的文化品位，服务区域"三个文明"建设为目标。

青浦是著名的江南水乡，人杰地灵，在历史发展的长河中，青浦人民用自己的勤劳和智慧创造了许多具有浓厚区域特色的文化财富，为后人留下了丰富的文化宝藏。

一是传统历史文化。青浦是崧泽文化、福泉山文化的发源地，在福泉山、刘夏、朱家角等地至今还留有不少 4 000 多年前的史前文化和人类生活遗址。据文字记载，早在东晋时期，青浦东北部的青龙江畔，就是当时的海疆边防重地，现今白鹤镇的"沪渎村"，就起源于晋朝边疆烽火报警台"沪渎垒"的古遗址。上海的简称"沪"缘于青龙江畔的"沪渎垒"的"沪"字。唐朝天宝五年在此设"青龙镇"，凭借踞江瞰海的优越航运地理位置，该镇成为蜚声海内外的最早的对外贸易港口。

那时，这里船商云集，市井繁荣，直至两宋商业贸易仍然保持鼎盛。源远流长的青浦历史展现了人类适应自然与改造自然、创造文明、推进社会不断发展的绚丽画卷。在青浦这块土地上，留有古代、近代和现代社会演变的深深印记，它积淀和不断提升的传统文化熏陶和培育了一代又一代青浦人。青浦的传统历史文化是当前青浦学习型社会建设中不可多得的学习资源。

二是红色革命文化。在漫长的封建统治时期，农民起义和抗击外来侵略与骚扰的斗争从未间断。明嘉靖年间倭寇为患，青浦为抗倭前哨。太平天国农民起义军东征，占领青浦区城，痛击华尔洋枪队。中国共产党在上海成立后，青浦县旅外先进青年知识分子开始接受马克思主义。1927 年 9 月，在陈云等人的组织下，小蒸建立了青浦县第一个农村党支部。抗战期间，青浦县人民在共产党领导下，发动了近百次大小战斗，迎来了抗日战争的胜利。解放战争时期，中国共产党领导青浦人民开展以反征兵征粮征税为中心的武装斗争，并深入国民党中下层军政机构进行策反，发动群众护厂护校护粮，保存重要档案，维护地方治安。1949 年 5 月 14 日青浦解放。青浦人民一直站在反帝、反封建的前列，为中国近现代革命作出了重要贡献。青浦人民在长期革命中所形成的爱国家、爱人民、不怕牺牲的高贵品质，是当代人迫切需要学习和发扬的。

三是人文地理文化。青浦是一个典型的江南水乡，淀山湖、鼋荡、大莲湖、封漾、汪洋荡，星罗棋布。古镇、水乡交相辉映，极富韵味。古人说，智者乐水、有水则秀，青浦以其丰富的水乡文化内涵而备受世人赞誉，白居易、苏东坡、应熙、司马光、徐霞客、龚自珍、陈毅等历朝历代文人墨客和领导人都在青浦留有诗词墨迹。水文化、桥文化是青浦特有的文化标签。

四是民间艺术文化。诸如田山歌、宣卷、阿婆茶等许多非物质文化是青浦特有的文化形式。朱家角古镇也聚集了来自全国乃至世界各地的丰富的民间艺术。这些民间艺术与青浦当地特色相结合，成为一种特有的文化形式。

青浦区围绕传统历史文化、红色革命文化、人文地理文化、民间艺术文化，一方面促进社区教育内容和形式不断丰富，深化社区教育的内涵，拓展社区教育的广度，使更多的群众喜爱并参与社区教育，最终实现提升市民素质的目标；另一方面开展形式多样的社区文化教育活动，把青浦拥有的自然人文优势不断放大、做亮，提升市民素养，提升本土文化品位，使社区教育与区域特色文化互动融合为一体。

一方水土育一方人，长期积淀而成的人文地理文化潜移默化地影响着青浦人，在建设绿色青浦、和谐青浦的今天，将其融于人们的社会生活中显得格外重要。在传承弘扬区域特色文化的过程中，青浦区逐渐形成了社区教育的五大运作机制。

一是组织特色文化展示，开发社区教育特色品牌的创设机制。青浦区各街镇利用当地区域特色文化，积极组织开展各种特色学习活动，形成了社区教育的特色品牌。如金泽镇开展的"桥乡之声"活动，利用当地特色"桥文化"，吸引群众广泛参与。它以水乡群众为主要参与者，利用学校现有的操场搭建舞台，因地制宜地开展社区文艺活动，通过各类演出增强市民的文化素养，从而激发广大群众积极向上的工作和生活热情。活动已经开展多年，取得了良好的效果。练塘镇开展的"书香古镇"活动，通过创建"书香校园""书香园区""书香农家""书香社区"，组织中小学生、干部职工、农村居民参与各类形式的学习，开展小读者与农家书屋手牵手、迎世博知识竞赛和藏书义捐活动等，在原有特色文化展示活动的基础上，使社区学习活动内涵不断深化。青浦区许多诸如此类的品牌活动已经成为当地居民学习和传承本土文化的舞台。2010 年，朱家角田山歌节目《插秧天》从社区特色活动中脱颖而出，作为上海市唯一推荐节目参与世界音乐教育大会开幕演出，向世界展示了青浦区社区教育特色品牌创设机制的实践成果。

二是利用区域特色文化，建设学习资源的共建机制。2009—2010 年，青浦区在现有材料基础上搜集整理全区特色文化学习资源，并将整合的资源做成特色文化教材或市民读本，以此发挥文化对市民的教化功能。文广局、文化馆、街镇文化中心等相关机构都积极参与了特色教材和市民读本的编制，社区学院和社区学校也予以组织和指导，制定了编撰计划和方案。该期学习资源的编撰已进入尾声，其中，《茭白叶编织》《水韵剪刻》《商铺英语实用口语》《现代蔬菜园艺》等教材或读本独具青浦特色，充分展示了青浦课程的特色和亮点。经过这一阶段的尝试，基本形成了社区学院组织、社区学校为主体、各相关机构积极参与的青浦特色文化学习资源的共建机制。

三是开发利用区域特色文化资源，探索信息化学习方式推广机制。2009 年起，青浦区在广大农村地区开展信息化学习试点工作，组织申报网上特色课程、文化资源，为居民提供网上学习的平台，力求打造一批特色文化学习资源，并通过特色文化学习资源的吸引力，推广信息化学习方式。信息化试点课程中，有相当一部分是与区域特色文化资源相关的学习内容，这些学习资源有一定的影响力和群众基础，有利于信息化学习方式的推广。在利用和推广当地区域特色文化学习资源的同时，市民学习的手段也得到了更新，为在农村推广数字化学习打下了良好的基础。

四是开发社区教育实验基地、示范点以及合作项目，完善社区教育项目开发机制。青浦区社区学院积极加强普通教育与职业教育、成人教育、社区教育的合作，加强社区与图书馆、博物馆等文化部门的合作，合理利用各种具有区域特色的社区教育资源，共同开发弘扬与传承青浦特色文化的项目，进一步完善共建单位分工合作、共同开展社区教育的机制。与各街镇和相关部门共同建设一批能够面向社区教育群体、广泛开展社区教育活动、组织社区教育培训、开发社区教育合作项目、展示社区教育成果的社区教育实验基地和示范点。2010年，青浦区以"区镇联动"的形式，在白鹤镇建立了青浦区第一个"社区教育实验基地"，以推广当地传统特色文化项目——沪剧，通过开展沪剧培训活动，展示沪剧传承成果。还在多个街镇通过多渠道、多层次开展各类培训指导和文化传承活动，创新传承方式，将其融入街镇学习型社区创建之中。目前，在街镇开展的社区教育活动中，多数融入了区域特色文化的元素。通过传承弘扬区域特色文化的途径，完善了社区教育运作机制，突出了社区教育发展的亮点和特色。

五是加强文化交流，推进主题学习活动的联动机制。青浦区委、区政府2008年就提出了"开展形式多样的学习活动，培育学习活动品牌"，要求推进学习型社会建设委员会各成员单位共同推进全区性市民优秀学习活动品牌项目的联动机制。在各单位申报的活动中，青浦区遴选出体现区域文化特色、当地老百姓喜闻乐见的优秀学习活动，作为区级"主题学习活动"，由区学习办予以人、财、物各方面的支持，和主办方共同组织实施，从而将主题学习活动推向深入。青浦区对评选出的"青溪讲坛"等32个特色学习活动，不仅进行了表彰奖励，还做成了精美的书签以及画册，在全区范围内进行广泛宣传，以此倡导终身学习理念。2009年，青浦区以"创特色学习活动、促社区教育发展、推学习型社会建设"为主题，在第六届上海教育博览会终身教育（社区教育）展上对这些特色学习活动进行了展示和宣传，进一步营造了全社会关心、支持、参与学习型社会建设的舆论氛围，激发了广大群众崇尚科学、追求知识的热情。2010 年，青浦区从 75 个学习活动中遴选出 15 个区级主题学习活动，由区学习办和申报单位共同组织开展，取得了良好的成效。通过主题学习活动的申报和开展，加强了区域之间的文化交流，引导推进社区教育主题学习活动开展的联动机制已经基本形成。

3. 经（农）科教结合，凸显政府统筹机制

所谓"经科教（含农科教）结合"［以下简称"经（农）科教结合"］，是指把经济发展与科技开发、智力开发有机地结合起来，把"科技是第一生产力"和"教育的突出战略地位"落到实处，形成合力，自觉地服从和服务于经济建设这个中心，促进社会的全面进步。"经（农）科教结合"包含事业的结合和部门的结合，即本地区的各类经济任务都要自觉地依靠科技和教育，各类科技、教育任务也都要主动地为经济建设和社会的全面进步服务；同时，经济、科技、教育各部门之间都要主动地加强配合协作，形成促进经济、社会发展的巨大合力。

围绕"经（农）科教结合"这一主线，社区教育实验以提升居民素质，服务区域社会经济发展为目标。20 世纪 80 年代以来，青浦区社区教育紧紧扣住"经（农）科教结合"这一主线，把为"三农（即农业现代化、农村城市化、农民市民化）"新农村建设服务作为社区教育实验的重要任务，积极参与小城镇改革发展试点镇推进工作，达到"悦民、兴农、富民"的目标。通过"科技入户"，积极开展各类农民培训，建立起网络健全、基本适应青浦农民需求的培训管理服务体系。通过基地示范，以点带面，整合区域农民教育资源，提高农民技能。

要使"经（农）科教结合"得到落实，有赖于寻找到恰当的"结合点"。根据青浦区"经（农）科教结合"的实践，其结合形式归纳起来有以下几种。

一是以项目为结合点。这是最常见的形式，即在"燎原"项目、"星火"项目、"火炬"项目、"丰收"项目中，选择既有利于满足本地区经济、社会发展的迫切需要又具有普遍意义的项目，通过技术推广、人才培训促进经济发展。

多年来，青浦全区上下十分重视科技兴农工作，以"燎原"项目为载体，切实把农业和农村经济的增长转到依靠科技和提高劳动者素质的轨道上来，努力促进农业产业的优化和升级。青浦区农业部门重视抓好种源农业，实施良种工程，如"台

湾农友"的瓜菜种苗、"台湾福星"的食用菌，PIC 种猪，赵屯草莓研究所的"青屯一号"优质草莓，岑湖的优质鱼苗、虾苗，商榻的优质蟹苗等。根据农业结构调整、实施农业产业化的需要，按照"做给农民看，讲给农民听，带着农民干，帮助农民销"的方法，青浦区农业部门开展了各项农业技术推广普及工作和农业社会服务化工作。

全国闻名的茭白之乡练塘镇变废为宝，将茭白叶也充分利用了起来，开发和培育了茭白叶编结这一特色培训项目，充分发挥妇联组织牵线搭桥的作用，通过成人文化技术学校在全镇妇女中举办培训班。近几年来，该培训项目共举办 30 多期培训，培训人数达 1 800 余人，并通过"家家富"活动，使这一产业的规模和影响力得到了空前发展。全镇以妇女为主体的茭白叶编结从业人员已达 6 500 余人；每年茭白叶编结业的总产值达到 3 400 多万元，创外汇 300 多万美元，农民纯收入 1 500 多万元。

二是以"经（农）科教"所属实体为结合点。这种结合点可以是工农业经济实体，可以是科研实验基地或技术推广基地，也可以是职业学校或成人文化技术学校。"经（农）科教"几方面在结合点共同进行技术开发和智力开发，促进经济发展。

白鹤镇在成人文化技术学校开辟社区教育实验农场，利用草莓、食用菌、香丝瓜、甜玉米、蔬菜五大产业为主的优势，积极开发现代农业培训项目，认真编写农民实用技术系列乡土教材，如《现代蔬菜园艺》《现代瓜果栽培技术》《"苏玉糯一号"高产栽培技术和加工利用》《小西瓜高产优质栽培技术》等。通过基地示范，以点带面，整合区域农民教育资源，组织全区农民参加国家职业资格技能培训，年培训 1 500 人以上。以实验基地建设为载体，开展"院园合作"：青浦区社区学院与青浦区现代农业园区创新探索社区教育实验工作模式，共同开发区域特色农产品培训课程，如蛙稻生态种养，杏鲍菇、蓝莓等栽培技术，并通过社区教育专职教师到园区挂职锻炼等方式，整合区内农业、科技、教育的优势资源，实现农业、科技、教育有机结合。

三是以共同建立的实验区为结合点。如赵屯镇建立了特种农业科技研究所，经济、科技、教育三部门以此为基地，通过科技开发、人才培训，发展高产、优质、高效农业。

推动经济、科技、教育三者结合的关键是加强政府统筹机制。这是因为，虽然经济、科技、教育在客观上都需要从本地区经济、社会发展的整体利益出发相互结合，可是三者在体制上归不同的上级系统分管，各自为政，容易囿于本部门利益，对本地区全局性利益的认识存在局限性，又受到当前价值取向和利益驱动调节社会关系原则的影响，一旦遇到对本地区整体有利而需要本部门暂时牺牲当前利益的事情时，容易产生矛盾，使经济、科技、教育之间的"依靠"和"服务"难以落实。因此，要实现经济、科技和教育的结合，必须由对本地区工作负全面责任的地方政府从全局利益出发实行统一筹划。

从青浦区的实践来看，政府统筹的主要内容有：

- 统一规划本地区经济、社会发展，将经济、科技、教育统筹列入本地区经济、社会发展计划，统一制定经济开发、科技开发、智力开发计划。
- 统一安排、协调本地区"星火""燎原""丰收"等计划项目以及其他有关科教兴农的重大项目。
- 统一安排人才培训、技术推广、社会化服务等重大项目所需的人力、经费、设备和实验基地等。
- 统一目标责任管理，由地方政府把计划部门制定的"经科教统筹"的目标任务分解下达，列入各部门、各级政府领导人员的目标责任书中，作为干部政绩考核的重要内容之一。

(三) 青浦区社区教育综合改革模式的实验成效

2007 年至 2011 年，青浦区社区教育综合改革运行四年，围绕社区教育内涵发展，尤其是社区教育服务能力建设，既取得了多方面的进展，也存在一些有待完善之处。

1. 青浦区社区教育综合改革模式的已有进展

第一，探索了社区教育内涵发展的综合改革模式。在青浦区社区教育已有发展积淀和成果的基础上，将社区教育作为一个复杂的开放系统来认识，综合考虑社区教育内部因素与外部因素及其相互关系，选择和提炼社区教育的特定目标和关键路径，从整体上推动社区教育发展，并产生社区教育发展的综合效应。

第二，形成了"一体两翼"的工作架构和工作机制。一是形成了"一体两翼"的工作架构，理清了社区教育的工作思路；二是形成了"一体两翼"的工作机制，包括政府统筹机制、社区教育特色品牌的创设机制、学习资源的共建机制、信息化学习方式推广机制、项目开发机制与主题学习活动的联动机制等。

第三，增强了社区教育服务能力。一是通过社区教育与区域文化互动融合，促进社区教育内容和形式不断丰富，使社区教育在深度和广度上得到拓展；二是通过"经（农）科教结合"，取得了经济发展与科技开发、智力开发的多重效应，尤其是形成了社区教育的特色培训项目和优质课程。

2. 青浦区社区教育综合改革模式有待完善之处

第一，需使社区教育课程从点状发展走向系统化发展。社区教育课程系统虽然由一门门具体的课程组成，但它首先并非一门门具体的课程，而是一个由主导学程、课程类别和具体课程组成的三层次系统。主导学程是课程发展的聚焦点和着力点，它体现了社区教育课程发展的理念与目标，而课程类别是由一门门具有内在联系的课程组成的集群。反观青浦区社区教育课程建设，点状思维和割裂思维明显，关注的往往是一门门具体的课程，缺少系统和整合的思维方式。

第二，需培育社区教育工作者的项目管理能力。社区教育的常规活动以项目的方式进行，包含项目活动前的策划、项目活动中的实施与项目活动后的总结。每一阶段都有特殊的问题需要社区教育工作者去解决，如项目活动前的方案制定、项目活动中的策略选择与项目活动后的评价反馈。然而，目前青浦区社区教育缺少相应的社区教育工作者能力建设机制。

3. 青浦区社区教育综合改革模式的进一步设想

基于对青浦区社区教育综合改革已有进展和问题的反思，青浦区社区教育综合改革模式在形成"一体两翼"的整体架构后，需要在服务能力建设上更加精致，并产生新的突破。

第一，开发青浦区社区教育的特色学程。具体的一门门课程往往会在新陈代谢中不断变更，而特色学程关注的是社区特色和问题的发掘，彰显的是社区的自我意识和自我认识，具有较强的连续性和可积累性。例如，可以通过"地方学学程"（青浦学）的建构，[①] 一是为青浦寻找记忆，将考古发掘中获得的历史印迹，一点一滴地重新采集并加以建构；二是挖掘青浦现有发展状况与困境，唤起居民的正视

①　参见本书第五章"台北市松山社区大学课程建设案例分析"中的"松山学"地方学学程。

与讨论，整合相关资源并解决问题；三是通过愿景描绘，让青浦人看到一幅更宜居的幸福家园蓝图，进而产生营造及改变的力量。该学程囊括学术课程、社团课程与生活艺能课程，以引导学员系统地学习。

第二，形成社区教育工作者能力建设新机制。在青浦区社区教育进入内涵发展阶段之后，社区教育工作者，尤其是社区教育专职工作者，应拥有与之相匹配的能力，否则难以成为社区教育发展新阶段的推动力量。这种新的能力首先是指项目管理能力。为培育这种新的能力，相应地需要新的能力建设机制，即所有培训活动应围绕解决社区教育工作者面对的现实问题，帮助他们提高社区教育工作能力而设计，以项目和案例为载体开展培训，切实践行社区教育工作者是学习的主体与培训的重要资源的思想。

第八章
社区社会团体建设

20 世纪 50—70 年代，由于国家对社会高度的垂直整合，民众基本上都是通过作为"纵式社会"基层组织的单位或社队参与社会活动。人们的社会活动一般是代表单位或社队的活动，或者是在单位或社队内部发生的活动。至 21 世纪前面几年，改革开放使城市居民不再完全依附于单位，农村人也早就从社员变为村民。于是，个人的归属（客观的）和认同（主观的）在制度上具有了从单一性向多样性变化的条件。越来越多的人超越单一的单位/社队归属，横向地参与社会组织，以一种新的机制参与社会活动。这种社会事实所体现的趋势就是社会团体（一般简称"社团"）的兴起。①

---

① 参见：高丙中. 社会团体的合法性问题 [J]. 中国社会科学，2000（2）：100. 首先提出"全球结社革命"这一命题的是美国约翰·霍普金斯大学的塞拉蒙（Lester M. Salamon）教授。他在主持非营利部门国际比较项目（该项目囊括了 41 个国家）的实证研究中发现，从北美、欧亚的发达国家到非洲、拉美和苏联解体后独立出来的发展中国家，民众正在创建各种社团、基金会和类似组织，开展人道主义服务，促进基层社会经济发展，防止环境退化，保障公民权利，追求国家先前未曾实现的或者根本忽视不管的种种目标。由此，他得出一场真正的"全球结社革命"已经出现的结论。他甚至认为，"全球结社革命"对 20 世纪晚期的意义，也许如同民族国家的兴起对 19 世纪晚期的意义一样重大。

社团在最近 30 年里获得了巨大的发展，现在已经广泛存在于社会生活的各个领域和各种层次。从 2010 年第四季度全国的统计数字来看，各级民政部门登记注册的社团有 24.3 万个，其中在民政部登记注册的全国性社团大约有 1 830 个。①从基层的统计来看，社团的数量也是很大的，一个县级市的社团就可能有上百个。从个人尤其是专业人士来看，相当多的人至少加入了一个社团，许多人加入了两个乃至三个社团。除了这些正式的法人社团之外，民间大量非正式的社团即民间会社，像花会、香会、庙会、钱会、老人会以及民族地区以议榔、词牌、理老和"款"为形式的民间会社在最近 30 年里又在各地恢复起来了。例如在北京，与妙峰山进香庙会有关的民间花会就有上百个，散布在各个街道的秧歌队就不计其数了；在河北赵县的一个村，村民组织的"龙牌会"在一年里就与周围村庄的 57 个同类组织进行过像亲戚往来那样的交流。

一、社会团体的概念及类型

(一) 社会团体的概念

当前，国内学界在相关研究中所使用的概念比较多，除"社会团体"外，还有"第三部门""非营利组织""非政府组织""民间组织"等。这些概念既相互关联，又有所区别，再加上许多学者交替使用这些概念，因此有必要对它们之间的差别进行分析。②

"第三部门"（the third sector）是由美国学者莱维特（Theodorel Levitt）最先使用的。莱维特认为，人们以前将社会组织一分为二（非私即公，非公即私）的划分方式太粗糙，忽略了一大批处于政府与私营企业之间的社会组织，它们所从事的是政府和私营企业"不愿做、做不好，或不常做"的事。莱维特将这些组织统称为"第三部门"。根据美国约翰·霍普金斯大学非营利组织比较研究中心的定义，凡具有以下五个特征的组织即可被视为"第三部门"：① 组织性。指有内部规章制度，

---

① 参见：民政事业统计季报（2010 年第四季度）．http：//files2. mca. gov. cn / cws / 201101 / 20110130160410749. htm；全国性社会组织查询网站，http：// www. chinanpo. gov. cn/ npowork/ dc/ searchOrgList. do？action = searchOrgList &corporateType = 1.

② 参见：张喜红．当代中国社会团体政治参与问题研究［D］．长春：吉林大学，2004：4—9.

有负责人，有经常性的活动；② 民间性。指在体制上独立于政府，既不是政府的一部分，又不受制于政府，当然这并不意味着完全不拿政府资助，或完全没有政府官员参加其活动；③ 非营利性。指组织的利润不能分配给所有者或管理者。换言之，"第三部门"有可能赚取利润，但利润必须服务于组织的基本使命，而不能放到所有者和管理者的腰包里。这是"第三部门"与其他私营组织的最大区别；④志愿性。指这些组织的活动是以志愿为基础的，但这并不是说，组织收入的全部或大部分来自志愿捐款，也不等于说工作人员全部或大部分来自志愿者；⑤ 自治性。指各个组织自己管理自己，既不受制于政府，也不受制于私营企业，还不受制于其他"第三部门"。总之，"第三部门"这一概念的包容性最强，它涵盖了除政府和企业之外的一切社会组织，因此所包括的社会组织的范围最大。

"非营利组织"（non-profit organization，简称NPO）是指在政府部门和以营利为目的的企业（市场部门）之外的一切志愿团体、社会组织或民间协会，这些组织的集合就构成了"非营利部门"。在这个意义上，"非营利组织"与"第三部门"的指称对象和涵盖范围是完全一样的，只不过命名的视角不一样："非营利组织"强调的是其非营利性，"第三部门"强调的则是政府、企业之外的社会领域和空间。

如果说学界对"第三部门"和"非营利组织"的界定还具有较为普遍的共识，那么对"非政府组织"（non-governmental organization，简称NGO）的看法则五花八门。世界银行对此的定义十分宽泛，认为任何民间组织，只要它的目的是援贫济困，维护穷人利益，保护环境，提供基本社会服务，或促进社区发展，都可称为"非政府组织"。美国学者塞拉蒙（L. M. Salarmon）等人的定义则较狭窄，认为"非政府组织"除了需要具备一般非营利组织所具有的组织性、民间性、非营利性、志愿性和自治性等特征之外，还应该具备另外两个特征：非宗教性（活动不是为了吸引新信徒）和非政治性（不涉及推举公职候选人）。王绍光先生认为塞拉蒙的定义仍显得太宽泛，他提出"非政府组织"还应具备一个特征，即公益性。也就是说，"非政府组织"关注的必须是与公共福利相关的问题，如性别平等、医疗卫生、农业发展、环保等。北京大学李景鹏教授则认为，"非政府组织"这个概念有广义与狭义之分。广义的"非政府组织"指政府之外的一切组织，既包括合法的组织，也包括非法的组织；既包括各种政治性的、行业性的、专业性的、联合性的、学术性的社会团体，也包括各种基金会、志愿者组织、社会救济和福利组织、弱势群体权利保护组织、法律援助组织等，甚至还可以包括所有的事业单位。狭义的"非政府组织"主要指从事社会公益事业的组织，比如红十字会、中国青少年发展基金会、残疾人联合会、志愿者组织等，目前人们多是在这个意义上使用"非政府组织"概念的。

"民间组织"也是一个比较宽泛的概念，它强调了社会组织的民间性质。在中国，"民间组织"包括"社会团体"和"民办非企业单位"两类。其中，民办非企业单位是指企业事业单位、社会团体和其他力量以及公民个人利用非国有资产组建的，从事非营利性社会服务活动的社会组织。

对于社会团体的界定，不同学者也是见仁见智。关于社会团体的定义，综合国内外学者的研究，主要有共同特征说、互益说、公益说、特殊目的说、剩余说等。

本章中所用的"社会团体"采用社会团体的法律定义，同时批判地汲取其他定义中所蕴含的理论视角。根据法律的有关规定，社会团体的基本特征主要有两个。第一，社会团体是一种民间组织。我国法律上的另外一种非营利性的民间组织是"民办非企业单位"，比如民办医院、民办学校、民办福利院等，《社会团体登记管理条例》是关于该类组织的主要法律。第二，社会团体是非营利性组织。《社会团体登记管理条例》第4条第2款规定："社会团体不得从事营利性经营活动。"

（二）社会团体的类型

按照一定标准对社会团体进行分类，既是了解不同类型社会团体的特点和发展状况的依据，也是研究当代中国社会团体的一个重要途径。对社会团体的分类在中国还没有确定的标准，依研究目的的需要，可以按照不同的标准进行分类。

目前，民政部采用的办法是把全部社会团体分成四类：一是学术性团体，指从事自然科学、社会科学以及交叉学科研究的团体；二是行业性团体，指由同行业的企业自愿组织的团体；三是专业性团体，指由专业人员组成或以专业技术、专门资金为从事某项事业而成立的社会团体；四是联合性团体，指人群的联合体或团体的联合体。

有的学者依据社会团体在民间性程度上所存在的差异，把中国的社团组织分为官方主导型、半官半民型和民间主导型三种。官方主导型社会团体是指社会团体的主要领导和工作人员均为党政部门批准和任命的在编专职人员，社会团体的经费由国家财政划拨或来自强制性会费缴纳，如工会、妇联等。半官半民型社会团体是指社会团体的主要领导由政府职能部门或官办性质很浓的企业组织、事业单位和官方主导型社会团体的主要领导兼任，经费部分由主管部门的财政和非财政经费划拨，部分由自己筹措，如个协、私协等。民间主导型社会团体是指与挂靠或主管单位无人员交叉，且经费基本自理的社会团体，如文化、体育、卫生、宗教及联谊性社会团体等。

与此类似，有学者从组织体制和与政府关系的角度把我国的社会团体分为四种：一是高度行政化的社会团体，如我国的工会、共青团和妇联，它们实际上与行政机关没有实质上的差别，它们不受《社会团体登记管理条例》的约束，直接接受各级党政机关的领导，享受一定的行政级别待遇，其领导人的任免由同级党委决定；二是相当行政化的社会团体，如工商联、足球协会等各种行业管理协会，它们有一定的编制并享受一定的行政级别待遇，承担部分行政管理职能，其主要领导人实际上也由各级党政部门任免，享受国家公职人员待遇；三是基本上民间化的社会团体，如各种学术社会团体，它们中的大多数没有专职的人员编制，其主要领导由社会团体自己推选产生并报经主管机关批准，不享受行政级别待遇，但这些学会、研究会和协会中极少数人员也享有事业单位编制和行政级别的待遇；四是纯民间化的社会团体，如各种民间自发形成的公民自助组织、兴趣组织等，它们不仅没有行政级别，行政化程度很低，而且大多数还游离于政府管理视野之外。

有的学者从社会团体的主体与社会团体的功能相结合的角度，把中国全国性的社会团体分为17类，详尽地勾画出当今中国社会团体的面貌（见表8-1）。①

表8-1　当代中国全国性的社会团体类型

社会团体类型	数量（个）	举　例
产业部门	537	农业、工业、服务、金融等行业协会；这些行业内部成立的单一职能组织，例如职工思想政治工作研究会、职工技术培训协会、企业管理协会、物资供销协会、技术开发协会等

① 王颖，孙丙耀.中国民间组织发展概况［M］//俞可平，等.中国公民社会的兴起与治理的变迁.北京：社会科学文献出版社，2002：4—5.

社会团体类型	数量（个）	举　例
社会服务与社会福利	39	动物园、博物馆、展览馆、消防等同业协会；为儿童、老年人、残疾人提供福利服务的基金会、协会
公共事务	66	城市规划协会、对外交流协会
卫生	69	医疗卫生同业协会，群众性卫生活动协会，医疗卫生发展基金会，医疗技术研究会
体育	84	按照各种运动项目设立的运动协会，群众体育活动协会，一些组织系统内部组织的体育协会
信息与技术服务	52	咨询、劳动服务、技术贸易服务、计量、质量服务、工程设计服务等同业协会
教育	52	正规教育、成人教育、社会教育、人才开发等协会
文化、艺术	167	文学、艺术、电影、音乐、群众文化方面的协会、研究会
新闻、出版	37	广播、电视、报刊同业协会
自然科学、技术研究	106	按照学科和技术部门设立的学会、研究会、研究机构同业协会
社会科学、管理科学研究	417	按照学科设立的学会、研究会、研究机构同业协会
环境、能源	19	开展节能、环境保护工作的协会
企业特殊性质	19	不同所有制、乡镇企业、中小企业、外商投资企业、军工企业、福利企业等组织的协会
职业组织	63	会计师、律师、作家等职业协会、联谊会
地区组织	15	城镇、港口、民族地区、区域、开发区组织的协会
其他个人特质	36	校友会、华侨、收藏爱好者、集邮爱好者、名人协会、联谊会
未能分类	20	—
合计	1 798	

　　也有学者从两个维度对社会团体进行分类：第一，组织是否拥有会员，包括个

人会员与团体会员；第二，组织目标的性质是公益还是互益，组织目标决定了社会团体的资源基础，公益组织的受益者是整个社会，其资源基础也是整个社会，而互益组织的受益者是会员，所以其资源基础限于其会员。据此，可以将中国法律意义上的社会团体分成三种类型：一是会员互益型社会团体，指由个人会员或团体会员构成的、以促进会员特定利益为目标的社会团体。这类社会团体是中国目前社会团体的主体，行业协会、职业协会、学会、兴趣协会都属于这种类型。互益性是这类社会团体与其他两类社会团体的最大区别。二是运作型社会团体，指没有固定会员、以促进社会公益为目标的社会团体，目前在中国主要是指基金会。三是会员公益型（中间型）社会团体，指有固定会员，但是以促进社会公益为目标的社会团体，其最大特点是中介性。

还有的学者认为，如果关注的对象是所有的"实际进行活动的社团"的话，那么目前中国至少存在四类社会团体。第一类，经过登记注册并具有法人资格的社会团体，即合法的正式社会团体。第二类，无法人资格的次级社会团体。由于种种原因，许多社会团体采取"挂靠"策略，即以合法社会团体的下级机构的身份存在。作为交换，它们要给"挂靠单位"上缴一定数额的"管理费"。这类社会团体的活动往往比它挂靠的社会团体还要活跃。第三类，注册为企业法人的社会团体。有些社会团体为了登记注册的便捷等原因，注册为企业法人。这类社会团体必须像营利性企业一样纳税，尽管它们的活动领域是非营利性的。第四类，不进行注册的社会团体。大量形形色色的民间组织，如读书会、校友会、花鸟协会等根本没有注册，而是完全自主地开展活动。只要这类组织不违反有关法律法规，一般情况下民政部门和公安部门都不会干预。

二、社区社会团体在社区教育中的地位与作用

社会团体的存在不是一种新现象。中华人民共和国成立后，中国就有一些缺乏独立地位的人民群众团体。作为党和政府联系人民群众的桥梁和纽带，这些团体所具有的更多的是行政组织的属性，而缺乏民间性。在国家与社会的相互关系中，人民群众团体往往以"国家代表"的身份而不是"社会代表"的身份出现在人们面前。

改革后出现的社会团体则体现了与此不同的民间化趋势，这一趋势正好与社会的自主发展相一致。社会团体是相对独立自主社会的重要组成部分，其数量的多少表明社会的组织化程度。更为重要的是，社会团体承载着利益表达与利益整合、权力的监督与制约、政治社会化以及社会自我管理等重要功能。随着中国社会主义市场经济体制改革的深入以及政府职能的转变，一些社会问题日益显现，社会团体在这些问题的解决上发挥了以民间渠道动员社会资源和社会力量的优势，这是社会自我服务、自我管理、自主发展的重要体现。

随着社会主义市场经济的深入发展、社会分工的细化，以及中国政府"小政府、大社会"目标的提出和逐步建立，社会团体取得了长足的发展。根据民政部对社团登记管理时设定的类别，目前社团主要分为行业协会、基金会、联合性社团、专业技术类社团、自然科学类社团等。

本节主要关注的是社区社会团体在社区教育中的地位与作用。社区社会团体是指社区居民为满足物质、文化需求而建立的，主要在社区范围内开展活动、提供社会服务的各类非营利性社会团体。①如社区的老年协会、残疾人协会、计划生育协会、红十字会等组织，以及读书、书画、合唱、摄影、舞蹈、武术等群众团体。随着改革开放的不断深入和市场经济体制的不断完善，社区社会社团获得了越来越大的发展空间，在社会事务管理、社会公益事业，尤其是在社区教育方面的作用日显突出，在丰富社区居民的文体娱乐活动和方便社区居民的生活方面发挥了积极作用。

(一) 社区社团在社区教育中的地位

社区社团因其数量多、规模小，成员来自社会最基层而被称作"基层社团""草根组织"。社区社会团体除了具备一般社团应当具有的民间性、非营利性、相对独立性、自愿性、非政党性、非宗教性等特征，同时又具有它们自身的一些特点。例如，人数较少，活动内容比较单一，没有稳定的经费来源，没有也不需要正规的办公场所，活动场所不固定；没有也不需要层次复杂的组织机构，会员加入和退出比较随意，完全体现自愿的原则。

---

① 李军，张平. 社会团体的培育管理与和谐社区建设 [J]. 北京政法职业学院学报，2006 (1)：29.

以湖北省为例,[①] 据不完全统计,湖北省现有社区社会团体 1.2 万个左右,是登记的社团法人数量的 1.5 倍。这些社区社会团体按其性质可分为五类:一是公益型组织,活动内容包括扶贫助残、帮助再就业、修桥铺路、关心下一代、环保,等等;二是自我管理型组织,活动内容有社区安保、环境卫生、低保评定、邻里纠纷调解、计划生育,等等;三是互助型组织,主要是志愿者组织和老年人、妇女组织以及各类便民、利民服务组织;四是经济型组织,主要是未达到登记条件的农村专业经济协会或城市同业劳动者为促进生产、经济发展而成立的同业自律互益性组织;五是兴趣爱好组织,此类组织数量较多,且形式多样,只要是具有某种共同爱好的人群,都可能成立此类组织。

社区社团的发展,丰富了我国社会团体组织的结构层次,拉近了社会团体与群众的距离。在社区社会团体比较活跃的社区,居民生活十分方便,从居家养老到家庭维修,从环境保护到职业介绍,都有人操心,有人提供帮助。在满足人们的精神文化生活方面,文化娱乐类社团功不可没。如黄石市现有文化娱乐类社区社团 237 个,通过举办知识讲座、表演和竞赛等丰富多彩的活动,陶冶了社区居民的情操,增进了邻里间的相互了解,在很大程度上促进了社区居民生活质量和品位的提高,为建设和谐、文明社区作出了积极的贡献,因而是一支能够在社区教育中发挥积极作用的重要力量。

因此,社区教育必须和社区社团紧密结合,才能有效地拓展社区教育资源,同时社区社团也需要依托社区学校,利用教育的阵地资源,扩大社团的影响力,双向互动、双向参与、共同育人,最终实现双向运作、互参互管、互帮互助,整合社区育人资源。

(二) 发展社区社团对社区教育的意义

社区社团在社区教育中发挥着重要作用,发展社区社团具有重要意义。

第一,发展社区社团有利于加强社会主义精神文明建设。

社会主义精神文明建设需要在新的历史时期寻找新的载体。社区是群众聚居、生活的地方,是人民安居乐业的基础,也是社会成员参与社会活动的基本场所。精

---

① 李晴,商木林,黄明兵. 基层社会团体备案制度探讨 [J]. 学会,2007 (2):34.

神文明建设应以社区为载体，以群众为主体，以人的全面发展为中心，如此才能从整体上提升市民素质，提高城市文明程度。同时，社会团体也担负着精神文明建设的责任与使命。社会团体内开展的精神文明建设同社区精神文明建设相结合，是社会主义精神文明建设发展的必然趋势。

随着社会主义市场经济的不断推进和深化，社会化程度的日益提高，社会团体同社区的联系日益增多。重视和参与社区精神文明建设的课题十分现实和紧迫地摆在每一个社会团体的面前。在强调把社会主义精神文明建设摆到更加突出位置的今天，社会团体参与社区精神文明建设具有重要的现实意义，并将产生良性互动的长远影响。

第二，发展社区社团有利于增强居民的参与意识。

在社区建设中居民参与程度不高严重地阻碍着社区建设的进一步发展。居民参与是社区建设的生命，没有居民参与，社区建设就不可能正常开展。但在目前，大多数居民只愿扮演"看客"，无意成为"演员"。导致居民参与度不高的原因主要有居民社区意识淡薄、社区组织性不强、社区活动不够丰富多彩、社区管理水平低、居民社区归属感薄弱等。

如果社区社团充分发育，能吸引每户居民至少有一位成员加入一个社团，开展自己感兴趣的活动，就可以增进居民之间的了解和信任，促使大家走出家门，广交朋友。各种社区团体为居民提供各种放心实在的服务，扶危济困，就能使居民在社区中真正体会到家的感觉。社区与居民生活息息相关，居民自然就会对社区产生归属感。同时，加入了社团，居民就可以以组织的形式关注和参与社区建设，这比以个人形式参与的动力更强，效果更好。

第三，发展社区社团有利于满足一部分社区发展需求。

数量庞大的社团正承担着改革中的部分政府职能，在满足社会需求方面发挥了重要的作用。例如，社会团体参与法律援助活动，发挥了一定的积极作用，可主要概括为以下几点。① 工会、青联、妇联、残联等社会团体积极参与，利用自身的影响力，帮助克服了法律援助制度在筹建期间的各种难关，促进有关部门和广大群众迅速了解、重视和支持法律援助这一新兴制度，促使法律援助制度在我国逐步建立起来。② 社会团体的某些维权活动，如现场咨询活动、发放宣传资料、宣传法律法规等，有时会包括法律援助的有关内容，对法律援助制度起到了一定的宣传作用。③ 社团工作人员能够为本社团成员提供有关政策性问题和简单法律问题的咨询，一些具有律师资格的工作人员还能承办一定数量的法律援助案件，满足了困难群体的部分法律援助需求，在一定程度上减轻了政府法律援助机构工作的压力。④ 社会团体的服务对象仅限于本社团成员，对相关政策的理解、对本社团成员所需法律援助服务事项的了解往往更加透彻和深入，能够为政府法律援助机构提供较为丰富的信息资源，并与之交流开展工作的有益经验。

第四，发展社区社团有利于整合社区教育资源。

社区教育资源是指用以协助社区教育开展，满足社区居民精神文化需求，促进社区居民学习的一切因素。社区教育的全员化、终身化，以及社区居民个体需求的多样化，决定了需要提供的场所、师资等教育资源仅仅靠政府来投入、开发和完善是远远不够的，需要充分挖掘和整合社区内的各类资源，为社区教育服务。随着社区教育的不断发展，如何整合社区内的教育资源以提高资源的利用率，一直是社区教育面临的实践难题。

在社区中，存在大量的国家机关和企事业单位在职人员、下岗待业人员和身体健康的退休人员的人力资源、驻社区企事业单位和居民的小额闲置资金等有形资源以及广大居民的慈善心、公益心、奉献愿望等无形资源。激活并整合这些资源是社区教育向纵深发展的一项重要任务。对此，政府鞭长莫及，驻社区单位无暇顾及，社区居民力所不及，作为政府和广大社区居民中介的社区社团必须承担起这一使命。随着老龄化社会的快速发展，如何通过社区社团充分利用和整合"闲置"资源来推动社区教育发展，将成为未来社区发展的一个重要主题，也将是社区社团蓬勃发展的重要契机。

当然，发展社区社团的意义不仅在于此。从社会学角度看，社区的成立必须具备四个基本要素：一是一定数量的人，二是一定的地域，三是社会互动，四是共同的归属感，也就是心理上的认同。目前，社区最缺乏的是后两个要素。而促进居民互动、增强居民的归属感恰好是社团的优势所在。因此，大力发展社区社团成为建设和谐社区的必然。这两个问题解决好了，社区教育的前景就可能一片光明，否则只会延续政府热、居民冷，政府演、百姓看的尴尬。

三、社区社会团体的培育与管理

一个成熟的社会往往是一个各种组织充分发育的社会。在中国社会建设取得长足进步的同时，社区社团也获得了比较大的发展空间，得以迅速成长。

但是，社区社团在发展过程也存在比较突出的问题。一是规模不大，相当零散。有的社团只有几个人，没有规章制度，活动很不规范，难以发挥应有的作用。二是缺少经费来源。多数社团只能靠会费支持，开展活动比较困难。三是缺少整合。同一社区有时出现几个类似的社团，这不利于资源的充分利用，还可能产生无序竞争，引发矛盾。四是独立性很弱。不少社团是在居委会或一些政府部门的推动下建立起来的，依附性较强，常常需要居委会布置活动任务，没有自己的活动安排和发展规划。总的说来，目前社会团体虽然在数量上增长很快，但发育程度低、资源不足、能力不够，在有的地方有一哄而上赶潮流的倾向，大多处于自生自灭状态，还难以有效地承接从政府部门剥离出来的社会职能。①社区社团在发展过程中面临着一系列问题，需要政府加强对它们的培育与管理。培育好、管理好这些社团，帮助它们健康发育，促使各个组织和谐共存，这对社区教育，乃至和谐社区、和谐社会建设将产生深远的影响。

（一）社区社团的培育

首先，各级政府应当更新观念，切实重视社区社团的培育，加大投入。政府应充分认识到，发展社区民间组织是消除因社会转型而造成的一系列社会矛盾的基础，是推进社区建设，最终实现社区居民自治的根本途径。政府应当通过直接提供经费或购买服务的方式，使社区民间组织获得起步阶段所必需的资金。对于公益性的社会团体，则应当设立专款予以支持。而且政府应当在观念上明确：投入经费不是为了控制社团，而是要帮助其逐渐走向独立；投入经费不是施舍，而是政府求助社团解决政府自身难以解决的社会问题的一种方式。

其次，政府应加强对社区社团的引导。有效的引导、必要的培训能使社团动作更规范，吸引力更大，在社区教育中的作用更突出。但现行《社会团体登记管理条

---

① 李军，张平．社会团体的培育管理与和谐社区建设［J］．北京政法职业学院学报，2006（1）：30．

例》的规定要么门槛太高（例如，需要 3 万元注册资金，需要有主管部门等），要么界定范围太窄，使得社区团体基本都不符合登记条件，难以纳入统一管理，而社区或街道又缺乏相应的管理机制。社区的社团不能登记，没有法人资格，不能开设账户，在接受捐赠等方面也不规范。这些的确不利于社团的发展壮大。但社区民间团体数量巨大、结构松散、规模很小，如果都将其纳入民政部门的登记管理，其工作量之大将不可想象。因此，对社区社团的管理思路需要有所创新。

最后，政府在培育社区民间社团方面还应当有所侧重，不可贪多求全。不同的社区有不同的情况，因此政府在扶持社团方面也应各有不同。总的来看，应当重点扶持的社区民间团体大致可以分为四类：一是与老年人服务有关的社团；二是与促进就业有关的社团；三是与扶助病人、残疾人等弱势群体有关的社团；四是与少年儿童教育有关的社团。

（二）社区社团的管理

管理工作必须适应被管理对象的性质和实际情况，这是搞好管理所必须遵循的基本准则。我国社区社团的性质和实际情况决定了必须建立有中国特色的社团管理体制，更好地体现社会主义办社团的优越性。在我国，社团既有学术性、群众性、松散性、灵活性、公益性等一般性质和特点，同时还有其特殊的一面，即是党和政府联系广大人民群众的桥梁和纽带，是党和政府决策的参谋和助手，这是中国社团的特殊使命。我们在创建中国式社团管理体制时，既要考虑到社团普遍性的一面，积极学习和借鉴国外成功的管理经验，又要注意社团特殊性的一面，根据中国社团的特点，创建有中国特色的社团管理体制。①

建立有中国特色的社团管理体制没有现成的模式，必须根据我国社团的性质和特点及我国实际情况，在工作中不断积累经验，以尽快找出科学的管理方法。

第一，明确社团管理的主要方式。必须明确采取什么方式才能使管理更有效、更科学，这一点对指导建立有中国特色的社团管理体制具有重大意义。社团管理宜采取以下五种方式，综合运用。

一是间接管理的方式。社团是群众自发的组织，它没有严格的管理机构体系和严密的管理规范体系，其日常活动行为目标不能用行政命令等硬性指标来规范。因

---

① 谢曙光．建立有中国特色的社会团体管理体制［J］．云南学术探索，1993（5）：61.

此，对社团进行管理时，不宜用对行政机关、企事业单位那样直接、硬性、强制的手段，而应采取间接的管理方式。这是与社团本身的群众性、社会性、业余性、灵活性等特性相适应的"软性管理"，是通过社团与管理机关和社团自身的协调工作进行的管理。对社团自身来说，为了做好社团的工作，就必须协调好社团内部领导之间、会员之间、领导与会员之间、社团与会员之间的关系，调动社团人员的积极性、创造性；就社团与管理机关而言，管理机关要通过与社团协商、洽谈、交往、协调进行总体的协调管理，使社团行为合理，社团与社会的关系达到和谐、统一，保证社团正常开展工作。再者，社团是群众性的组织，其领导机构是由会员选举产生的，群众在社团中可以充分行使自己的民主权利，积极参与管理。管理机关在对社团进行管理时，必须充分考虑到群众的意愿，只制定一些原则、准则，只要社团不违反国家法律、法规，其行为不超出所定之原则、准则，就不要过多干涉，以使社团保持生机与活力。

二是系统管理的方式。社团管理是一项复杂的系统工程，从内部管理到外部管理，从近期管理到长远管理，都会涉及社会的方方面面。这样，对社团的管理就必须采取系统管理的方式，即对社团实行全面的、全方位的管理，这是适应有中国特色的社团管理体制的重要管理方式。对社团的系统管理就是要对社团的组织管理、人员管理、财务管理、活动管理及其审批程序、年度检查等诸多方面进行系统的管理，各个方面齐抓共管。因为各方面的管理是一个系统，有一个环节管理不善或出了问题，整个管理就会失败。例如，社团管理过程中，财务管理出了问题，所需经费不能正常收支，会使社团的活动、组织等方面都受到很大影响。因此，在建立有中国特色的社团管理体制，制定管理政策和法律、法规时，应实行配套的政策和完善的法律、法规，使社团管理从各个方面都得到加强。

三是分类分层管理的方式。近年来，由于我国政治稳定、经济繁荣，为人民创造了一个政治安定、生活安稳的环境，广大人民群众结社热情空前高涨。"文革"前，全国性社会团体仅近百个，地方性社会团体共6 000多个，到1989年社团清理整顿前已分别发展到1 600多个和20多万个，分别增长16倍和33倍。如此迅速的发展，如此众多的社团，不采取分类、分层的管理方式，简直就无从下手。在进行管理时，可按性质将社团划分为行业性、学术性、联合性和基金会等性质的社团，也可按学科分为社科类、自然科学类、文学艺术类和体育运动类等社团，还有官办、民办、半官半民的社团等。只有将社团根据性质、学科种类进行分门别类的管理，才能使管理科学、有效。就单个社团而言，它的内部还有会员代表大会、理事会、常务理事会及其专业委员会、研究小组、社团办公室，还有团体会员、个人会员等，只有将这些组织和人员按层次进行管理，才能做到有条不紊。

四是法制管理的方式。政府应根据社团的工作性质，制定相应的法律、法规和政策，保证社团活动有章可循。社会主义中国的社团，其活动必须遵循四项基本原则，遵循党和政府的大政方针，主动、积极地接受党和政府的领导，严格遵守宪法、民法、刑法等法规、法典。除已出台的社团法规如《社会团体登记管理条例》外，有关部门还应积极制定和健全社团法规，尽快出台"结社法""社会团体管理条例准则""社会团体财经制度条例""基金会管理原则"等，以适应我国社团管理的需要，保证社团活动在法制轨道上正常开展。

五是学术性管理的方式。这主要是针对社会科学类和自然科学类社团（学会、协会、研究会）的管理方式。这类社团在社团总数中占有很大比例。社科类社团和自然科学类社团是学术性的群众团体，其主要任务就是要对一切自然现象与社会现象进行基础研究、应用研究、开发研究。这种浓厚的学术性特点决定了在建立有中国特色的社团管理体制时，对这部分社团必须采取学术性的管理方式。首先，学术性团体管理机关的工作人员要具备一定的学术水平；其次，社团领导机构成员及会员也必须具备本学科的专业知识水平及研究能力。只有这样，社团才有可能创造出优秀的学术成果，体现学术性社团的价值。

第二，完善和健全现有的社团管理机构。有中国特色的社团管理机构应包括社团的登记管理机关、业务主管部门和挂靠单位，涉及多个方面的职责和关系。

社团的登记管理机关是国家民政部门。目前设在民政部门的社团登记管理部门均存在人员不足、经费少、办公机构不健全等问题，在国家机关裁减人员、压缩经费时，对这些部门不能搞一刀切。不仅如此，还应对原本十分薄弱的社团登记管理机关加强建设和管理，在有条件的地方，可考虑成立社团登记管理局，级别与国家民政部门相同，由民政部门代管，下设审批处、社科部、自然科学部、文艺部、综合部等处室，并配备专业人才。社团登记管理部门的职责为：草拟社团管理的法律、法规和政策；办理社团的成立、变更、注销登记，对社团进行年度检查，依法监督检查社团活动；负责受理行政复议案件，协同司法公安部门处罚违法社团等。其目的在于从全局上、宏观上依法指导、协调社团的发展与运行。

业务主管部门是对经过登记的社团进行业务管理的部门，主要指主管社会科学类社团的社会科学学会联合会（简称"社科联"）、主管自然科学类社团的科学技术协会（简称"科协"）、主管文学艺术类社团的文学艺术界联合会（简称"文联"）、主管体育运动类社团的体育运动总会等。各类业务主管部门也都存在人员少、经费少、办公条件差等情况，与其所承担的大量社团管理工作很不相称。为了更好地发挥这些部门的作用，必须给予其必要的办公条件。现在，很多残联、老干部管理与服务部门都建有大量的残疾人活动室、老干部活动中心（室）等，而科学与艺术方面的活动场所却较少，不利于社团开展活动。各业务主管部门本身都是社团，更容易参与对社团的管理，它们的管理职能只能加强不能削弱。作为社团业务主管部门，其职责是：对社团的成立、变更、注销进行审核，向社团传达业务领域内的有关方针、政策，引导、监督社团开展各项活动，为本行业、本学科的发展服务，审核所辖社团的编制、活动经费、重大学术活动及主要领导成员，负责各类优秀成果评奖及优秀社团和社团工作人员的评选工作，协调社团的关系，开展横向联系，促进社团工作经验交流，等等。

挂靠单位往往是申请成立社团的单位。社团与挂靠单位的关系最为密切，它们之间一般有共同的工作目的、交叉的人员组合。在社团的登记管理过程中，一定要注意一点：挂靠单位必须与该社团所登记的民政部门同等级，保证挂靠单位的权威性、可靠性。社团挂靠单位的主要职责是：严把社团的思想政治关，推荐社团主要领导成员，给社团布置研究课题、学术讨论方向，委托社团培训本专业、本学科人才，为社团活动和办公提供必要的场所及部分经费，等等。挂靠单位参与社团管理保证了社团的相对稳定性，并在管理中注入了一部分政府的意愿，这一点与国外社团的管理有很大区别。

第三，加强对社团的监督管理。

对社团的监督管理是社团管理工作的一项重要内容，是政府实行宏观管理的要求，在社团数量不断增多、社团管理人员明显不足的情况下，监督管理更是一种经常和重点运用的管理手段。通过监督管理，可以及时了解、掌握社团的活动情况，发现、纠正、制止社团组织及个人的违规、违法、违纪现象和犯罪活动，规范社团的行为，消除隐患，建立稳定的社团队伍。正确、有效地运用监督管理，还可以强化社团登记管理机关的管理手段，提高社团管理机关的执法形象，确保社团队伍的健康发展，使之成为社会主义现代化建设的一支积极的社会力量。

按照《社会团体登记管理条例》规定，对社团主要实施以下三个方面的监督：监督社团遵守宪法和法律，监督社团依照规定履行登记手续，监督社团依照登记的章程进行活动。对社团的监督管理，除日常管理外，主要通过年检、行政处罚及行政命令的办法，对社团实行监督，对违法活动做出行政处理，对擅自成立的社团要求其解散，以及受理社团因对行政处理决定不服而提出的行政复议要求及向法院提出的行政诉讼等。

我国社团原来"多头审批、多方登记"的审批登记程序有了一定的改观，但总的来看还不够彻底，有待进一步规范和完善，使其进一步制度化和法律化。科学的审批、登记程序应为：严格遵循以发起人为主成立筹备小组，找挂靠单位担保，并出具挂靠单位的证明，出具主要负责人签署的社团成立申请书、社团的章程、经费来源情况、办公地点证明、主要发起人简历及发展的团体会员和个人会员情况等材料，然后到相应性质的业务主管部门审批。审批程序要严格把关。现在很多社团申请成立，不是到相应的业务主管部门报批，而是直接到民政部门登记，这不仅增大了民政部门的工作量，而且不利于社团归口管理、合理审批。正确的做法是：由业务主管部门对社团成立的必要性、手续是否齐全、材料是否真实进行审核，提出书面意见，报请民政部门进行登记。经过上级机关审核、登记后成立的社团，其成立的合理性、可靠性、必要性得到了论证，这一审批、登记程序也为其顺利开展活动创造了条件。

第四，完善社团的各项管理制度。

建立有中国特色的社团管理体制的一个重要前提，就是要完善社团的各项管理制度。具体来讲，主要包括社团活动的管理、组织机构的管理、资料档案的管理和财务管理。

社团活动的管理是指对社团社会活动及学术活动的管理。开展活动是社团存在的表现形式，社团的生命力是在社团的活动中体现出来的。例如，行业性社团的活动主要是社会活动，包括公益活动、外事活动、联谊活动等；各类学会、研究会等学术性组织则是以开展学术活动为主，包括学术研讨、社会调查、课题研究、决策咨询、人员培训活动等。社团要在遵守党和国家的方针、政策，不违反国家有关法律、法规的情况下，积极开展活动。重大的外事活动、联谊活动、结社活动及学术会议、年会，必须形成上报制度。社团必须将其重大活动的内容、人数、时间、地点等报请各主管部门及党政有关部门审核、批准后方可活动，这是保证社团活动在思想政治上与党和国家保持一致的重要措施，在这一点上必须毫不含糊。对于社团的日常活动和一般的事务性活动，只需要实行软性管理。社团只需要将其活动情况写成材料上报业务主管部门备案，业务主管部门可派相关人员对活动开展进行指导。

学术性社团要充分发挥自己知识密集、人才密集的优势，为社会提供更多有益的科技成果、咨询成果，培训出更多对社会有益的人。社团要不失时机地召开中小型学术会议，经常交流信息、互相切磋，从会议计划的制定到具体组织都要详尽周密，力争做到会议精简、高效，不流于形式；课题研究要配合重大研究活动开展，首先要选好课题，并组成一个具有一定研究能力的课题研究组，积极参加社会调查，在掌握大量第一手材料的基础上，形成课题报告；办学、培训人才则要注意面向实际需求，面向经济建设主战场。行业性社团在活动中，要发挥其联系广、活动范围大、贴近社会的优势，为社会提供更多的公益服务，为行业性组织和同行业人士的合作提供一个广阔舞台。还有各类基金会、联合会等，也都有各自的优势，只要组织得力，常抓不懈，都能在各项活动中为社会作出贡献。这正是社团的生命力所在。

组织机构的管理主要是指健全和完善社团的组织机构。健全的组织机构是社团存在的重要前提条件。对社团组织机构进行管理的目的，就是要使社团组织健全、设置合理，这也是搞好其他管理的基础。社团的组织机构主要是会员代表大会、理事会及其常务理事会，包括学会办公室、秘书处等办事机构。会员代表大会是社团的最高权力机构，广大会员可以充分行使自己的民主权利，社团的重大活动都必须通过大会决定。理事会及其常务理事会则是会员代表大会休会期间的最高权力机构，由若干名理事和常务理事组成，理事会和常务理事会都必须定期召开，形成制度，提出学会工作计划，领导学会工作的开展。理事会下设社团办公室或秘书处等办事机构，负责处理社团日常工作。有条件的社团还可再设联络处、编辑部、培训部等机构。

社团的资料、档案管理，是指对各种资料、档案的收集、分类、整理、保管和使用等。社团联系面广，对信息、资料的获取量较大，而广大会员、理事来自社会各界、不同阶层，知识水平及专长各异，人员众多且流动性大，这些给社团的资料、档案管理带来了一定的困难。社团应将其会员档案、理事档案、突出人才档案，按姓名、单位、专长、成果等项登记在册，分类、归档管理，有条件的可输入电脑储存，那样查找起来十分方便。社团的资料范围很广，内容和种类繁多，主要包括各类成果、书籍、刊物、图片等。从资料的收集、整理到保管、利用，社团都必须建立起一套科学的管理体系，同时还要配备较高素质的管理人员，最好是专职人员。社团的资料、档案管理是一项重要的日常工作，其成败直接关系到社团发展的前途。

社团的财务管理，主要指社团的经费收支管理和经济活动管理。目前，社团的财务管理并不复杂，但也必须账目明确，同样必须严格执行国家规定的各项财务政策、法规，坚持民主理财、民主办事业的原则。在人事安排上，财务收支最好有专人负责，有独立的银行账户。经费必须专款专用，绝不能以募捐、集资等名义从事违法乱纪活动。社团的财务收支状况应每年上报主管部门，接受主管部门的监督。现在，为适应市场经济发展的需要，并使社团逐步走上经费自理、以会养会的路子，国家鼓励社团创办与其自身性质相符的经济实体。社团应把握机遇，发挥优势，主动投身经济建设主战场，为自身发展创造良好条件。

四、好邻居好生活——上海市普陀区中远两湾城金邻居活动案例分析

上海市普陀区中远两湾城四期 36 号楼从 2009 年 6 月 18 日开展第一次金邻居活动至今，每月一次，一直没有间断。活动主题涉及健康养生、心理调适、形势报告、理财、旅游等。每次活动参与者 10～20 人，以老年人为主，一般安排在双休日下午 3—4 点，活动时间持续 1 小时左右。除了 36 号楼的居民，经常也有 2～3 位来自附近楼组的居民参加。

作为一种社区社团，中远两湾城四期 36 号楼金邻居活动有以下特点。

1. 在活动目的上，旨在增进邻里情，创造好生活

金邻居活动既内含中国传统文化的生活价值取向，又契合现代城市人对美好生活的向往。一方面，中国传统文化珍视邻里关系，认为好邻居与好生活密不可分，其中有些说法已经家喻户晓，比如"金邻居，银亲戚""远亲不如近邻""千金买宅，万金择邻""邻里好，赛金宝"等。另一方面，金邻居活动诞生于上海世博会准备期间，契合了世博会的主题——"城市，让生活更美好"。金邻居活动在继承传统生活价值取向的基础上，根据现代生活价值取向，提出了"家庭和美、邻里和睦、社区和谐"的美好生活设想，赋予了"好邻居好生活"更加丰富的内涵。比如，第一次金邻居活动的内容是"见见面，互相认识打招呼；谈谈心，加强沟通增友情；做做看，一流公民展新风貌"。

2. 活动主题涵盖老年人生活的诸多方面

以下列举了曾经举办的 16 个金邻居活动主题：

● 迎重阳，拉家常，享快乐

● 绿色健康家常菜展示

● 知足是幸福法宝，感恩让生活添彩

● 唱歌跳舞听报告，欢庆党的生日

● 金邻居当老师，金宝贝喜洋洋

● 红色之旅：学习先辈，陶冶情操

● 学做健身操，快乐又健康

● 笑侃炒股的甜酸苦辣

● "八乐八忌"，晚年快乐

● 在平凡的退休生活中享受快乐

● 灵岩山、木渎一日游

● 科学用药，增进健康

● 热爱旅游，使我们生活更快乐

● 了解国内形势，关心小区建设

● 畅谈世博，共享快乐

● 不出国门，看遍世界

以上活动主题包含了健康养生、心理调适、形势报告、理财、旅游等老年人生活的诸多方面。

3. 在活动组织上，自愿参与，来去自由

金邻居活动虽然有组织者，但是并无规章制度。参与者自愿参与，来去自由。如果参与者屡次不参与，组织者会邀请三次，三请四邀之后，来就来，不来就不来。由于没有正式的组织，友情就成了维系活动的关键。参与者往往是好朋友，大家情投意合，谈得拢，为了寻开心而经常走到一起。

4. 在活动性质上，同日常生活融为一体，互助互学

金邻居活动作为一种民间自发活动，扎根于现代城市居民生活中的真实交往需求，是一种接地气的草根活动，而不是一场有高潮和低潮的运动。因此，它同日常生活往往融为一体。一方面，参与者不只是一个月一聚首，还会相互走动，虽然不是很频繁，但有事情互相看望，没事情随便聊聊，大家礼尚往来；另一方面，日常生活中，哪个家庭或老人有什么好的经验，都可以拿来同大家一起分享。比如有一户知识分子家庭，比较注意健康，擅长科学用药，就在金邻居活动上给大家分享了科学用药的知识。就这样，每个家庭轮流分享，相互学习。

5. 活动参与者主要是年轻的老人，年龄为 60～70 岁

这个年龄段老年人的特点是有精力、有活力，处在人生的黄金年龄期，想做一点事情。同时，他们又有很重的家务负担，有的甚至上有老、下有小，周一到周五要带孙辈、照顾老人，没有太多空闲时间。同时值得一提的是，中远两湾城第四期的居民，经济条件相对比较好，有事业单位退休的、企业退休的和外地返沪的。

6. 活动组织者既要有热心，也要有视野

金邻居活动作为居民联谊活动，既要有长远计划，也要有短期安排。这对活动组织者的要求很高。事实上，作为金邻居活动的创意者和倡导者的罗志勇先生，一

直是位热心的志愿者，即社区教育终身学习推进员，① 而且有哲学专业背景，知识面比较广，更难得的是他爱好广泛，能动能静，不仅是骑游队成员，还是两个网站的三个论坛的版主。他脑子一动都是活动内容，都是专题。罗先生的网名是"老小孩"，他说这一称呼符合自己的性格——好学，好动，保持好奇心、童心，乐观，而且在伟大的祖国面前自己永远是一个"老小孩"。

7. 活动节奏较平稳，细水长流

金邻居活动不是心血来潮，不是运动式，而是细水长流。由于参与者是年轻老人，具有家务重、要照顾家中老小等特点，如果每周活动一次，太过频繁，会导致人气不足。金邻居活动开展两年来，一直是每月一次，比较平稳，没有高潮和低潮。人数上没有大起大落，保持在 10～20 人、十几户家庭的规模，加上附近其他楼组慕名而来 2～3 人，参与者数量始终保持稳定。

8. 在活动效果上，既获得了内部认同，也获得了社会认同

金邻居活动平稳开展两年多，本身就是一种成就。在活动中，大家收获了知识、信息和快乐，增进了邻里情。同时，金邻居活动也获得了广泛的社会认同。首先，获得了年轻人和邻近楼组居民的青睐，人们不但慕名而来，而且通过网上发帖表达了羡慕之情。如有网民说："要是周末或者晚上就好了，我们也来玩玩。"有

---

① 上海大学社会教育研究中心的秦钠在《上海大学学报（社会科学版）》2008 第 2 期发表了《中日都市社区教育比较研究：以上海静安寺街道社区学校和大阪大开市民终身学习室为例》一文。在这篇论文中，她介绍了日本大阪大开市民终身学习室，该室设有终身学习推进委员会，即由志愿者组成的民间组织，其管理人员是在地区居民自荐和相互推荐的基础上经过公开选举产生的。委员会由 5 名成员组成，其中推进委员长 1 名，终身学习推进员 4 名。参见：秦钠. 中日都市社区教育比较研究：以上海静安寺街道社区学校和大阪大开市民终身学习室为例 [J]. 上海大学学报（社会科学版），2008（2）：185.

2010 年，上海大学社会教育研究中心与上海市普陀区推进学习型社会建设指导委员会办公室课题组确立了"终身学习推进员队伍建设与城市社区社会资本的培育研究"的课题，其核心内容是："在社区学校设立终身学习推进员，为社区百姓提供学习咨询，了解其诉求，介绍推荐活动和课程，协助在社区学校等场所开设与百姓民生休戚相关的学习活动等，逐步提高社区百姓对社区教育设施的知晓度、认可度，吸引更多百姓积极参加终身学习活动，有效地提高现有社区教育设施的利用率，提升全市百姓的参与度。"

2011 年上海"两会"期间，民盟上海市委提交了一份名为《关于推进上海社区教育内涵建设的四点建议》的提案。提案建议，政府应统筹整合社会资源，倚重社区百姓，从招募社区终身学习推进员等途径入手，进一步推动上海社区教育的内涵发展和居民终身学习的热情。该提案提出的相关建议在普陀区取得试点经验后，已被吸纳进入《上海市终身教育促进条例》加以推广。

网民说："我们不是 36 号楼的，只好旁观 36 号楼业主在楼组长带领下幸福地生活。"其次，社区报纸多次对此进行了报道，如《不出国门，看遍世界——中远小区金邻居迎世博早作准备》(《和谐宜川》2010 年 4 月 1 日第 3 版)、《金邻居当老师，金宝贝喜洋洋——中远第四居委会金邻居系列活动之暑期幼儿活动》(《和谐宜川》2010 年 8 月 1 日第 3 版)、《敞开心扉聊家常，和睦相处邻里情》(《和谐宜川》2011 年 10 月 15 日第 3 版)。

总之，中远两湾城四期 36 号楼金邻居活动展现了当代城市居民生活的风采，也展现了宜川街道社区学校终身学习推进员的工作风采，在促进社区教育内涵发展，尤其是在提升社区教育推进力方面，提供了一种新鲜经验。

第九章
社区教育平台与资源建设

一、社区教育平台与资源的基本含义

　　社区教育平台有广义与狭义之分。广义上的社区教育平台可以理解为终身学习的各种场所、技术及其功能的结合，是终身学习的综合介质集合。终身学习所涉及的场所、技术和相关功能的范围颇广：在场所上，包括公共图书馆、社会教育基地、公共体育设施、开放的校园等；在技术上，包括计算机会议、电子邮件、电视电话会议、文件共享、远程应用控制、扫描器和网络接入等。利用社区教育平台，学习者可以随时随地进行学习。狭义上的社区教育平台仅指以信息技术为载体的公共学习平台，即网上学习平台。本文所涉及的社区教育平台主要是指狭义上的社区教育平台。

　　社区教育资源也有广义和狭义之分。广义地理解，社区教育资源是对一系列提供学习、支持学习与改善学习的

事物的总称。广义的社区教育资源不仅包括学习内容和学习资料，还包括社区教育平台，如媒体、策略、方法以及环境条件等要素。狭义的社区教育资源是指终身学习的内容和学习资料。本文所涉及的社区教育资源是指狭义上的社区教育资源。

狭义的社区教育资源可分为两类：专门设计的资源，指专门为了促进有目的的、正式的社区教育教学而研究、设计的资源；非专门设计的资源，指不是专为社区教育教学目的而设计，但可开发和用于为社区教育教学服务的资源。例如从外语教学的角度来看，上海外语电教馆摄制的教学影片《观光》（*Sightseeing*）、《"打搅了"还是"对不起"?》（*Excuse me or I'm sorry*）等，是为了达到一定的教学目的而编拍的，所以它们属于专门设计的资源；而像英语影片《简·爱》《雾都孤儿》等一般故事影片，虽然属于非专门设计的资源，但可用于外语教学。再如，《英语900句》的录音、听力训练材料等，均属于专门设计的资源；而外国知名人士、政府首脑的讲话录音，美国之音电台和英国广播公司电台广播的一般新闻和戏剧文艺节目等，属于非专门设计的资源，但我们可采录下来，用于外语教学。

在推进终身教育过程中，社区教育平台建设是基础，社区教育资源建设是关键。一方面，社区教育平台与社区教育资源在部署上的互相分离，使得一个平台可以同时为多种资源提供可实时更新的服务。同时，由于网络学习平台使用资源时采取的是有授权的远程调用的方式，因此对于内容提供商来说，这也为资源的收费和版权保护提供了更灵活的方式。另一方面，社区教育资源建设是终身学习的关键问题之一，也是实施终身教育的基础。没有相当数量和质量的社区教育资源，社区教育平台就成了无米之炊、无源之水，难以为继。同时，社区教育资源作为推进学习场所建设的一个重要组成部分，突破了传统教育资源在人员、地域、时间上的多重限制，提供了大量、全面、开放的资源，为终身学习的成功提供了必要保障。可以说，在推进学习型社会建设过程中，社区教育平台和社区教育资源相互支持，密不可分。

在信息技术飞速发展、数字化学习不断普及的今天，社区教育资源的组织结构和形态都将得到持续的发展。社区教育资源的不断扩充和更新导致任何一个平台都无法包含与某一主题相关的所有资源；网络资源开放的网状结构使得网站之间可以层层链接，可以访问无限的资源。由于泛在学习①对学习资源数量和质量的客观要求，学习资源必然从目前的单向、静态和固化走向开放内容、协作共创的模式。具体来说，可以概括为以下六个方面的发展趋势。

1. 可进化性

未来的学习资源必须是在使用过程中可以进化发展的。这种进化不仅依赖于资源的原始创作者，更来自使用者在使用学习资源的过程中产生的智慧和联结，这些智慧和联结使资源得到持续的更新和发展。未来学习资源的体系需要保证资源在运行时更新的能力，并记录每次更新产生的历史版本信息，使学习者对一个知识和主题的发展演进历程有全面的了解。当然，学习资源的进化发展也需要其内在的知识结构来控制，而不是漫无边际、杂乱地生长。

2. 分布式

泛在学习需要海量的、无处不在的学习资源，这要变传统的单点集中式资源存储为分布式网络存储，以满足未来学习资源无限扩展的需要。同时，分布在不同物理存储介质和组织、机构内的资源具备强联通性，可以由用户主动地构建丰富的语义连接，形成广泛的资源网络。这个分布式的资源网络能够更好地为泛在学习环境下的学习者提供满足个性化需求的资源服务。

3. 社会性

学习资源的内涵将从物化资源逐渐扩展到人力资源。随着资源的大范围共创、共享、共用的模式逐渐普及，在创作、共享和应用的过程中，资源中自然会留下人的活动记录，进而形成人际交往的管道。学习者通过学习资源不仅能够学习当前所需的知识和技能，还能构建稳定的社会认知网络，持续不断地获取知识和智慧。学习资源所附加的人际网络将会是未来学习资源不可忽视的属性。

4. 情境性

学习资源的情境性体现在两个方面：第一是通过对多媒体资源格式标准的确定，实现资源对学习终端的智能适应，能针对学习者所使用的不同终端，将资源转

---

① 泛在学习（ubiquitous learning）是普适计算环境下未来的学习方式，是一种任何人可以在任何地方、任何时刻获取所需的任何信息的方式，即利用信息技术为学习者提供一个可以随时随地使用手边可以取得的科技工具来进行学习活动的 3A（anywhere, anytime, anydevice）学习。

换为适合的格式（例如，视频文件根据终端的不同转换成不同的文件类型、码率、解析度等）；第二是给资源附加语义信息，使其具备被机器识别和自动处理的能力，为智能检索、匹配、联结、发送等过程提供数据基础，能够实现与特定学习情境的智能适配，实现按需学习。

5. 开放性

学习资源需要具备更开放的结构。一方面，学习资源需要与周边环境进行信息交互，在不断地联结、更新、迁移的同时保持对过程性信息的跟踪；另一方面，内容与活动的融合是学习资源发展的必然趋势，学习资源需要保持强大的开放性来容纳不断丰富的学习活动类型。

6. 复合性

随着技术的发展和电子学习（e-Learning）理念的不断深化，学习资源需要承载的不仅是内容的传递，还要包括与内容密切相关的活动设计和活动过程记录，以及学习资源在进化过程中的各个历史版本与知识建构路径。同时，资源附加的社会认知网络也将成为学习资源的重要组成部分。从学习资源用途的角度来看，未来的学习资源将不仅关注正式学习的情境，还将高度关注非正式学习的情境。随着学习资源的内涵不断扩展，形态不断发展，其复合性将日益明显，同时也将给学习者带来日益丰富和优质的学习体验。

二、社区教育平台与社区教育资源建设的现状评析

在我国，各地高度重视社区教育平台和社区教育资源建设。北京市西城区推行市民学习卡，市民参加继续教育培训的次数被折合成学分，凭借积累的学分参加年终评优。2007 年 8 月，西城区第二届市民学习周活动正式启动，并在全市率先推出市民终身学习积分卡制度。西城区教育委员会介绍，此次选取全区 50 所市民学校进行试点推广，2 000 名社区学员成为第一批学分制学员。每学时 45 分钟，每 20 学时为 1 学分，学员在每年年底持培训部门出具的学习证明，交由各街道市民中心学校统一办理学分登记。同时，还将对那些累计学分多的市民给予相应奖励。

上海市徐汇区广泛利用社区公共设施、区域人才优势，协调利用社区内的人文

科学等各种学习资源，利用地区图书馆、文化馆、博物馆、学校、科研单位设施和人才，同时充分发挥图书馆、文化馆、博物馆在构建学习型社区的带头作用，因为图书馆、文化馆、博物馆是人们终身的学校，是人们终身学习的课堂。提倡图书馆、文化馆、博物馆把精神食粮送上门，为社区居民学习打开方便之门。

福建省要求各级政府部分或全部开放科技馆、图书馆、文化馆、博物馆、纪念馆、体育馆等社会公益性科技教育文化设施，采取免费或优惠的方式供公民参观、学习。社区内的中小学校等教育机构要向社区成员开放教学场地和设施。企事业单位要为员工接受继续教育提供必要条件，企业还应建立职工培训制度。

1999年9月，"中国教育和科研计算机网高速主干网建设项目"立项，目标是在2000年12月以前完成中国教育和科研计算机网高速主干网的建设，满足我国网络教育的需求。2000年7月，该项目将网络教育试点院校范围扩大到31所，对高等学校建设网络教育学院进行支持。同年7月31日，这31所高校在北京成立了"高等学校现代远程教育协作组"，以加强试点高校间的交流和合作，促进网络教育资源的建设与共享。我国网络教育资源建设发展迅速。网络教育资源纷繁复杂，包括支持教师教学的多媒体课件，支持某一学科全程学习的网络课件，支持学员进行电子作品创作的各种素材资源库，用于学员自测的试题库等。它们大量存在于网络教育相关网站和其他各类网站上，网络教育资源相当丰富。

2009年4月，中国成人教育协会社区教育专业委员会在上海市徐汇区召开了全国数字化学习社区建设研讨会，5月在研讨会基础上制定并下发了《推进全国数字化学习社区建设的意见》；9月又下发了《关于申报全国建设数字化学习社区的补充通知》，30多个单位参与了数字化学习社区的申报。2010年1月中旬，该委员会进行了网络监测和试评估，确认一批"数字化学习先行区（县）"和"数字化学习实验街道"。

2010年3月成立的社会教育与终身学习资源建设委员会以邓小平理论和"三个代表"重要思想为指导，全面贯彻落实科学发展观，以服务学习型社会建设，服务终身教育体系建设为宗旨，根据城乡社区教育、企业职工教育、新农民教育等的实际发展需求，建立和完善体系完整、结构合理、内容丰富的教育和学习资源框架，从推广介绍、评价引用、整合开发等多方面促进我国社会教育与终身学习资源建设水平的提升。

在 2011 年 12 月 24—25 日 "全国继续教育工作会议暨高等教育自学考试制度建立 30 周年纪念大会" 期间，教育部确认了继续教育的三大项目。一是 "普通高等学校继续教育数字化学习资源开放联盟" 项目。它是为了充分发挥普通高等学校继续教育资源特色和优势，促进普通高校数字化学习资源建设、开放与共享，推动普通高校自觉参与推动学习型社会建设，适应全民学习、终身学习的时代需要，加快发展继续教育，广泛开展科学普及，在教育部、财政部 "终身学习服务体系的建设与示范" 系列项目之 "普通高等学校继续教育数字化学习资源开放服务模式的研究及应用" 项目基础上，由北京大学牵头，联合国内不同层次、不同类型的 103 所普通高等学校建立起来的协作性组织。资源开放联盟以 "联合协作、共享知识、开放资源、服务社会" 为宗旨，采用多媒体网络课件、网络视频公开课等多种形式，整合全国普通高等学校优质继续教育资源，面向社会开放，努力推进高等学校优质教育资源服务于全民学习、终身学习，满足各类社会成员对优质教育资源的多样化学习需求。

二是 "高等学校继续教育示范基地建设" 项目。它旨在贯彻落实全国教育工作会议精神和《国家中长期教育改革和发展规划纲要》提出的 "加快发展继续教育，建立健全继续教育体制机制" 的战略部署，以及《教育部、财政部关于批准 "终身学习服务体系的建设与示范" 系列项目的通知》的精神。该项目由教育部职业教育与成人教育司、高等教育司共同推进，由清华大学牵头实施，全国 50 所高等学校被确定为先期启动单位。

三是 "终身学习公共服务平台建设示范基地" 项目。其目标是研究并实践终身学习公共服务平台的建设与应用，探索模式和机制，充分发挥广播电视大学在学习型城市和学习型行业建设中的支撑作用，提高广播电视大学办学能力与服务水平，为全民终身学习提供优质教育教学服务。经教育部评审确认，有 15 所广播电视大学取得阶段性成果，被授予 "终身学习公共服务平台建设示范基地"。

但是，我国社区教育平台和社区教育资源的建设和分布还存在多方面的问题，这些问题成为严重困扰我国终身教育继续发展的瓶颈。

1. 区域发展不平衡，整体质量有待提高

我国幅员辽阔，各地的自然条件相差很大，发展也不平衡。因此，我们既不应过于追求发展速度和规模上的同步，也不能依赖过去计划经济模式下那种统一的政府行为来消除这种差别，而应该在国家教育发展战略规划指导下，从不同地区的实际出发，注意区域间教育发展的相对独立性和差异性，创立符合本地区经济和社会发展实际需求的教育模式。要以促进教育与社会发展的良性循环为目标，根据终身教育的要求，在发展和巩固正规的学校教育的同时，凭借本地区的相对优势，大力发展非正规教育，构筑具有本地区特色的教育结构。我国不同地区经济发展不平衡的基本特点，决定了我国终身教育学习平台与学习资源建设必然呈现先在经济发达地区实现，然后扩展到其他地区直至在全国展开这样一种格局。

2. 有一定的数量积累，但内容和题材需要进一步丰富

对上海社区学院、社区学校的办学统计调查显示，① 2007 年上海全市各社区院校开设了将近 3 800 门课程，其中有教学资源近千件，主要集中在生活保健、休闲技艺和家庭教育三大领域，约占教学资源总量的 74%。2007 年面向 6 万市民的学习需求调查数据显示，72% 的居民参加社区教育是为了"丰富业余生活"，52.5% 是为了"提高知识文化水平"，32.5% 是为了"就业和再就业"。与多样化的学习需求相比，现有的教学资源从内容、题材、数量上都还不能充分满足社区居民的需要，应当在现有教学资源建设的基础上，加强知识型、技能型教学资源的建设，不断拓展内容，提升层次。

3. 有一定建设积极性，但低水平重复建设现象明显

社区教育资源内容凌乱，大量资源内容低水平重复开发。如经常可以发现一个课件已经被一个学校做过了，许多学校和公司又重复做，其主要问题就是根据自己的需要，各自为政进行开发，学习资源凌乱、粗糙，低水平重复开发现象严重，浪费了大量的人力和物力。各个建设者之间缺乏交流和借鉴，部分精品学习资源没有得到充分的共享和重复利用，不利于学习资源更新频率的加快。

目前许多社区教育机构建设了一些社区教育学习资源，比如上海市静安区社区学院、杨浦区社区学院、普陀区长寿路街道社区学校等机构都建设了系列的社区教育教材。还有一些社会机构也在积极参与社区教育学习资源建设，比如上海市紧缺

---

① 上海市学习型社会建设服务指导中心. 上海社区居民学习需求与社区教育办学现状调研报告 [M]. 上海：上海高教电子音像出版社，2007：26.

型人才培训办公室开发建设了 100 多门社区教育课程。学习资源建设的主体主要是社区学院、社区学校。但总体来看，这些资源的重复性很明显，如关于英语、计算机的教材非常多。许多教材的质量不高，且很不规范。这说明社区教育学习资源建设缺乏统筹，导致低水平的重复建设，浪费资源。

4. 载体以文本教材居多，其他媒体形式，尤其是网络和多媒体课件很少

当前的教学资源主要以文本教材为主。上海市曾于 2008 年上半年在全市范围内开展了社区教育学习资源的征集活动，初步征集到 600 多件教学资源。在这些资源中，文本教材（包括正式出版、电脑打印、手抄本等多种类型）有 500 多件，所占比例超过 80%。也有一些其他形式的资源，如多媒体课件有 70 多件，但总体上制作简单，质量不高，音像资源主要是教师上课的课堂录像，多媒体课件则以简单的幻灯片为主，形式单一。当然，也不乏比较优秀的教学资源，采用了先进的信息化技术，生动活泼，深受欢迎，但是比例很低。从社区教育信息化发展需要来看，无论从数量上还是质量上，社区教育信息化教学资源还十分匮乏，亟待建设。

5. 社区教育平台建设滞后，获取网络教育资源困难

我国网络教育资源技术发展不平衡，社区教育平台建设水平参差不齐。虽然人们需要从网络上获取大量丰富的可以利用的网络教学资源，但是由于网络结构复杂，有用的网络学习资源分布在网络的四面八方，这给网络教育资源的获取带来了困难。更重要的是，网络上的大量学习资源都缺乏对自身的描述，所以很难在这样的网络建设的基础上直接开发更为智能的应用，即使是现有的强大的搜索引擎也不能准确定位所需的网络教育资源。

6. 缺乏规范和技术标准，教学资源使用效率不高

社区教育平台和社区教育资源建设缺乏统一的标准。基于网络的教育具有地域广阔、结构复杂、文化多样等特点，这使得大量的网络学习资源构建标准各异，难以实现共享。此外，搜索网络学习资源的主要障碍还在于不同领域的术语和描述不同，所以需要对网络教育资源进行规范化的统一描述，使其具有更好的可共享性和可重复利用性，实现网络教育的实用性和经济性。

目前社区教育资源建设只注重内容建设，对教学组织形式以及相应的特点缺乏深入研究，导致对社区教育资源应该具有哪些特性，应该建立怎样的技术标准，应

该如何科学使用这些资源等更是缺乏研究。同时，缺乏对教育资源的使用评价，不注重使用效果，这些因素导致教育资源的使用效率不高。

三、社区教育平台建设的主要举措

当前，我国社区教育平台建设进入了一个新的发展时期。构建学习型社会，必须以学习需求为导向，不断拓展社区教育平台的服务空间，为公民提供更灵活多样和个性化的学习平台，推进终身教育的改革与发展。

（一）推动教育改革，建立一体化的社区教育平台

长期以来，各系统甚至各单位内部不同部门各司其职，各行其道，各自发挥了很好的作用。但从某种意义上讲，"多头"管理也给学习者增添了麻烦。因此，必须改变过去那种"独立"作战，相互碰撞、冲突的局面，要通过各种层次的"一体化"策略，实现社区教育资源的重组和整合，改变现有的职能格局和工作状况，走"一体化"的道路，为学习者利用学习资源提供更为便捷、实在的服务。为防止社区教育资源和人力、物力、财力的巨大浪费，还必须建立一套符合实际的学习资源标准化描述与组织技术，建构统一的资源管理平台，变多头管理为统一管理，避免资源的重复浪费。

随着我国信息基础设施的不断改善，网络技术不断发展，计算机应用日益普及，这些都使我国在 21 世纪建立全国远程教育网络成为现实。以中央广播电视大学为龙头，各省广播电视大学及分校联网接入中国教育和科研计算机网建设全国广播电视大学远程教育网络。

终身学习的发展要求在学习时间、学习地点上具有更大的开放性和自由度。积极开展自学考试的远程教育和网络教育将打破时间和空间上的限制，创建真正的"没有围墙的大学"，实现高等教育的社会化、大众化。要充分利用现有教育资源，发展自学考试的远程教育和网络教育，建设覆盖面更广的自学考试教学网络体系，将优质教学资源推向农村及边远地区，这对于提高我国国民素质和推进社会主义现代化建设都具有重要的意义。要加强自学考试教育的网络课件和教学资源建设，利用多媒体和网络技术为学员提供交互性强的教学资源，积极开展网络教学和学习活

动，以满足个性化学习需要，提高学员自学效果。

（二）关注学习需求，建设适应学习者需要的社区教育平台

网络时代的到来使得学习行为和方式发生了根本性的变革。社区教育平台的建设一定要与时俱进。社区教育平台的建设工作要同学习者的实际相结合，以服务为宗旨，让自身充满生机和活力。社区教育平台的建设要将服务作为安身立命之本，有效地利用卫星电视和计算机网络等现代远程教育手段，建立网络教室、电子阅览室等现代教学设施，收集教育教学资源，特别是优秀教师的课堂教学实录、多媒体课件、试题库、拓展性阅读资料及与课堂教学有关的课改资料等，建立教育信息资源库，实现更大范围内和更高意义上的优质教育资源的共享，满足不同层次学习者的需要，使学习资源中心成为学习者接受现代远程教育的工作站或教学点，成为优质教学资源的集散地。

在现代远程教育中，教与学已紧紧地结合在一起，教与学是双向的，信息传输交流可以以一对一、一对多或多对多的互动形式来完成，网络传输是全方位的、非线性的，故而远程教育是自由的、非传统的标准化教育生产模式。利用远程学习平台，学习者可以随时随地学习。目前，大多数网络学习平台是以建构主义学习理论为理论基础的，基于计算机信息处理技术、计算机网络资源共享技术和多媒体信息展示技术的新型远程教育网络教学支撑平台。

一般而言，网络学习平台系统由学员学习系统（前台界面）和后台管理系统两大模块组成，两者相互联系，相互配合，构成一个完整的网络学习平台系统。

1. 前台界面设计

前台界面是用户所接触到的页面，即学员学习系统界面，该界面承载了学习者的学习活动，一般包括课程简介、教程模块、下载模块、短消息模块、作业模块、上传模块和搜索模块。其中，课程简介向学习者介绍课程的大体情况，如学习目的、任务要求、课程性质、先修基础、学习时数和学习方法等，让学习者了解课程的有关信息，帮助学习者安排学习过程。教程模块为学习者提供教程，即详细的学习内容。该部分在栏目设置上又分二级目录，例如某个动画设计教学平台的教程内容由浅入深分别是入门与发展、动画基础、交互技巧、高级应用和案例解析等二级目录。每个二级目录下还分三级目录。不管是二级目录还是三级目录，都可以通过

后台进行动态管理。下载模块用于存放相应的下载资源，也分二级目录，分别是视频教程、经典实例、常用软件、原创作品等，点击则进入相应的下载。二级目录下面还有三级目录。三级目录比二级目录更加细化，能让学习者更快速地找到资源。用户利用账号登录进入短消息模块后，可以对教程与下载模块的文章进行收藏和评论。通过短消息模块，学习者可以向教师（系统管理员）发信息，教师则对学习者予以反馈。作业模块是为教师设置的布置作业功能，学习者可以上传作业给教师批改，而且教师可以书写评语，反馈给学习者。上传模块用于学习者上传文件供教师查看。搜索模块通过在教程标题和下载标题中搜索与输入的关键字相匹配的文字段来寻找资源内容。

2. 后台管理实现

后台管理是非常重要的模块，所采用的管理方式很可能对整个系统产生非常大的影响。一个好的管理系统，应该具有安全性强、功能全、灵活性好、效率高的特点，最好前台页面显示的所有内容都能够由管理员设置，以方便内容的更新。

（三）建立以政府为主的投入机制，不断优化社区教育平台

现有的社区教育平台普遍存在设施比较简陋、设计不够完善的问题，难以适应当前的形势，更无法适应未来的发展形势，因此必须增加资金投入，改进和优化配置，更新自身功能。为了从根本上改变现状，政府必须加大投入，同时建立政府、资源平台、个人三者共同承担社区教育平台经费的分担机制。

在社区教育平台建设的初级阶段，各地方政府尤其是领导者的重视程度直接影响着平台的建设进度。现阶段，尽管社区教育平台建设已经取得了一定成效，但统筹和协调的力度还不够，使得分属于不同部门、单位或个人的设备设施、人员、经费、信息、技术等未能发挥出最大的效益。因此，需要政府参与组织协调，以确保有效地组织、调动、协调方方面面的分散力量，形成稳定的整体。同时，还应发挥教育和其他各部门的协调作用。社区教育平台的建设由政府这一权威机构来统筹，而具体的贯彻执行还要靠教育部门和其他部门来协调。当然，学习者也应参与进来，从而形成一个多方位的、立体的建设结构。

充足的经费是社区教育平台得以顺利建设的基本保障。从国际经验来看，美国、北欧等社区教育平台建设进程较快的国家和地区，除了发达的经济为教育的发

展提供了较为充足的经费外，以立法的形式给予财政支持也是一个非常重要的原因。我国目前还没有一部法规具体规定终身教育、社区教育的经费来源。资金不足是制约社区教育平台建设的一个重要因素。除了加紧财政方面的立法、加大政府教育经费投入力度，还要采取有效措施、制定合理政策，鼓励和吸引更多的社会团体及企事业单位投资社区教育平台建设活动。建议采取以下措施。

1. 增加财政拨款

目前政府每年的拨款极为有限，根本不能满足社区教育平台建设的需要，所以要求政府增加拨款的数额，以便更好地完成社区教育平台的建设。建议当地政府采取专款专用的形式，根据当地的社会经济状况，按全区常住人口每人每年定额的标准划拨社区教育专项经费。

2. 税收返还

除要求政府直接拨付专项款以外，还可以要求政府从其他方面进行经费的间接投入。例如，可以根据每个社区的具体情况，从区财政对街道的返还税款中，拨付一定的比例作为社区教育平台的建设经费。

3. 减免税

可以采取间接的方法，激励企业自觉地进行经费的投入。对投入经费的企业，可以按照一定的比例减少其应该缴纳的税款。

4. 向学习者收费

学习者是社区教育平台的直接受益者，所以，可以考虑向他们收取适当的费用。当然，因为这种费用并不是平台建设主要的经费来源，所以收费相对低廉。

按照以上的建议，采取"政府拨一点，社会筹一点，驻区单位赞助一点，学习者个人交纳一点"的办法，可以实现多渠道的经费筹措。

四、社区教育资源建设的主要举措

(一) 理念上提升认识：加强社区教育资源建设的重要意义

首先，要充分认识到社区教育资源建设在终身教育发展中的重要性。社区教育资源作为一种重要的学习资源，其建设不是可有可无，也不是暂不需要，而是至关重要。目前社区教育资源的短缺，已成为制约终身教育深层次发展的瓶颈，加强社区教育资源建设是终身教育深入发展必须要面对的工作。

观念的转变是非常必要的。此外，加大宣传力度，提高民众对社区教育资源建设的认识也是必不可少的。开发社区教育资源要充分利用各种舆论工具，宣传社区教育资源建设的目的、意义和操作过程，使社会各界对社区教育资源的内涵和外延都有一个较为清晰的认识，逐步树立学校教育和社会教育相结合的大教育观、青少年教育与成人教育相结合的终身教育观。通过广泛的宣传，争取广大社会成员、社会各界，特别是各级领导干部对社区教育资源建设的理解、重视、支持与合作。要充分应用广播、电视、报刊、网络等各种媒体，用群众喜闻乐见的形式全面大力宣传。在目前的发展水平下，社区教育资源很难自发、自觉地运作，需要通过政府这一权威机构来强化民众的终身教育意识，形成社区教育资源建设的共识。

要进一步加强对社区教育资源利用的宣传，不断提高教学资源的利用率。资源建设好了不能在小范围内使用，更不能束之高阁，而应尽可能地推广。要统筹组织优秀资源为更多的机构使用，从而服务于更多的社会成员。加强宣传要注意做好导学工作，将社区教育资源有效传送至学习者身边，引导学习者学习。要在全社会范围内营造浓烈的学习氛围，鼓励学习者参加终身教育。

（二）理论上加强研究：促进社区教育资源建设工作科学化

社区教育资源建设强调在统筹、整合与利用现有社区教育资源的基础上，根据社会发展的实际，开发利用新的社区教育资源。社区教育资源的开发工作要想得到更大的发展，必须加强理论研究，建立研究交流的工作机制，为相关理论和实践工作者搭起一个研究、学习、交流、合作的平台。社区教育资源开发是一项十分复杂的系统工程，资源开发工作者不仅需要有坚实的教育学、社会学等方面的理论知识，而且也需要丰富的教育、社会工作实践经验。现在从事社区教育资源开发的工作人员大多是各单位的兼职人员，对教育理论不熟悉，因而对社区教育资源如何运作缺乏一定的认识，研究起来有一定困难。

社区教育资源建设是一个较新的工作领域，多年来相关理论研究比较缺乏。相对而言，基础教育资源建设有其规范及规律，远程教育资源建设也有其技术规范，然而目前对于社区教育资源建设却少有相关理论研究可以借鉴。而在社区教育资源建设的实践中，关于学习资源的选题、载体类型、容量长度、表现形式，关于教学组织形态和教学组织模式等问题，都急需理论指导。因此，要整理和总结社区教育资源建设的相关问题，加强理论研究，形成规范标准，尤为重要的是，要重点研究信息化条件下终身教育的发展特点和教学资源建设的方式方法，用以指导社区教育资源的建设，以促进社区教育资源建设工作的科学化、专业化。

（三）导向上加强应用：以社区教育资源的有效应用为导向

要坚持以抓好社区教育资源的有效应用为导向，提高资源建设的适用性。要以应用促进建设，在资源的应用中发现问题并加以改进。社区教育资源建设必须以学习者需求为导向，而学习者需要什么样的资源，什么样的资源适合在终身教育中使用，这不是通过调查就能完全了解的，更需要在实际使用中找寻答案。因此，资源的建设要与资源的应用一起研究，通过应用了解需求，通过应用引导需求，还要建立社区教育资源的反馈机制和评价体系，不断改进社区教育资源的建设质量，提高适用性。

社区教育资源的服务质量是网络教育能否成功的决定因素之一。在网络教育领域，学习资源一般是以 Web① 形式呈现的数字化资源，这种形式为学习资源的创作、管理和发布提供了非常便捷的条件。然而，Web 数据固有的非结构化特征使其很难被共享和重复利用。学习资源的标准化描述是提高社区教育资源服务与管理质量的前提和基础，只有实现学习资源的标准化内容描述，才能有效避免资源开发、交换、共享中的不兼容现象，避免"资源孤岛"的问题。资源的标准化应该贯穿资源开发、使用、管理、交换和维护的整个流程。

资源开发阶段是学习资源使用的初始阶段，也是资源内容描述的核心阶段，这个阶段的标准化处理是否到位，很大程度上决定了以后的资源使用和服务效果。资源传输和交换阶段是资源使用过程中的关键阶段，也是能否顺利实现资源共享的重要环节。资源传输阶段的包解析、拆分、重组等处理过程，是实现高效资源交换必须解决的主要问题。标准化是实现资源共享与重复利用的前提条件，在资源建设中占有重要的地位。世界发达国家在发展网络教育中都十分重视资源的标准化建设，很多著名的国际标准化组织都颁布了教育资源方面的技术标准。我

---

① 在 Web 之前 Internet 上的信息只有文本形式。Web 具有将图形、音频、视频信息集合于一体的特性。

国从 2000 年开始着手网络教育资源技术标准的研究制定工作，目前已经形成了基本兼容国外标准，同时具有自身特色的标准体系——CELTS（China E-Learning Technology Standards）。

（四）建设上加强指导：组织更多社会力量参与建设

政府应加强统筹与推进社区教育资源整合的制度建设，通过制定法规和制度来引导和规范社区教育资源的整合。整合是指一个系统内各要素的整体协调、相互渗透，以达到相互协调和良性运行。管理者应发挥职能作用，协助政府加强统筹与推进社区教育资源的整合，通过政策来完善社区教育资源的开发，并善于挖掘和利用党政机关、企事业单位、社会团体的学习资源，本着资源共享、逐步推进、共同发展的原则，实现学校向所在社区开放；社区内的公共教育设施向居民开放，如科技馆、图书馆、文化宫、文化馆、电影院及公园等；社区内各个单位的活动场所相互开放，如各种图书室、运动场地、会议室等。家庭、街区、企业、学校、文化体育场地、自然人文景观，承载着丰富的自然人文历史、现代文化生活及科技知识内涵，组织管理者应尽可能地创造条件和健全机制，对各种社区教育资源进行充分、有效的开发和利用，使其成为终身学习最坚实可用的活动场地和有效载体。

社区教育资源的建设是一项系统工程，从课程设计到资源开发推广，需要很多人力、物力、财力。终身教育发展需要大量的学习资源，仅仅依靠政府或某一单位很难完成。对社区学院、社区学校的调研显示，[①] 有 49.1% 的社区院校认为社区教育资源应由政府主管部门统一建设和配送，有 39.5% 的社区院校愿意与社会力量合作共建，仅有 10.1% 的社区院校选择自建方式。社区教育资源建设应当采取社会化的合作模式，集合全社会的智慧，积极鼓励社会各方参与、共同推进，尤为重要的是要组织社区教育办学系统共同建设教学资源。与此同时，更要注重对社会力量建设单位进行必要的业务指导和沟通，以提高资源建设的适需性。

---

① 上海市学习型社会建设服务指导中心. 上海社区居民学习需求与社区教育办学现状调研报告［M］. 上海：上海高教电子音像出版社，2007：36.

第三部分　专题研究篇

本篇包含三章，主要探讨具体的社区教育领域（社区老年教育、社区青少年教育）与议题（社区教育的国际比较）。在本书内容结构图中，专题研究处于三层同心圆的最外层（见第12页的图2），它是社区教育内涵发展在专门领域与研究议题上的落实。

第十章
社区老年教育

一、国内外老年教育概况

本节主要介绍美国、法国、德国、英国、日本和我国的老年教育概况。

（一）美国老年教育概况

美国的老年教育是从社区成人教育活动中发展起来的。20 世纪 50 年代中期，美国已有很多社区成人教育活动，这些活动或课程面向的群体包含老年人，但并非专为老年人开设。其后，佛罗里达州开办了第一个专为老年人设计的课程，从此以后，专为老年人或以老年人为主要对象的课程逐渐增多。1965 年颁布的《高等教育法》对老年人进入大专学校不加年龄限制，使老年人获得了同等的教育机会。之后很多有关教育方面的法令的制定或修正均遵照这一原则。《高等教育资源及学生奖励资助法》在有关社区服务方案一章中规定，对于老年人入学可给予免费、减费或奖助。1966 年《成人教育法》在扩大教育机会方案一章中规定，应使所有成人免费完成高中教育，并接受适当训练，老年人口自然包括在内。1968 年修订的《职业教育法》规定，对社区中愿意就业的各年龄段人口，均应给予职业教育及训练机会，对于落后地区的老年人口，应特别注重消费与家政教育。

美国老年人的学习场所类别繁多，包括退休人员大学、老年人学校、老年人补习班、老年人文化中心、老年人寄宿所、老年人俱乐部、老年人技艺教育会、老年人学术演讲会、老年人讲座，等等。

1. 老年人学校

分一般和通信（函授）两种。通常以各乡镇的职业学校或一般中学为教学场所。凡住在该乡镇年满 60 岁以上 85 岁（80 岁）以下男女均可申请入学。入学考试以证件审查及体检代替。学费全免，只收取部分教材费用。修业期限 4 年，一般每周授课一天（星期日）。函授生一年发讲义 10 次以上，每年到校 5 次以上，每次一天，毕业后发给毕业证书，毕业生可申请升学。课程除了共同科目之外，分农、工、商等。

2. 老年人补习班

按老年人需要，有各种各样的补习班，如语言、绘画、插花等。由老年人自由登记，满 30 人就开班。课程内容均为专业或专门知识，修业完毕发给结业证书，必要时为其介绍工作。补习场所多数是借用一般学校，上课时间以晚上或星期日下午及星期六下午为主。

3. 老年人文化中心

该中心有各种老年人教室及各种活动设备，并有指导老师，老年人可以在此集会或研习。通常几位志同道合的老年人会在一起，研习歌唱、插花、烹饪等。

4. 老年人寄宿所（elderhostel）

该场所最为特别，它旨在发展老年人的兴趣，拓展其视野，并使其有机会交流人生经验。将教育、服务、休闲与旅游整合为一体的老年人寄宿所是最受高龄者喜爱的新兴学习方式。它是由美国社会学家诺尔顿（M. Knwlton）与比安科（D. Bianco）徒步旅行欧洲 4 年后，从青年旅馆与民众高等学校的老年人参与社区活动得到启发而设立的。老年人寄宿所设立的基本理念为：退休并非从世界退缩，而是要找寻参与和追求满足的新途径。1975 年暑假，第一个老年人寄宿所活动在新罕布什尔州 5 个学院及大学展开，共有 220 位 60 岁以上的老人参加，之后获得社会热烈的回响。1977 年，老年人寄宿所转型为非营利性组织，以服务老年人为宗旨。1980 年，该场所扩及全美 50 州及加拿大，且成立了第一个国际性老年人寄宿所。

老年人寄宿所的最高行政单位为董事会，联合大学共同主办。除学费外，经费不足处由大学负担并向政府申请补助。每班 15～40 人，暑期 1～3 周，每天 3～4 小时的活动最为常见。在课程方面，有两门是大学水准的课程，另一门为课外活动，由大学教授或符合资格的专家授课，让 55 岁（或配偶年满此岁）以上的高龄者在没有考试、作业、成绩的轻松气氛下学习。教学方式多是小团体讨论与分组座谈，使学员朝夕相处，培养良好的友谊。近来也鼓励祖孙的代间共学。在高品质、低收费、多元弹性的诱因下，老年人寄宿所成为美国也是全球参与人数最多的老年人学习场所。美国老年人寄宿所每年开设 8 000 门课程，16 万人注册。超过 90 个国家、千所以上的大学、独立学校、民众学校与其他教育机构均加入该组织，参与者共 400 万，被称为高龄学习的静悄悄的革命。

美国老年教育的经费来自许多方面，主要是地方机构、联邦政府、基金会及学费四个方面。首先，大多数的老年教育都由地区性机构编列预算予以经费支持。其次，联邦政府以多种方式向老年教育提供经费支持。依据 1965 年的《高等教育法》，高等院校可以直接将其资源应用在老年教育活动上。联邦政府中有关老年人的行政部门也向很多教育活动提供经费支持。最后，由参与者缴纳费用作为教育经费。一般而言，老年人较喜欢参加费用低廉或免费的课程。

（二）法国老年教育概况

法国自 20 世纪 60 年代兴起了终身教育理念。自 1969 年以来开始开放大学，设置了多元目标的终身教育中心，其中即有老年人休闲与学习相结合的活动。1971 年，法国公布了《终身继续教育法》，建立休闲教育制度，以保障大众学习权及提高其社会地位。法国为推行前总统季斯卡（V. Giscard）的"延长生命政策"，于 20 世纪 80 年代在各地敦促各大学主办第三年龄大学（University of the Third Age），同时将有关老年人的政策列为《第七国家发展计划》中的四项优先事项之一，编制巨额预算以求实现目标。法国老年教育最出色的大学有蔚蓝海岸的艾克斯—马赛（Aix-Marseille）大学及翡翠海岸的尼斯（Nice）大学，均由校方有关学院主持，采用自由入学方式，凡是老年人都可无条件申请参加，并根据兴趣任选科系研读。艾克斯-马赛大学分设社会科学系、老年人科学研究系及科学、文学、美术系，重要课程有生命与年龄、当前经济问题、老年人病理学、人类与生活环境科学、地方及都市美化问题、法国内阁领导等。尼斯大学强调自由受教、负责教授及自由活动三原则，并力求与社会联系。所授课程特别注重医学，以高龄学及老年医学为最高优先，而两者均以"返老还童""老当益壮"为目的。由此可见，法国的老年教育特色是注重健康生命与生活品质，并结合休闲活动，且采用自由开放形式。

法国的第三年龄大学又称"法国模式""原型模式"，由维拉斯（P. Vellas）于1973年在图鲁兹（Toulouse）首创，年满65岁始可入学，没有资格限制，但不授予文凭。第三年龄大学不单独设立，多附属于各地的终身教育中心、大学科系或协会组织，使用空余教室上课，并由大学提供师资。课程包括文学、音乐、旅游及其他文化活动，偏重学术性质，参与者的教育程度多为中学或大学以上。经费来源除捐赠与学费外，大学与政府也会予以补助。整体来看，法国的第三年龄大学以欧洲大陆国家为主要发展区域，结合大学与公共资源以满足社区需求，帮助老年人在变迁的社会中找寻适合自己的定位。

1974年，国际第三年龄大学协会成立，每年举行一次研讨会。第三年龄大学影响了其他各国的老年教育，如韩国的成人教育院、美国的高龄夏日学校、日本的长寿大学和研究所性质的长寿大学院、丹麦的民众高等学校专设的老人学院，以及瑞典的国民高等学校等，或多或少均以此为设计蓝本。

（三）德国老年教育概况

德国的老年教育情况需分统一前和统一后。

在德国统一前，东德（德意志民主共和国）的大中型国有企业里有老战士委员会组织的文化活动以及企业进修学校开设的休闲课程。通过这些内部职工文化教育活动，企业试图让退休职工融入企业职工生活中。20世纪70年代东德共产党的政策是，政府和社会对老年人的要求是保养与保持工作能力，而在老年期保养与保持工作能力的一种有效方式就是接受教育，因此老战士学院如雨后春笋般出现在东德的大学。这些为老年人设立的学院首先是一个老年医学科研与实习基地，而非大学向老年人开放的一种组织形式。

统一前，西德（德意志联邦共和国）则采取大学向老年人开放的组织形式，主要有三种类型：参加正规学习者必须有高中毕业证书，必须满足一般专业考试和修课的要求，可获取学位；旁听生可自由选课，无考试也不颁发学位，但颁发证书；长者学习是学校特别为老年人推荐或有针对性地开设一些课程，这些课程较有系统性，将近一半的西德大学开设了长者学习项目。

1990 年两德统一后，原东德的"老战士学院"更名为"长者学院"，从此德国高等教育界面临的不再是大学该不该向老年人开放的问题，而是如何以新的形式对待老年人的科学继续教育问题。资源共享与联合办学成了德国老年教育的新模式。

德国老年教育的场所主要有邦立大学、国民大学和老年人活动中心。

邦立大学是老年人潜心研修数个博士学位而终老不息的好地方，其入学均无年龄限制。

国民大学又称"民众大学"（Volkshochschule），在各大都市设立，供成年人业余或退休后选课研读。政府立法规定，公私立服务单位应给予在职学习者学费补助。

老年人活动中心设有图书阅览部、学术研究部、文化康乐部以及适合老年人开展体育活动和各种专题演讲的场所等。

（四）英国老年教育概况

英国老年教育提供者类型颇多，全国性机构包括地方教育当局、高等教育机构、开放大学、第三年龄大学和住宿学院。其中，第三年龄大学是专为提供老年教育而成立的组织，在英国最具盛名，它是为老年人自己而发起的一项自助运动。英国的第三年龄大学是拉斯利特（P. Laslett）与科尼（N. Coni）在参访法国第三年龄大学后，于 1982 年在剑桥设立的，至 1986 年，全英已有 115 所。目前，全英第三年龄大学已超过 500 所，老年学员多达 15 万人以上。各大学规模不等，小到不足 50 人，大到超过 2 000 人。课程以小组团体方式实施，内容相当多元，只要有人教、有人学，新课程就开设，范围极广，自语言、文学、摄影到数学均有。上课地点通常在交通方便的会员家中，人数在 10 人以下，或向当地学校、教会、民间组织租借，大多在白天上课。经费自给自足，不依赖政府，会员每年交纳少许费用，自 2 英镑到 20 英镑不等。教师由当地退休的人士担任，学习者以退休人员为主，不限年龄、性别、教育程度，没有成绩考核也不颁发任何资格证书或文凭。此外，成立于 1983 年的基督教老年委员会本来旨在探讨老年人的宗教信仰及对神学的看法，后来又举办了一系列活动，包括发行季刊、举办研讨会、开设课程等，以增进对老年人的了解，满足其精神方面的需求。在首都则有大伦敦老年论坛，其目的是关注有关老年人的议题及代表老年人发声。它通过训练老年人团体平等而有效地参与地方事务，讨论老年人议题。

相比法国的正规机构模式，英国第三年龄大学并非设于校园内，也不依赖大学资源，而是偏向自助组织性质，被称为"剑桥模式"。受其影响者包括美国、加拿大、澳大利亚等。但此种由高龄者自助的教育模式初期并不被国际第三年龄大学总会承认，因为法国的原型模式要求其组织必须依附于大学名下，直到 1993 年总会考虑到国情的差异才开始解除这种限制，英国也派出代表参与会议。该模式把老年人视为积极的资源提供者，而非被动的接受者，本着自助的志愿原则，所有事务如师资、行政管理、课程设计、教育辅导等由学员义务担任。学员大多共同讨论教学大纲，没有考核，采用团体讨论与研讨会方式，经费自主，组织更能弹性运作，但相应地也无法提供较多的博雅课程。因此，一些成人团体纷纷加入，多少影响了原初的使命。

英国的老年教育具有以下特征。

第一，大多数老年教育方案均是采取由老年人自己设计、筹划及负责的原则，因此老年教育的重点多半是相关信息的提供，这些信息除了知识传递外，还包括老年人自办活动时所需了解的事务或程序、可用的资源，以及应注意的事项。

第二，老年教育课程内容规划并不像儿童在校上课那样强调知识的传授，或强调受教者的学习过程，而是把老年人本身经验的交流或传递作为重点。换言之，老年教育的过程不再像正规学校中师生之间"施与受"的关系，学习者也可能通过经验传递扮演教导者的角色，整个教育过程或许可称为"释放老年人的技能"，这与一般正规教育过程大不相同。

第三，由于大多数为老年人提供的教育课程都是出自高龄者本身的设计，因此这些教育活动方案通常较能了解高龄者的需要，并满足其特殊需求，老年人对这些课程的参与程度也较高，更通过老年人彼此生活经验的交换以及人际间的互动，使课程不仅专注于知识的汲取，还包括老年人筹划课程时的创意。

第四，在经费负担方面，对处于文化或物质贫乏地区的居民，一般是以政府资助方式为主，在较富裕地区，则是以民间团体募集部分款项为主。这种政府与民间团体共同合作的方式更能使地方资源得到有效运用。

第五，英国的老年教育基本上仍是成人教育的一环，因此并未建立独立的行政体系。英国老年教育的内容范围广泛，基本上包括退休前的准备和退休后生活的调适。同时，为了缩短老年人与年轻人之间的距离，部分活动不以老年人为限，这种做法可增进两代人之间的了解与容忍，也使老年人不至于产生被社会隔离的孤单落寞感。

英国的老年教育虽然包含于多种教育机构当中，但是，吸引老年人参与最多的仍是由地方当局和志愿者团体提供的专门的老年教育机构。

以下是三个英国老年人学习场所的实践个案。①

1. 伦敦的路易森技术中心

路易森技术中心是在路易森关怀老年人协会策划下于1984年设立的。路易森关怀老年人协会是全英国1 400余个地方性的关怀老年人团体之一。除了经营此技术中心外，该协会还为老年人提供许多可能影响其个人权益方面的咨询，为老年人安排休闲活动，协助老年人组成各类团体，以代表老年人自身的观点，并且协助老年人自愿组成自助服务的单位，或组建就业登记所等。这所技术中心在经费上接受伦敦市路易森地方当局的补助。

路易森技术中心坐落于伦敦南区一条热闹的街上。平日里该中心内经常可见老少聚集一堂，从事各种工艺活动，有编织毛衣、裁剪缝纫衣裳的，也有从事木工、陶艺或制作玩具的，不一而足。事实上，路易森技术中心服务的对象并不以老年人为限，还包括儿童、青少年。课程设计的目的是发挥老年人的特长，将该地区老年人的手工艺技巧教给年轻一代，使13~17岁的青少年有机会在非正式的气氛下学习年长者的技能及经验。同时，该协会还与该地区的中小学校进行沟通联络，将这

---

① 岳瑛. 英国的老年教育概况 [J]. 中国老年学杂志，2009 (15)：1994—1995.

类课程开到学校中。参加此项课程的老年人均为义务教课，他们的特长不尽相同，所教授的科目包括声乐、舞蹈、美术、木工、汽车维修、急救医疗、儿童护理、蛋糕制作、服装裁制以及经济学、读写算、各种语言课程等。这项课程活动方案实施后取得了明显的成效。一方面是年轻学生在技术中心和学校均可学到自己感兴趣的或正式课程未涵盖的知识和经验，并且非正式课程的活动增加了学生的学习兴趣和动机，对年轻人的学习态度产生了相当大的影响。另一方面，老年人在传授技能和经验的同时，进一步了解年轻人，增加了老少两代人之间的代际接触和融合。越来越多的年轻人能体会和珍惜老年人为他们所付出的心血，这使老年人心灵上得到了慰藉，精神上得到了回馈，从而使老年人重新肯定了自身的价值，增强了自信，提高了人性的尊严。

2. 苏格兰格拉斯哥地区的自助教育组织

"退休后机会"是苏格兰格拉斯哥地区的一群退休老人自发组织的一个自助性教育团体。该团体的成员约有 1 000 人，占该地区 60 岁以上老年人口的 1/10。在此团体创设初期，其部分经费曾获得地方社区教育服务部门的资助，同时获得当地一所中学免费提供办公及会议场地的支持。会员须交纳会费，但数额相当低，仅 1 英镑。该团体除了获得地方政府的资助外，还获得许多大型工商企业的赞助，因而得以顺利开展各项课程活动。

该团体下设不同的分支团体，有文化性质的，有运动消遣性质的，也有实用性质的。各分支团体开设的活动课程方案各不相同，包括音乐、电脑、电器、家族史、游泳、戏剧、慢跑、健行、与中学生联谊课程等，共有 30 余种。除分支团体定期举办各种活动课程外，每两周的星期二晚上，该团体还会举行大型会议，除全体会员外，还邀请其他居民参与，大会往往会邀请外宾、专家或知名人士进行专题演讲。参加听讲的人员众多，每次至少 300 人。

与上一个实例不同的是，这个团体并不服务于其他年龄层的人，只以老年人为服务对象，以为老年人服务或提供协助为宗旨。其服务的内容包括：当退休老人在角色调适上产生问题时，为其提供咨询、对策和建议；为老年人提供发挥自身特长的机会。无论是教别人还是从别人的经验中学习，通过此团体的课程活动，老年人可磨炼自己的技巧，也可向他人学习新的技巧，从而保持健康活泼的身心状态，成为健康且具有活力的成员。

3. 格拉斯哥巴兰纳"五十岁以上团体"

巴兰纳是格拉斯哥东郊达伊斯特豪斯区域的三个乡村地区之一。"五十岁以上团体"由苏格兰社区教育委员会及关怀老年人团体联合组织,由苏格兰社区教育委员会提供经费支持。"五十岁以上团体"的课程活动旨在满足老年人主动参与的意愿,以及老年人人际接触的需要。该团体的成员平均年龄为65~70岁,最年长的成员在80岁以上。有趣的是,所有成员均为女性。

"五十岁以上团体"所开设的课程以健身类为主,例如网球、桌球、掷箭、手球等。除此之外,该团体还促成一些成员选读英国空中大学开设的"退休计划"社区教育课程,课程内容除了饮食营养、保健外,还包括个人理财、老人照料等。空中大学社区教育课程进一步向老年人开放,包括地方史等课程,甚至激起当地居民研究该地区发展史的极大兴趣和热情。此团体拟与外地包括外国的类似团体交流经验,以拓展或发掘新的课程方案。丰富的活动加强了老年人彼此间的接触与联系。成员的主动参与证明了对老年人来说,学习可以是非常有趣的活动,不仅对个人有利,而且对社区也有益。

(五)日本老年教育概况

日本负责策划及推进各地区高龄者教育的核心组织是高龄者教育促进会议,其主要任务是调查各地区所实施的有关老年教育的各项事业状况,在地区政府与相关机构之间从事信息交流工作、综合调整及协调工作,加强彼此之间的联系,以期有效地推展地区内与老年教育有关的各项事业。高龄者教室是为了提升老年人符合其年龄需求的各种社会能力,提供休闲嗜好、知识教养、体育娱乐等学习机会,以从事老年教育的主要场所。通常设在各地区的公民馆、学校、福利会馆等场所。其学习内容包括艺术技能类、健康体育类、知识文化类、职业技术类、国际形势类等。为了使学习计划更具吸引力,学习内容要多样化,因此每年由高龄者教育促进会议负责反思与改进工作,根据需求拟订当年重点计划。在学习方法方面,亦尽量避免单调枯燥的讲授法,而多元应用各种方法,如讨论法、参观法、实验法等,同时也活用视听教育媒介以增进学习效果等。此外,为了使老年人能从事志愿性工作,以便继续对社会有所贡献,开设了志愿工作者养成讲座,这些讲座给予老年人必要的知识，通常相当务实，例如儿童会的指导、展品解说员训练、调查搜查文化遗产的工作、乡土学习活动等。

日本重要的高龄学习活动有三类。其一为如上所述的高龄者教室，通常举办一系列有计划的讲座，参与人数与总时间有相应规定。依据 1973 年日本文部省的规定，参加者为 65 岁以上的老年人，学习时间每年 20 小时以上，每一教室学员 20～50 位。

其二是长寿大学或老年大学。有的由文部省管辖，有的由厚生省管辖，其目的均为培育地区高龄者活动的领导者。对象为 60 岁以上的老年人，学习时间两年以上，修满 20 学分以上者发给修业证书，认定其具有地区终身学习领导者资格，并录入于人力银行。

其三为高龄者放送大学。其法则 1977 年由函授部制定，1989 年其营运委托财团法人兵库县高龄者生命意义发展协会负责，旨在提供高龄者终身学习机会，协助生命意义的发展。课程包括兵库县印南野学园的通识课程、专业课程和社团活动，也开设远程广播频道于每周六早上 6:30 至 7:00 供学员收听，主题包括高龄期的发展、沟通技巧和人际关系、生活常识、健康与营养等。

可以看出，日本老年教育的特色是培养老年领导者，以带动高龄者参与社会活动，而且注意老年教育与老年人力资源利用的相关性。

日本的老年教育机构由福利行政部门管辖，包括都道县府、市町村政府、老人俱乐部。前者最著名的为印南野学园，提供基本、专业与社区等四年制的正规课程与课外活动；后者则以两年制的世田谷区生涯大学最为民众所认同，也是日本唯一由社区运作经营的高龄学习机构，地方社区意味较浓厚。

以下是两个日本老年教育机构的办学个案。①

1. 印南野学园

该学园是 1969 年 6 月在兵库县加古川市县立农业短期大学的遗址上建立的老年大学，是依据终身教育理念建立起来的日本最早的老年大学。其特征是以老年人的文化教育、生活和生产教育为重点，不以娱乐为中心，目的是将原有的农业高中的传统延伸和扩展到终身教育的场所。学园确立了"变革意识、开发能力和促进健

---

① 陆素菊. 日本老龄化社会对策与老年教育现状 [J]. 上海老年教育研究，2009 (1)：31—32.

康"的教育目标。开设的课程有：① 一般文化基础课，作为面向所有学员的必修课，以广泛提升文化素养为目的，通过开动脑筋，达到变革意识、拓展视野，以及防止精神上的"动脉硬化"的效果；② 专业课，作为老年学员的自选课，达到开发和促进老年人专业知识和技能、增进兴趣的目的，设有园艺、生活与故乡、福祉、文化、陶艺等课程；③ 俱乐部活动，由学员自主经营。设置的条件为有 20 名以上的报名人员并有合适的指导人员，设有民谣、诗歌、短诗、手工艺、花道、茶道、书法、美术（西洋画）、水墨画、舞蹈、文化遗产探寻等课程。

学园最初以一年制为主。由于受到学员的好评，诸如"这样快乐的学习，无法中断"等原因，一年结束时出现了"全体留级要求"的请愿书，只好采取延长学制的措施。此后，逐渐发展到三年制，最终变成与普通大学一样的四年制。1977 年设置了教授"指导者培训"课程的研究生院。同时，在办学之初设立了通信教育部，为老年人提供远程学习机会，其后发展为老年空中大学，学员人数逐渐增加。

学园开办之初，由名为印南野学园运营委员会的志愿者团体受县政府的委托负责运营。随着办学规模的扩大，根据法律规定，该学园 1977 年得到县、市长会、町长会、同窗会、学生自治会的协助，获得 3 000 万日元的支持，成立了财团法人兵库县老龄者生活创造协会，从此学园移交该财团运营管理。此后，各地方纷纷要求设立分部，1985 年已经形成了有 29 个分校、6 个姊妹校的办学网络。多数分校为各地公民馆委托的两年制老年大学。

2. 世田谷区生涯大学

该大学 1977 年设立，原名老人大学，2007 年更名，被确定为东京都世田谷区城市建设中应对老龄化的措施之一，即把老年大学作为老龄者的综合活动中心，将之建设成为地方性的老年人自我发展的场所。以这一基本设想为基础，老年大学除了作为老年人的学习中心，还作为咨询活动中心，即老年人参与社会、参加社区建设的援助中心。其基本特征为，基于老年人所拥有的能力，通过提供适时的培训，进一步提升老年人的能力，面向需要援助的人开展有益的活动。

该老年大学开设之初，设有社会、生活、福祉、文化四大类课程，两年学制，招生规模为 100 名，每周授课一次，每年 30 次，实行小组研讨形式的小班教育。另外，每年有一定数量的由兼职教授开设的特别讲座和必要的参观学习。

关于学习内容，曾开设的"生活课程"的主题有"我与家庭"，学习目的为通过"二战"前后的变化，反思个人所走过的人生道路，共同交流各自的人生经历并记录下来，结合今后的人生思考，撰写与老年生活相关的讲义。"福祉课程"中设置了"老年期的人生意义"主题。为了实现老年期健康而满足的生活，安定的生活基础不可缺少，为此要学习重要的福祉制度，掌握福祉现状、展望未来，探讨福祉与老人的人生意义等。这些学习活动以自由讨论为基本形式，在专业讲师的指导下，老年学员相互启发，交流学习成果。

关于学校经营，应第一届、第二届毕业生的强烈要求，该老年大学1979年开设了老年大学的自主研究生课程，以保障毕业生继续学习的机会，不过研究生的学习完全由毕业生自主决定。该大学办学特色主要体现在学生联谊会的设置上，基于"提高学员素质，促进交流联谊"的宗旨，由学员自主运作，开展年级之间的联系和信息交流、旅行和参观、文化活动，以及征集、汇总和传达学员对学校办学的建议。

(六) 中国老年教育概况

中华人民共和国成立之初，老年人的学习是随着城市居民教育和农村村民教育进行的，这种学习并非为老年人专设的。20世纪50年代，企业工会中相继成立了退休职工管理服务组织，退休职工定期或不定期地参加读报组、报告会等活动，接受文化和时事政策方面的教育。20世纪70年代后期，参加工作较早的退休公务员得到了专管机构的关心，除可以参加以时事、政策为主要内容的学习，接受思想修养方面的教育外，还可以参加如卫生、保健、艺术、体育等以专业知识、休闲娱乐为主要内容的学习，但这种学习是松散的，随意性较大。

中国老年教育较大幅度的进展发生在20世纪80年代。1983年，山东省率先创立了第一所具有中国特色的老年大学，标志着我国老年学校教育迈出了第一步。随后，广州、长沙、哈尔滨也相继开办了老年大学。据统计，1985年全国已有老年大学200多所，学员6 000多名。1988年中国老年大学协会成立后，老年学校教育有了进一步发展。进入21世纪初期，中国老年学校教育在校学员已经发展到230多万人，初步形成了省、市、县、社区（乡、村）老年教育网络，显现了老年大学（学校）教育的社会性、开放性、普及性和终身性。到2015年，我国已经拥有老年大学、老年学校等教育机构近 6 万所，在校老年学习者 700 万名左右。

根据老年人的特点和需要，上海的老年教育以颐养康乐和进取有为相结合作为宗旨，并且根据时代的发展适时调整，初步形成了多层次、多学科的课程设置体系和师资队伍。1995 年，上海市老龄委员会、上海老年大学、上海电视大学教育电视台创办了空中老年大学，开展远程老年教育；1999 年又发展了网上老年大学。与此同时，中国其他地区的老年大学和老年学校在当地政府的支持、领导和中国老年大学协会的组织、指导下，互相协作，总结交流经验，进行理论研究，探讨办学、教学规律，不仅有的地区已形成省、市、县、乡、村的老年教育网络，而且通过各地老年学校的实践和总结，已初步形成了一个基本框架：颐养康乐与进取有为相结合的办学宗旨，多元化、网络化的办学形式，因需施教、寓教于乐的教学原则，灵活多样的教学方法。

以下是一个中国老年教育机构的办学个案。①

上海师范大学老年大学从 1997 年建校就确立了"依托高校，面向社区，服务社会，建设一所多学科、开放型、有特色、高水平的老年大学"的办学目标和工作方针。多年来，他们依托母校走资源共享之路，充分发挥上海师范大学学科众多、师资雄厚、管理规范、设备先进、校园优美等优势，为老年学员营造了优越的学习条件和广阔的发展空间。他们在面向社会、课程设置、服务社区、第二课堂等方面不断探索，取得了成功经验，2002 年、2007 年被评为"上海市老年教育先进集体"，2005 年被评为"上海市老龄工作先进单位"，2008 年被评为"上海市示范性老年大学"。

课程与教学是教育的基本构成和核心内涵，加强课程建设是提升老年大学教学水平的中心环节。基于上述认识，上海师范大学老年大学长期狠抓课程建设，取得了明显成效。学校经历了办学初期学员要求什么就开设什么，喜欢什么就讲授什么的"起步阶段"。近年来，他们对开设的 70 门课程进行了全面梳理，明确提出了系列化和标准化的目标要求，每门课程都确定了具体的课程目标和教学要求。现在各门课都制定了教学大纲，每一学期都有具体的教学进度安排，并在新学期第一周以书面的形式发给学员，使教和学两方面都能有章可循。

---

① 杨守吉．我国老年教育探究 [J]．继续教育研究，2011 (9)：73—74.

加强课程建设的基础是教材建设。多年来上海各高校老年大学大力开展课程的教材建设，对选用教材进行全面筛选审定，同时鼓励各老年大学教师自编新教材。如上海师范大学老年大学已自编近30门课程教材，其中《旅游文化赏析》《经典电影欣赏》《饮食与健康》都已出版。学员们普遍反映上海师范大学老年大学课程开设多，高低层次全，教学有特色，在这样的老年大学里学习收获大。

上海师范大学党委十分重视老年教育，老年大学成立时，就由退休的副校级干部任老年大学校长，由刚退休的部处级干部、高级职称教师任办学管理干部，从而确保了各项工作顺利开展。学校十分重视教师队伍建设，不求所有，但求拥有。他们不但选用退休的教师，请高年级博士、硕士研究生任课，还在社会上招聘有特长的有识之士来校任教。同时加强有针对性的管理和考核，做到了"让学员高兴，让学校放心"。

上海师范大学老年大学的学员80%来自社区，在长期办学过程中也得到了社区的大力支持。这种自然、和谐的联系，也发挥了高等院校的"面向社区，服务社会"的服务职能。老年大学有计划地组织和支持教师、学员到社区举办讲座，传授知识；邀请社区老年学校领导和教师来上海师范大学听专题报告，沟通信息；主动承担社区老年教育的骨干培训工作；开展"大手牵小手，共建文明社区"活动，帮助社区开展青少年思想道德教育工作。多年来，引领和辐射社区精神文明建设，形成了良好的互动态势，赢得了社区的好评，增强了老年大学的办学活力。

二、国内外老年教育的比较

（一）国内外老年教育功能定位比较

要满足老年教育与学习需求，达成老年教育的目标，必须促进老年教育的实施，因而有了各种不同的老年教育形态。这些教育形态有的经由老年教育机构提供，有的则由非机构式的组织加以实施。其中，机构式的老年学习场所又可以分为正规教育机构与非正规教育机构，前者如老年大学、老年学校，后者如图书馆、老年人活动中心。在终身教育的框架内，依照功能定位的不同，正规教育与培训包括须经正规教育体系承认并且颁发公认证书的、有组织的教育；非正规教育与培训包括不被国家教育体系承认的有组织的教育，比如学徒实习培训项目和有组织的在岗培训；非正式教育与培训包括无组织的学习，学习地点不受限制，可以在家里、社区或是工作单位，也包括无组织的在岗培训这种工作单位最常见的学习方式。[①]

1. 正规教育机构的类型与功能定位

正规老年教育在学校举行，大体上仿照对青少年的封闭式教育。其优点在于有固定场所，定时入学，有固定修业期限并于学习期满给予适当的证明文件，可使入学者专心于学业并形成有规律的学习活动。各国采用这种学校式机构以推行老年教育的较多，又可分为两种形式。

一种形式是专设大专院校。其中有专门针对老年人的老年教育机构，也有针对成年人，包括老年人的终身教育机构。名称不一，用"大学"名称较多，也最受成年人欢迎。比较有历史的，西方为美国、英国和法国，东方为中国、日本和韩国。

终身教育机构有：

● 开放大学（Open University）。为过去未能跨进大学之门的成人提供第二次机会再读学位，由英国首创。其特色是入学不需正式资格，所授课程富有弹性，由学生根据志愿或兴趣自行组合所学科目，但高深、须有基础始能攻读的科目另定限制。教学采用半日制，因学生程度不齐，倾向于个别辅导，由导师协助解除困难，修业年限由4年延至8年。为便于学生自学，备有整套教材，由"课程团"统一编制。教材备受校内外学生欢迎，这使该校成为大学教材供应中心。

● 无墙大学（University Without Wall）。美国卡耐基委员会曾主持研究推行终身教育，其结论主要是：于高中毕业立升大学的学生，许多是基于父母或雇主的压力，非全出于自愿，在校表现往往落后于在中学与大学之间服过兵役或暂时就业者；实现高等教育大众化应从放宽入学限制及引进成人深造双管齐下；在由小学至大学的每一阶段，应给学生以"跨出"而不妨碍其未来上进的机会；缩短攻读学位的年限或设立短期大学，以加强职业教育，以方便成人深造。以上结论除供各级学校参照改进外，还导致了"无墙大学"的设

---

① 世界银行报告. 全球知识经济中的终身学习——发展中国家的挑战［M］. 国家教育发展研究中心，组译. 北京：高等教育出版社，2005：3.

立，其用意同"开放大学"，但特别注意以社区为教育领域。

- 人人大学（Everyman's University）。以色列所设，分有学位及无学位两种，除推行成年教育外，还举办在职训练。

- 国民高等学校。瑞典所设，多由地方政府举办，以成人或老人为主要对象，授以历史、地理、文学及社会科学等课程。同时实行"255 制"，凡年满 25 岁而有 5 年工作经验者，均有资格申读大学正科或所设短期进修班。通常一所大学分设三校于各地，以备就地教学。

- 长期修业。德国高等教育将每一课程分成若干自学标准，并用各种方法加以连结，以便学生选择适合的科目，长期逐步修完，不受毕业年限的约束。

老年教育机构有：

- 第三年龄大学。法国模式，如前所述。

- 兵库学园——老人大学。日本所设，如前所述。

- 延禧老人大学。韩国老年教育相当发达，老人大学常冠以福祉、长寿、敬老、平生等名称。其中较有规模者为汉城延禧老人大学，拥有宽敞的校舍，所设科系有社会、文化、技艺、健康等。

- 老年大学。中国大陆所设，如前所述。

- 老人大学研习班。中国台湾于 1971 年首创一所类似老年大学的退龄学园，之所以不称"大学"，是因为台湾教育主管部门认为这与大学法的规定不合。此后，各大都市的社会机关和各大学也先后设立了"长青学苑"和老人进修班，都避免以"老年大学"的名称出现。1989 年，台湾高龄学学会与退龄学园合作，在文化大学推广教育中心创设"老人大学研习班"。该研习班每期入学名额约 50 人，以年届 60 岁及高中毕业的老年人为对象，所设课程以高龄科学研习为主，含高龄学概论、高龄心理学、高龄社会学、高龄生理与疾病防治、老人问题与对策等，其他课程随学员兴趣或意愿而设。由于这个班含有"老人大学"四字，给入学者多少增添了一点荣誉感，所以卒业时大家不愿遽离，纷纷表示希望继续开办。同时，这个班既是"研习"，相当于进入大学的先期或预备班级，在大学法令上也解释得过去。

- 退休学人大学。美国旧金山设有一所私立的大学，入学者不限于退休的老人，教学者则全是退休的教授，其用意是鼓励从大学退休的教授退而不休地继续从事教学和研究，一方面延长自己的教授生涯，另一方面诲人不倦，嘉惠学子，可谓"活到老，学到老，教到老"。

另一种形式是老年人入一般大学学习。现代国家对国民愿入大专院校攻读者不加年龄限制，这已成定律，老年人不但不受排斥，而且还享受特别优待，包括免费、减费或奖励资助。如《美国高等教育法案》有关学生奖助一章，特别明确规定老年人入大学，除享有一般优待外，还可得到资助，同时对不攻读学位而专修某种科目的，学校颁给及格证书。

2. 非正规教育机构的类型与功能定位

非正规教育机构的设立意味着社会上处处给老年人学习的机会，而不以进入专设或正式的学校为条件，对学习成绩优异的，还给予学历或资格认定的证明。以美国为例，老年人通过社会教育获得学习的机会比比皆是。

● 公共学校。校内设有成人教育班，无论职业训练还是一般训练，均可适应学习者的需要。

● 社区专科学校。全美五年制社区专科学校以技艺及职业教育为主，上课不固定在校内，毕业时授予人文学学位，对老年人设有特别班，可获得特别学位，也可旁听。

● 函授学校。美国各级学校多设有函授班，对老人均有优待，采用学分制或自由选读两种形式。教学方式除利用通信手段外，还利用电视传授。教学内容通常以新技艺为主。

● 学分及格考试。有两种方式。一种是中学同等学力考试，凡未完成中学教育的老年人，都可参加美国教育委员会主办的普通教育发展考试。考试科目包括英文、社会事务、自然科学、文学及书写，考试在全美 2 600 个中心举办。及格者发给中学同等学力证书，以作为申请进入大学的证明。另一种是未受过大学教育者自选应试科目，参加大学水准考试，及格者可以向大学申请学位。

● 假期学习。于暑期或周末在大学校园参加各种讲习或活动，包括国外访问。通常历时一周，不收学费，酌交食宿费和游学旅费。

- 外部学位计划。不在大学校园，而在校外从事各种学习活动。凡有丰富的学习经验者，大学应授予学分乃至学位证书。

- 讨论小组。由各地有学习兴趣的老人自行组成小组，根据各方面提供的资料，举行讨论会，发表意见。提供资料者通常为外交政策协会、内政政策协会、珍贵书籍基金会及全国大学推广教育协会等。讨论的课题大都为文史、哲学及时事问题。

- 自行学习。图书馆和博物馆为自行学习最有效的帮助者，馆内经常有人为老人服务，或装置特别设备。此外，广播电视台也经常播放教学节目，供老人自学。

(二) 国内外老年教育推进机制比较

综合前面美国、法国、德国、英国、日本等国老年教育的实施方式与内容，可以发现它们之间存在很多共性。例如，这些国家都把政府、大学、社区和民间机构等作为实施老年教育的重要力量，充分调动各种资源，共同促进老年教育的和谐发展。现就其共性进行总结分析，以作为我国发展老年教育的参照和借鉴。

1. 政府层面

政府作为国家的行政部门，对教育事业负有统一协调、规划发展的职责。各国政府实施老年教育的共性如下。

第一，对老年教育持积极支持的态度，关注老年人问题，正确定位老年教育，并强调其专业化发展。

第二，成立全国性的核心组织和机构，统一协调中央和地方老年教育，开展老年教育理论和实践研究。英国还成立国际跨部门组织，加强国与国之间的交流和合作。

第三，重视制定老年教育政策，完善老年教育法令，以保障老年人的学习权益。不管是老年教育法令还是宣言、手册，都整合各领域专家的意见，顾及老年个体身心发展需求以及地域之间的差异，并考虑到老人平等的学习权问题。

第四，美国和日本把老年教育作为老人的一项基本社会福利加以实施。

2. 高等教育机构层面

大学是实施专业化教学，重视学术性研究的机构。英、美、日都把高等教育机构或大学院校作为实施老年教育的载体之一。不管是在大学内部设立推广部门或继续教育部门，还是专门成立老人大学，它们都存在很多共性。

第一，在大学里设立推广部门或继续教育部门，提供满足个体需求的多元教学内容，包括专业化、学术性知识和职业教育、进修教育内容。

第二，专门设立具有高等教育性质的老年高等学校，让老人能够有机会弥补之前缺失的高等教育或再次体验高等教育。如，开放大学、第三年龄大学、高龄夏日学校、长寿大学、放送大学等，它们名称各异，但性质相近。

第三，以终身教育作为指导理念，旨在为老人提供接受高等教育的机会，减少参与障碍。

第四，教学方法灵活多变，教学组织富有弹性，一般不以营利为目的，满足老人的个性化需求。

3. 社区层面

社区是老年人每天出入的场所，社区教育形式也是最容易接触到的教育形式。英、美、日等都重视社区在老年教育中的独特地位，大力开发社区教育资源，开展老年教育活动，其共性如下。

第一，以终身教育、终身学习和学习型社会为指导理念，旨在实现终身教育蓝图。

第二，提供各个年龄段、各种身份群体的学习活动，把老年教育作为其重要一环。

第三，教育实施具有地域性，教育方法与内容富有弹性，反映社区特色，贴近老人生活。

第四，重视老人学习权，使教育能够普及到每个老年个体。

第五，利用社区的图书馆、博物馆、网站等资源为老人提供无意识、非专业、随机性教育，这也是老人喜闻乐见的学习形式。

4. 民间团体与机构层面

许多国家的民间团体和机构都热衷于老年教育事业，通过各种形式，举办符合老人需求的教育。这支力量在老年教育活动中扮演着重要的角色，具有不可替代的地位。其共性表现在如下几个方面。

第一，办学具有独立性和自主性。

第二，与政府、社区、高校或其他教育机构、组织交流和合作。

第三，关心老人，尤其是退休老人、弱势群体，提升其生命意义和生活品质。

第四，关注老人的内心和精神需求，并不单纯给予物质援助。

第五，上课方式灵活多变，多以讲座、报告的形式开展。

第六，办学形式多样化，正规与非正规相结合。

三、对我国老年教育发展的建议

基于以上国内外老年教育概况介绍和比较研究，对我国老年教育发展提出以下建议。

（一）明确老年教育的基本功能

从法律制度看，截至目前，在老年教育领域，我国已基本形成以《宪法》为基础，以《中华人民共和国老年人权益保护法》为主体，包括《中华人民共和国教育法》等在内的一系列法律法规，确认了老年人的受教育权利和平等公正的教育资源分配原则，但仍存在教育权利保障不充分的问题：一是从国家层面来看，至今没有一部老年教育方面的专门法规；二是老年教育保障仍较多止于教育权利在法律上的确认，权利的实现仍缺乏具体的、可操作的规定；三是《中华人民共和国老年人权益保护法》中的"丰富精神文化生活"的老年教育定位忽视了老年人的主体性和能动性，制约了教育对老年人生存发展能力的提升作用。

从现实看来，我国老年教育忽视了教育"赋权增能"的基本功能，[①] 即保障老年人的受教育权利，实现老年人的社会参与能力和自我实现能力的提高。我国老年教育以丰富老年人文化生活为核心理念的保健功能是最主要的，其他功能虽有所涉及，但并不占据主导地位。

1999 年出版的美国《社会工作词典》将"赋权增能"解释为："帮助个人、家庭、团体和社区提高个人的、人际的、社会经济的和政治的能力，从而达到改善自己状况的目的的过程。"从这一界定看，赋权增能的核心在于强调"权力"或"控

---

① 潘澜．我国老年教育的功能及其实现机制新探［J］.成人教育，2010（2）：78.

制力"（power）。但实际上，"赋权增能"一词从"empowerment"翻译过来，有着非常复杂和丰富的内涵，如充权、增权、赋权、权能激发、居民授权、促能等。

依据目前中国老年人口的特点、教育需求，以及教育权利缺乏充分保障、忽视通过教育提升其生存发展能力（power）的现实，"empowerment"用中文解释实际上应包含两个层面的内容——赋权和增能。①

首先，"能力"或"权力"目标的实现必须基于"权利"（right）。目前老年人的教育权利无论是法律法规，还是政策制度，都没有非常清晰、明确和完善的规定。在此情况下首先必须保障老年人的教育权利，只有真正享有了教育权利才能谋求因教育而实现的"权力"。应基于公平原则，开展老年教育赋权行动，以保障所有老年人特别是弱势老年人的受教育权利。

其次，教育权利的实现结果是生存发展能力的提升。老年教育权利资源的单向输送并不能最终实现老年人因教育而获得的利益。只有把老年人作为有潜能的社会个体或群体，以自主、自助和潜能开发为原则，培养其科学的思维方式，唤醒其权利意识与主体意识，为其提供提升生存发展能力的策略、理念和技巧学习机会，引导他们从自我处境出发，争取多元层面的介入和社会资源的协助，从而逐步获得或增强对生命的掌控能力，才能使其真正实现其生活质量的持续改善。

总之，老年教育的赋权和增能是有机统一的，无论是赋权，还是增能，都是面向老年人的。赋权的目的在于增能，增能的需求也为赋权提出要求，彼此密切联系，统一于老年教育体系当中。

在现有的老年教育运行体系下，与老年教育相关的制度、机制、环境和心理都尚未充分赋权于老年人，老年人的教育权利亟须保障。同时，在老年教育活动开展过程中，对老年人的生活应对、变化适应和社会参与能力尚缺乏系统、专业的指导和训练，现阶段老年教育对老年人生存发展能力的提升还较为有限。基于此，学者王英和谭琳提出如下建议。

1. 推进老年教育的赋权

第一，完善老年教育制度。增加现有法律法规中有关老年教育的赋权性规定，制定更为具体、更具操作性的规定；制定老年教育法，明确老年教育赋权增能的发

① 王英，谭琳．赋权增能：中国老年教育的发展与反思［J］．人口学刊，2011（1）：33.

展定位及其相关制度；完善老年教育政策制度，明确政府、社会、老年人在老年教育发展中的责任、权利和义务；制定具体的老年教育中长期发展规划和政策实施体系，将老年教育纳入社会经济发展规划中，启动各种激励机制，鼓励社会机构、民间组织和个人多元参与老年教育发展，并制定老年教育发展评价指标体系。

第二，建立老年教育保障机制。健全管理机制，成立老年教育委员会及老年教育基地，实行统筹规划、分级管理、民主参与的管理方式；构筑以政府投资为主，行政拨款、基金会、社会企业、非政府组织等公共机构资金支持以及个人投入相结合的多渠道老年教育经费筹措体系；完善教学机制，重点发展社区老年教育，增建和改善老年教育场所设施。同时，培养老年教育专业师资，构筑专职、兼职和志愿者相结合的多层次、多结构的老年教育师资队伍。

第三，优化老年教育环境。培育老年教育的人文环境，树立老年教育优先发展与人人有责的意识，同时，明确政府主导老年教育发展的责任，倡导社会机构与个人的参与；培育和发展涉老协会，促进老年人在教育活动中全面参与、自我发展和自我实现。

第四，增进老年教育心理赋权。建立老年教育权利的宣传与倡导制度，教育信息收集、反馈及输送制度，培养老年人的权利意识；加强老年人主体意识培养，包括开设系统的心理教育课程；支持自发性的老年教育活动；支持老年人在老年教育组织实施中的全程参与和自主、自助行为；开展老年教育评价活动。

2. 加强老年教育的增能

第一，培养老年人的生活掌控能力。完善个人生活安排教育，培养老年人的自主意识和主动选择、安排生活的能力。同时开展以健康管理和休闲生活为核心的个人生活实践指导；完善婚姻家庭协调教育，指导老年人把握与家庭成员的互动，规划婚姻家庭生活，开展夫妻关系协调和家庭生活实用知识教育；完善代际关系互动教育，引导和协助老年人增进家庭互动，增进老年人与父母、子女、孙辈的相互了解与接纳，避免和消减彼此的隔阂，提升老年人的代际生活满意度，使家庭成员成为改善老年人生活质量的重要资源。

第二，增强老年人的变化适应能力。开展衰老与能力衰减教育和生命超越教育，协助老年人了解自我，认同自我，协助其正确认识生理衰老，形成对生命价值的理性认知，积极开发生命的潜能，促进生命价值的提升，并使他们能够理性应对配偶的死亡以及其他亲友的离世造成的心理冲击；开展家庭变故处理教育，针对老年人退出职业生活后可能遭遇的养老资源获取、家庭经济纠纷等诸多问题开展权益维护教育。同时，开展迁移适应教育，将课堂教育与参与社区生活相结合，协助老年人有效应对人际交往环境的变化，增进环境融合；开展社会发展应对教育，通过以开放和改变为主题的教育活动促进老年人认识和接纳社会生活日新月异的变化，形成积极应对的意识和态度；开展信息获取与更新教育，涉老公共服务资源认知教育以及社会发展应对指导、策略、技巧教育，协助老年人了解社会资源的获取途径和特殊困境下如何获得社会救济。

第三，提升老年人的社会参与能力。开展政治生活参与教育，包括以民主选举为核心的公民政治生活认知和参与指导教育，引导老年人参与社区选举等政治生活；开展社区生活参与教育，开展以社区知识与理念、社区行为与技能、社区情感与价值为核心的社区认知教育；倡导老年人参与社区组织的各种教育活动，支持老年人自己组织创建涉老协会，形成彼此互动、相互支持的学习环境。此外，还要倡导老年人参与社区服务与管理，开展社区生活自助与互助活动，激发其潜能，推动其成为社区建设责任分担者和成果共享者；开展社会公益服务教育，支持和协助老年教育团体活动向社区外拓展，参与社会，为老年人的自我成长与发展拓展更广阔的空间；开展志愿服务知识和技能的培训和指导，鼓励老年人参加志愿者服务活动。

（二）提升老年教育的可及性

与老年人持续增长的教育需求相比，中国老年教育的发展相对滞后，存在覆盖面小、教育机构分布不平衡等诸多问题。虽然制度、资金等资源投入不足会对老年教育产生负面影响，但教育既是一种结果，也是一个过程，探讨老年教育的可及性不仅需要研究老年教育资源是否得到充分的配置，还要明确有限的老年教育资源能否为老年人真正拥有和使用，以及老年教育能否有效提升老年人的生活满意度。

如何促进老年人广泛而有效的社会参与、提高老年人口的生活质量是老龄化社会必须要思考的。老年教育作为实现积极老龄化的重要途径引起了社会的普遍关注。相对我国"正规"的老年大学而言，"非正规"老年教育是指除"正规"老年大学以外的多种形式的老年教育，主要包括社区老年教育、大众传媒中的老年教育和老年人自发组织的老年教育。"非正规"老年教育以其灵活性、参与性和低成本等特性契合了中国老年人口的特点，能够更有效地适应老年人的教育需求，是提升老年教育可及性的重要途径。①

老年教育的可及性意味着社会应为所有老年人提供充分的教育资源并保证其进入老年教育领域，并使老年人在教育参与中实现其生活质量的持续改善。从这个角度出发，老年教育的可及性可分为三个层面：一是供方可及，通过制度或政策等教育资源的充分供给保障老年人的入学机会；二是需方可及，保证老年人参与教育，即在老年教育已经覆盖的地区，老年人不因受教育程度低、收入水平低、教育信息缺乏等因素被排斥在教育体系之外；三是教育成果可及，通过教育参与增强老年人的生存发展能力，提高生活质量，推动老年人、家庭、社区和社会的和谐发展。这三个层面的可及性循序渐进，相互促进，没有教育资源供给，老年人就无法获得入学机会，也就不可能参与教育和享受教育成果。

王英和谭琳根据"教育资源供给—教育参与—教育成果"框架，以及 2008 年4—5 月对北京、山西、陕西、甘肃、四川 5 个社会经济发展状况和老年教育活动差异较大的省市的 600 位老年人问卷调查（实际获得有效问卷 493 份）数据，审视和分析了中国老年教育的可及性问题。②

在教育资源供给方面，老年教育制度保障不完善，学校建设滞后，因而社区及附近公园开展的教育活动更具可及性，教育信息输送仍主要依赖老年人的人际交往实现。

在教育参与方面，参与教育的老年人持续增长，低龄、女性和受教育程度高的老年人参与率较高；老年人对身体健康和家庭生活实用知识最感兴趣，休闲娱乐类课程也受到老年人的青睐；此外，老年人对电脑科技类知识的学习需求已经显现；休闲时间老年人多用于收看收听电视广播和闲呆，室外活动时间老年人多用于体育锻炼和玩牌观棋，其次是休闲娱乐性活动，一些老年人也花时间上网娱乐。

在教育成果方面，尽管一些老年人对教育的重要性缺乏认识，担心教育可能带

---

① 王英，谭琳. "非正规"老年教育与老年人社会参与 [J]. 人口学刊，2009 (4)：41.
② 王英，谭琳. 中国老年教育的可及性研究 [J]. 学术论坛，2010 (8)：174—176.

来经济支出，认为教育与需求不契合，但绝大多数老年人认为参加教育能有效提高自己的生活品质。

基于此，为有效促进中国老年教育的发展，提升老年教育的可及性，一方面，要增加老年教育资源供给，即完善老年教育法律制度和政策制度，以社区老年教育为发展重心，加大欠发达地区老年教育的资源投入，建立多元、畅通的教育信息输送机制。另一方面，要增进老年人的教育参与。从老年人的教育需求出发，设置多样化的课程体系，保障不同年龄、性别、受教育程度的老年人的教育权利；促进政府的福利性投资，免费提供教育服务；同时，教育者有必要增进老年人对参与教育活动的意义和重要性的认识；跳出养老与丰富生活的老年教育发展思维，从社会变化和老年人多样性需求出发，提供增能型、发展型的教育课程，吸引更多的老年人走出封闭的家庭，通过教育参与，持续改善生活质量，实现老年人与家庭、社区和社会的和谐发展。

（三）完善正规老年教育

正规老年教育，尤其是我国高校举办的老年大学存在诸多现实问题。①

一是促进老人参与学习的动机问题。随着老龄化社会的来临，参与教育活动的老人将愈来愈多，但影响老人接受继续教育的因素既有积极的也有消极的。消极因素有：缺乏资源、资金限制、课程设计问题和老年教育知识的缺乏。教育机构如果要延揽老人，必须针对上述因素提出应对策略。因此，老年教育工作者应面对可能发生的问题，提出解决策略，如此才能促进老人参与学习活动。

二是学制与入学条件的定位问题。先进国家在举办老年教育的机制上十分具有弹性，如美国的北卡创造性退休中心（North Carolina Center for Creative Retirement）即是通过大学的支持举办老年教育，并派人与大学共同分担行政、管理与教学上的任务。然而，我国高校在举办老年教育的机制上仍然依循教育部的指示统一举办，很少以学校发展特色为本位，或以社区本地化特色为主，这已经严重影响了老年继续教育的进一步发展。

三是校园环境与设备的配套问题。目前高校多为年轻人所独占，其校园设施、

---

① 陈勇军. 老人发展的重要途径——高校举办老年继续教育的困境与对策研究［J］. 继续教育研究，2010（9）：13—14.

教室课桌椅的安排、照明设备的装置等，几乎都是考虑年轻人的需求。即使校园内有进修部、进修学院的成人学生，大部分的学校仍多沿用全日制学生的教室、课桌椅及软硬件设施。面对"银发校园"的即将形成，如果校园的软硬件设施仍沿用传统学生的设备，恐怕无法满足老人的需求，甚至将给其造成不便，并影响其就学的意愿。

四是课程内容的设计与实施尚待规划。麦克拉斯基（H. Y. McClusky）认为老年教育的提供者必须尽力满足老人的五种学习需求：应付的需求——应付复杂社会的能力；表达的需求——从活动的参与中获得自我的满足；贡献的需求——通过贡献自己、扶助他人来肯定自我；影响的需求——经由政治活动或公共事务影响他人；超越的需求——体验与超越生命，寻求生命意义。因此，课程内容应包括老化与健康、老人人力资源教育、生活调适、公共论坛、财务管理、情感教育等方面，涵盖应付生活、应付工作及体验生命等方面。这种多样化的课程内容有待专业人士审慎规划，是高等院校举办老年继续教育需要改进的地方。

五是老年教育教师的专业能力不足。目前高等院校从事老年教育的教师大多是兼任的，并不了解老人在教学、课程、评量和师生相处上的特殊要求，多沿用全日制教育的授课模式，结果往往造成师生关系的紧张。

基于此，陈勇军认为，为有效促进中国老年教育的发展，必须从以下几方面完善正规老年学习场所。

一是在学习动机方面，学校应该规划有意义的学习活动，吸引老人参与。途径有：① 进行老人学习需求调查，考虑老人的身心特征及学习特征，设计真正切合老人学习需求的教学活动；② 通过不同的渠道进行营销，如报纸、电视、网络、宣传车等，让有意愿学习的老人知道信息，参与学习活动；③ 设置个别化资源中心，让每位进入资源中心的老人都能各取所需，依照其兴趣来学习；④ 认知老人的特征，善尽照顾的责任，这样老人便会被温馨校园吸引，积极参与学习活动；⑤ 积极排除老人参与学习活动的障碍，比如，对行动不便或健康不佳的老人提供教育送到家或网络教学服务，对基础太差的老人提供补习服务，对没有时间学习的老人提供电话咨询服务，对没有兴趣的老人进行需求调查，以了解其兴趣，再调整课程设计。

二是在学制与入学条件方面，应力求弹性、多样化与本地化。先进国家的高等教育机构所举办的老年教育方式十分多样，有全时进修的，也有部分时间进修的，而以部分时间进修的居多。以美、日等国为例，老人参与大学院校的教育者，有旁听生、正规生及函授生等短期或长期生。法国的第三年龄大学则是一种由第二年龄者为第三年龄者提供教育的模式，不给予文凭，入学资格也无限制。由于老年人差异性大，且求学动机不同，故其入学方式应该多样化，入学条件也应从宽认定。高校举办老年继续教育，最重要的是结合学校与社区发展特色，建构本地化的老年教育模式，以照顾当地的老人。老年教育的实施方式可以是公开讲座、旁听、选修、正规教育、远程教育、函授教育，甚至是提供送教育到家的服务。

三是在环境设施方面，应照顾老人的身心状况。格拉斯（J. C. Jr. Glass）认为，老人身心处于慢慢退化中，教学环境和设施应力求符合这种特征。学校要考虑老人视力退化的问题，使教室或其他学习场所的光线充足；设置多媒体设备和网络教学平台，以利于行动不便或地处偏远地区的老人学习；应考虑老人肌肉系统及其他生理老化问题，营造一个无障碍空间。

四是在课程内容方面，应符合老人的生活、工作与体验生命的需求。课程内容应包括通识课程、专业课程和社团活动课程。通识课程可帮助老人促进养生与健康，并学到生活能力与艺术，培养兴趣。专业课程帮助老人再度投入就业市场，从事兼职工作，促使人力资源的再开发与应用。社团活动课程促进老人提高社会参与能力，重建人际网络，体验生命的意义。

五是在教学方面，应适合老人的特征。老人在学习动机、学习能力、反应时间和学习需求上有自己的特点，教学者应依这些特点安排教学活动。他们的特征主要有以下几点：生理上是视觉、听觉、肌肉的退化。心理上是自尊心强，但缺乏学习的信心；有自主与独立的需求，但注意力与记忆力退化。教学者应采用以下有针对性的教学策略：教学者咬字要清楚，音量要够大；教科书、板书或教具的字体应尽可能放大；一次只讲一个概念，并多以老人生活上的例子为案例；在学习活动中提供老人与他人讨论实际生活问题的机会，等等。

第十一章
社区青少年教育

社区青少年教育有广义和狭义之分。广义的社区青少年教育是指面向青少年的社区教育。改革开放以来的社区教育起源于面向青少年的社区教育，它近似于青少年校外教育。只不过专门的青少年校外教育是指青少年宫、青少年儿童活动中心、农村青少年儿童文化园、青少年科技站（中心、馆）等机构实施的校外教育，而最初阶段的社区青少年教育是由家庭和多种社会力量共同实施的校外教育。狭义的社区青少年教育仅仅指针对"社区青少年"的社区教育。本章的社区青少年教育属于狭义的社区青少年教育。

一、社区青少年概念辨析

2002 年，上海对"社区青少年"作出了界定："具有本市户籍、年龄在 16 至 25 周岁、无固定工作和收入或已终止学业和尚未进一步就学的青少年"。① "社区青少年"虽然是一个新名词，但是它所包含的特殊社会现象却由来已久，并具有普遍的国际意义。

（一）社区青少年概念的历史审视

社区青少年概念界定中包含青少年失业、失学和缺少家庭监管等问题，尽管这些问题之间存在一定的独立性，但是在理论和实践中又存在密切的联系，其中解决失业问题是"的"，解决失学和失管问题是"矢"。为了透视"社区青少年"概念，有必要以中国青少年失业问题为焦点，追踪青少年失业问题在历史上的演变轨迹以及在演变中的相关条件，由此而给予"史"的明确意义。

我国劳动局和国家统计局对"失业者"有明确的定义：失业者是指在规定的劳动年龄内，具有劳动能力，在调查期内无业并以某种方式寻找工作的人员。具体包括：① 16 岁以上各类学校毕业或肄业的学生中，初次寻找工作但尚未找到工作的人员；② 企业宣告破产后尚未找到工作的人员；③ 被企业终止、解除劳动合同或辞退后尚未找到工作的人员，辞去原来单位工作后尚未找到工作的人员。但是在我国，对失业现象有一个从"消灭失业"到"回避失业"，再到"承认失业"和"降低失业"的过程，② 对青少年失业问题的认识也经历了这样一个变迁过程。

中华人民共和国成立伊始，就面临着比较严重的青少年失业问题。据统计，1952 年底要求就业的 162.2 万人中，家庭妇女、失学青年为 43.8 万人，占 27%，失业青少年所占比重较大。当时，中央政府相继颁布了一些缓解就业压力的措施与办法，主要有《关于救济失业人员指示》《救济失业工人暂行办法》《关于处理失业工人办法》《关于失业人员统一登记办法》和《关于劳动就业问题的决定》等。通过各种安置就业办法的实施，到 1957 年，中华人民共和国成立初期主要由旧中国遗留问题造成的失业问题基本得到解决。

"文化大革命"时期，我们虽然称"中国消灭了失业"，社会上也无"失业"的概念，但实际情况是：③中华人民共和国成立初期出生的那批城镇人口陆续进入了劳动年龄，每年大约 200 万人，碰上了大学不招生、工厂也不招工的年代，失去了

---

① 陈英俊，周建军，田保传.2003—2005 年上海市社区青少年工作蓝皮书［M］.上海：华东理工大学出版社，2006：218.

② 张得志.中国经济高速增长过程中的劳动就业及其失业预警研究［D］.上海：复旦大学，2007：110.

③ 程连升.中国五十年反失业政策研究（1949—1999）［D］.北京：中国社会科学院研究生院，2000：41.

继续求学或就业的出路，成为事实上的失业人员。从 1968 年底开始，在公开倡议与政策强制下，全国展开了持续 10 年之久的城镇知识青年"上山下乡"运动。显然，"知识青年"这一称谓并没有从事实上消灭失业现象，而只是掩盖了青少年失业问题。

20 世纪 70 年代后期，在大批知识青年回城给城市就业带来巨大冲击、形成失业高峰的形势下，我国开始施行失业统计。但由于思想认识方面的原因，当时使用了"待业"一词，只设置了"城镇待业者人数"统计指标，用以反映非农业人口中劳动年龄内有劳动能力、愿意就业而未就业的劳动力人数。随着改革的深入，20 世纪 80 年代中期我国的国有企业开始出现相当多工人下岗的现象。在开始一段时间，媒体报道和政府文件上称其为"待岗""下岗""待业"，也不叫失业。为什么会出现这种现象？这是因为在过去很长时期中，我们不断揭露西方国家的失业现象，认为这是资本主义社会的弊病，所以就把社会主义条件下，工人和其他有关人员有工作能力而没有工作的状态，叫作"待岗""下岗"或"待业"。①这些都是"回避失业"的表现。

进入 20 世纪 90 年代以来，随着我国经济体制改革的逐步深入，中国社会主义市场经济的发育发展以及思想理论禁锢的解除，人们逐渐改变了社会主义国家不存在失业现象的错误认识，开始承认社会主义初级阶段同样存在失业问题。因此，1994 年中国政府将"城镇待业"指标改为"城镇失业"指标，但指标的含义及统计方法仍无实质性改变，失业人口仍以城镇失业人口计算。1995 年失业统计工作再次改进，大大缩小了我国失业统计与国际通行指标的距离，使我国的失业统计结果具有一定的实用价值。至此，人们对青少年失业问题的认识才开始走上"承认失业"和积极"降低失业"的正常化轨道，并于近年提出"新失业群体"这一概念。

"新失业群体"是清华大学社会学系的孙立平教授根据我国社会实际提出的概念。他说，"新失业群体"是相对于"老失业群体"而言的。②"老失业群体"是指国有企业和集体企业的失业下岗人员。随着这个群体的逐渐衰老和过世，"新失业群体"凸显出来。他们是城市里的年轻失业者，在高中、初中甚至更低学历毕业

---

① 张昆仑. 辨析"待业""下岗"与"失业"[J]. 青海民族大学学报（教育科学版），2007（2）：34.
② 转引自：苏萍. 当前失学无业青年教育问题及其对策研究 [D]. 南京：南京师范大学，2007：6.

后便加入了失业的行列。这部分人是最初几代独生子女，自小在家中受到呵护，接受的是应试教育，基本上不具备职业技能，在就业市场上没有什么优势可言。近年来，随着一批毕业就失业的大学生的加入，这个群体层次复杂起来。

相对于"新失业群体"，"社区青少年"这一概念应和了中国加快社区建设的步伐。在中国，发端于20世纪80年代中期的社区服务、21世纪初掀起高潮的社区建设运动，是一项由中央政府推动的基层管理体制改革。在这项改革中，核心是要形成一种自主、积极的参与精神，通过参与实现共同目标，享受共同创造的成果。这就要求将社区青少年视为一定的权利主体，以真正意义上的青少年参与为前提，并在此基础上建立青少年和成年人的合作伙伴关系，而不是把他们看作亟待救治的社会"痼疾"。

（二）社区青少年概念的国际参照

在西方，同上海市对社区青少年概念的认定比较接近的称谓是"NEET族"。英国和瑞典于20世纪80年代最早注意到了所谓的"NEET族"。在英国，对社区青少年已经使用的许多标签尝试从贬义转换到更具包容性的术语，其范围从"处于不利地位的"到"反叛的"再到"闲散的"。后两个标签提示，"问题"伴随着同社会规范不相符的那些个体。为了提升标签的含义，描述词变得越来越长，例如"在义务教育结束时处于失去就业、就学或培训机会的危险中的群体"——所谓的"NEET族（Not in Employment, Education or Training）"。①随着对青少年保护问题及其就业和经济独立的日益关注，再加上对社会福利和稳定性的关注，上述概念"处于危险中"看起来涵盖了处于受到主流排斥危险中的那些年轻人，其中"稳定性"可以通过就业、就学和培训获得。

一般而言，NEET族包括：长期失学者；辍学或处于辍学边缘的那些人（或者由于自身行为，或者由于学校对他们行为的反应）；具有情感、行为或健康问题的年轻人，这些问题影响其接受教育、培训或就业的能力；学习困难或身体残疾的年轻人；青少年犯罪者；无家可归的年轻人或药物成瘾者。这个清单还可以继续列举

---

① Hazel, L. R. Career Guidance for at Risk Young People: Constructing a Way Forward [C] // Athanasou, J. A., Esbroeck, R. V. (eds.). International Handbook of Career Guidance. Netherlands: Springer, 2008: 463.

下去。青少年被划入 NEET 族有诸多潜在的原因，包括个性品质、家庭环境和社区因素以及同课程、教学实践和同伴关系相关的学校因素。更广泛的原因有同社会阶级、种族划分、性别等相关的社会变量，这些变量虽然未必会导致他们处于社会边缘，但可能会导致他们遭到社会排斥。此外，NEET 族还包括被称作"积极的 NEET 族"（the positive NEET group）的子群体，主要是指出于个人选择或者其他一些事件进入 NEET 族的人。他们没有参加教育和培训，也没有承担工作，但是，他们乐于旅行，也经常做一些志愿者工作或者兼职工作。

　　西方学者对 NEET 族出现的原因进行了分析，很多学者认为 NEET 族的出现主要是教育方面的问题。他们也认为 NEET 族给社会稳定和发展带来严重的不良影响，有鉴于此，英国布莱尔首相执政以后还专门成立了一个名为"社会排斥组"（Social Exclusion Unit）的机构来解决 NEET 族的问题。日本专家指出，单纯的 NEET 族不会对一个社会构成威胁，但当它与人口老龄化、劳动力萎缩的问题交织在一起时，后果就相当严重。因此，NEET 族引起了日本社会的强烈关注，政府也采取了相关措施。从 2003 年 3 月起，日本在 16 个主要的城市建立了 NEET 族咨询中心，帮助青年人走出"NEET"困境。在 2005 年的年度预算中，针对 NEET 族和自由职业者，日本政府计划拨款 810 亿日元，帮助年轻人提高工作积极性。

　　从上海市对社区青少年的界定中可以看出，社区青少年与 NEET 族含义最为接近。事实上，社区青少年常常被称为"失学、失业、失管青少年"或"社区失学无业群体"。而且，以"社区青少年"取代原来的"社会青年""闲散青少年""问题青少年"或"不良青少年"等概念，也有提升标签含义的考虑，即试图体现人们对这一特殊群体的看法、工作内容、工作理念以及工作方式等方面的变化，以期对整个社区青少年工作的开展产生全面的积极影响。

　　（三）社区青少年的概念架构

　　从前述探讨可以看出，社区青少年概念不仅应和了中国加快社区建设步伐的现实，而且应和了国际青少年工作的新理念。但是，社区青少年并不单纯是一个人口统计实体，而是由许多亚群体组成。为了给社区青少年研究提供一个起点，还需要在历史视野和国际参照中对社区青少年的概念架构作一明确的界定。

　　2008 年 11 月至 2009 年 6 月，笔者借鉴扎根理论方法对上海市社区青少年的概念架构进行了探究。扎根理论研究①的目的不在于验证已有理论，而是主张从资料中发现和发展理论。它不是从已有理论演绎出的明确假设出发，而是由一个较宽泛的主题或研究问题开始，直接进入现场收集资料并同时分析，根据资料分析中显现的概念进行理论抽样，再收集相关的资料并进行分析和比较，如此循环往复，直至理论饱和而发展出与资料密切联系的理论。

在资料收集方法上，本项研究以小组焦点访谈为主，同时辅以现场观察以及文献法。在 2008 年 11 月至 2009 年 6 月间，共计进行 4 次访谈，受访者 14 人。每次访谈不少于 2 小时，并在允许的情况下对访谈全过程进行了录音。所有录音均被逐字逐句转化为书面文本且加以编码分析。

被访谈个案基本情况是：从年龄看，22 岁者 8 人，23 岁者 3 人，24 岁者 3 人，被访者年龄以 22 岁者居多；从性别看，女生 12 人，男生 2 人；从家庭地址看，上海市徐汇区、卢湾区、长宁区、松江区、奉贤区、青浦区各 1 人，上海市原闸北区、浦东区、宝山区、闵行区各 2 人；从教育经历看，高中毕业 8 人，综合高中或中专高中部毕业 2 人，中专毕业 4 人，其中除 1 人外，其余均参加过高考或三校生考试，但没有过大专线，且放弃到外地或高职就读；从工作经历②看，没有兼职经历的 4 人（包括积极找过工作但无兼职经历者），有兼职经历的或正式工作经历的 10 人；从父母的职业看，工人或职员 13 人，社区干部 4 人，司机 2 人，农民 2 人，项目经理或个体户 3 人，协保③或失业 2 人，家庭主妇 2 人，所有家庭均为独生子女家庭，其中重组家庭 1 例。

经过 4 次访谈共计 14 个个案，可以发现社区青少年内部结构的复杂性。社区青少年的概念架构至少包含以下三个维度。

一是发展任务维度，该维度内含年龄和性别因素。例如，埃里克森（E. H. Erikson）指出：18 岁以下的社区青少年仍处在青春期，他们属于未成年人或狭义的青少年，其

---

① 曾群．青年失业与人生转型 [J]．社会，2007（1）：143．

② 积极找过工作是指向中介和社区寻求过帮助。他们的兼职经历包括到麦当劳、一茶一座等做餐饮服务员，到贸易公司、广告公司做出纳或职员，到超市、卖场做促销员，到游泳馆做检票员，到健身房做舞蹈老师。所谓正式工作机会是指到工商银行做柜面人员，到药店做药师。

③ 上海协保人员是上海市在特定历史阶段为推进国有企业改革和产业结构调整，采取特殊分流安置办法产生的特殊就业困难群体。"协保"即"协议保留社会保险关系"。

核心问题是获得自我同一性，避免同一性的危机与混乱；18岁以上的社区青少年则处在成年早期，他们属于低龄成年人，其核心问题是获得亲密感，避免孤独感。

二是就业状态维度，包含无业状态和非正式就业状态。所谓非正式就业是指具有非正式的雇佣关系（自雇、无合同、无规范有效合同、临时雇用、随意决定工资等）、未进入政府征税和监管体系、就业性质和效果处于低层次和边缘地位的劳动就业。[①]

三是就学状态维度，包含失学状态和非正规就学状态。所谓非正规就学是指通过成人高等教育和成人中、初等教育实现的学历教育和各类技能培训。成人高等教育包括普通高校举办的函授部和夜大学、独立设置的成人学院、职工高等学校、农民高等学校、广播电视大学、网络学院以及高等教育自学考试等；成人中、初等教育包括各类成人中专学校、成人中学、农业广播电视学校、中专自学考试等。[②]

以上三个维度的不同组合可以产生至少8种社区青少年群体，例如，处于无业和失学状态的低龄成年人群，处于无业和非正规就学状态的低龄成年人群，处于非正式就业和非正规就学状态的低龄成年人群，等等。

通过维度二和维度三可以建立如下坐标系（见图11-1）。

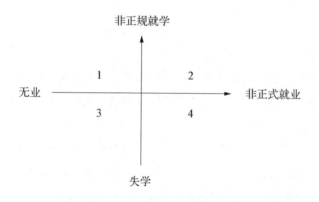

图11-1 社区青少年内部结构图

如图11-1所示，第3象限即处于无业和失学状态的未成年人或低龄成年人是狭义上的社区青少年；第1、2、4象限即处于非正式就业或非正规就学状态的未成

---

① 万向东. 农民工非正式就业的进入条件与效果 [J]. 管理世界，2008 (1)：63.

② 中国成人教育协会组. 中国成人教育改革发展三十年 [M]. 北京：高等教育出版社，2008：序言：Ⅲ.

年人或低龄成年人是广义上的社区青少年。

在上述坐标系中，单向箭头指示的是期望中的变化，最终期望实现的是正式就业和正规就学。正式就业是指进入正式用人机构，签订正式劳动合同，而且相对稳定（如一年以上）的就业；正规就学是指通过中、高等职业技术教育和普通高等教育实现的学历教育。

在现实中，上述维度中的每个维度都是一个可以双向转换的连续体。例如，在正规部门的劳动密集型企业和各种"苦、重、难、累、险、低、急、脏、差、贱"岗位上的正式就业者，存在从正式就业向非正式就业甚至是无业的流动。这一方面是基于他们在劳动力市场中的总体隔离和内部自由放任特征，另一方面，也是更重要的原因，还在于这是他们在市场和制度环境中的一种自由的，甚至效果还不算太差的"理性选择"，从而使他们找到了另一种生存机会。[①]而无业和各种非正式就业也存在向正式就业的流动，这是因为无业和非正式就业不被正式制度承认、支持，甚至受到程度不同的"污名化"，基本上处于政府监管和统计之外。

二、社区青少年的认同与体验

(一) 社区青少年的自我认同

鉴于自我认同的复杂性，本研究从三个维度进行了探索：一是角色认同，它是自我认同中涉及的一个社会群体的成员资格以及与之相关联的价值和情感意义的部分，例如"你以什么样的身份看待自己"；二是性别认同，着重于受访者的性别角色体验，例如"你想找什么样的男/女朋友"；三是社会比较，即发现同龄人在做些什么，以便进行自我评价，例如"社区里像你这样的人都在做些什么"。

首先，从社区青少年的角色认同叙述中可以发现，他们用来描述自我的概念是"小孩""学生"和"成人"。每个概念都有特殊的衡量标准，并且在衡量程度上有强弱之分。"小孩"的弱标准是"不用讲礼貌"，其背后是家庭模式，描述的是同父母或兄弟姐妹的亲昵关系；强标准是纯真、单纯，其背后是劳动力市场模式，描述的是相对于有竞争性的陌生成人的关系。"学生"的弱标准是"要讲礼貌"，其

---

① 万向东. 农民工非正式就业研究的回顾与展望 [J]. 中山大学学报 (哲学社会科学版)，2009 (1)：164.

背后是师生模式，描述的是师生关系；强标准是"上课、读书"，就是"做学生该做的事情"。"成人"的弱标准是"做家务"，其背后是家庭模式，描述的是成人在家庭里的角色；强标准是"赚钱""正式上班"，其背后是劳动力市场模式，描述的是成人在工作场所里的角色。

三个概念处在一个连续体上，其中"小孩"和"成人"构成了两个端点，"学生"处在中间。这些自我认同之间并不是不可逆的，而是相互沟通，甚至是复合性的，正如个案3-3①所言："你做得越多，你就越会发现你是小孩子。"

其次，从他们的性别认同叙述可以发现，"男人"一是"挣钱"或"有条件""有能力"买房，其背后是"有事业"或有正式的工作，二是"有责任心"；"女人"则是"做家务"、要打扮、有学历等。当然，也有例外出现，即有的女性个案采取的是"靠自己"而非"靠父母"的主动姿态。社区青少年的性别认同与他们的自我认同有一定的关联。在对"成人"的描述中，强标准更像是"男人"形象，弱标准更像是"女人"形象。在访谈中发现，不同性别的同伴交往存在巨大差异，即女性往往成为"宅女"，男性则有丰富的交往空间。

最后，从他们对同伴群体的叙述中可以发现，他们的发展任务是"找工作"或"找地方学习"。例如个案1-3谈道："在自己小区不大有闲在家里的，基本都是家里找的工作，要不和自己一样找地方学习。"

此外，"恋爱"也开始进入他们的生活。当对其中9位受访者问到是否有男/女朋友时，有4人回答正在谈恋爱，有4人回答"家里很多人都打算帮我去相亲"，只有1人回答"觉得结婚是30岁的事情，没考虑结婚谈男朋友，年纪还小"。

从社区青少年的自我认同表征可以发现，他们正处在一个人生转型的过渡时期，即从"没什么自己的想法"的小孩子转向"有自己的想法"的青少年。这种转型包含多个层面，如自我认知、家庭和社会角色体验等。其中，自我认知和角色体验之间的差异会带来一定的心理冲突，如个案4-2所感受到的"压力"。这种压力如果处理得好，有可能成为个体职业生涯发展过程中的创造性张力。

4-2：我觉得还是小孩子吧。现在自考的压力比较大，刚来的一两年根本

_____

① "3-3"是被访者编号，第一个数字是访谈次数编号，第二个数字是该次访谈中的被访者编号。下同。

都在玩嘛，现在有点压力，就觉得年纪大了，我再拿不出来实在对不起爸爸妈妈了。就一直在玩，也就过了，也就这样子，也没有……考得不是很好嘛，所以现在压力比较大，我还有这么多没考完，要继续考，因为我觉得还是小孩子。进到大学了，人家玩我也玩吧，就一起玩玩掉了，我到现在就觉得，哦，人家都要毕业了，我还在读书，而且还没有读完，我要好好读书，呵呵。我现在已经不想用爸爸妈妈的钱，我想就是靠自己，所以就好好读书，前面一两年已经玩掉了，要好好读书了。

从社会学的青年人生转型理论来看，社区青少年正处在由全日制教育和培训向劳动力市场中的全职工作转型（由上学到工作的转型）过程中，而且这一转型往往决定着其他方面的转型。由于从上学到工作转型的失败，他们将会缺乏足够的经济条件独自居住或结婚组建新的家庭，从而影响或延误他们向成人的转型。以上两种都与正常的青年人生转型模式不同，前者可称为"破裂的转型"（fractured transitions），后者可以成为"拖延的转型"（extended transitions）。①当然，青年个人未必是被动的或过度社会化的个体，这取决于外在的社会结构；青年个人亦可能对主流文化进行适应性调整或抵抗，因而形成多样的或者个体化的人生转型轨迹。

他们对"男人"和"女人"概念的描述基于家庭转型模式，即从原生家庭（主要是生物学意义上的家庭）到目标家庭的转型。值得注意的是，在社区青少年的自我认同中，他们更看重"成人"的经济功能和家庭维持功能，而缺乏对其社会功能的认知。同时，他们的性别认同比较传统，其背后是生存型家庭模式，他们有可能忽视了家庭的情感功能。

社区青少年的自我认同既源于所在家庭的类型及其管教方式，也源于社会比较过程。社会比较过程的要点是，发现另一个人的能力，以便我们可以推断我们自己的能力。②社区青少年进行社会比较的参照系往往是自己的同伴群体。诺尔斯曾从职业与事业、住宅与家庭生活、个人发展、享受闲暇、健康和社区生活六个领域详

---

① 曾群. 青年失业与人生转型 [J]. 社会，2007（1）：142.
② 鲁珀特·布朗. 群体过程 [M]. 胡鑫，庆小飞，译. 北京：中国轻工业出版社，2007：221.

尽地列出了美国人成年早期的生活问题，[1] 对从多方面揭示社区青少年的发展任务具有启发意义。

值得一提的是，有几位女性个案，当她们描述社区内像他们一样的同龄人时，要么是中性的反应，如"关注的不多"或"不大有闲在家里的，基本都是家里找的工作，要不和自己一样找地方学习"；要么是消极的反应，如"在网吧颓废了，再后来就犯罪了""一天到晚放歌的……人家说他，他也不睬的"。这些女性个案似乎更喜欢向下而不是向上比较。如果说向下比较对受威胁的人们能够有表面的自尊增强（至少我的情况没有他们那么坏），而向上比较能够提供自我进步的希望和前景（我有一天也可以像他们那样），[2] 那么对这些女性个案反应的一个合理解释是，她们这样做的主要动机是保护受到威胁的自尊。

（二）社区青少年的职业认同

社区青少年的职业认同叙述涉及职业理想和定位、职业动机、求职策略等。从职业理想定位上看，是"稳定的好工作""正式的工作"。具体来说，从工作目标上看是"养活自己"和照顾家庭，从工资上看在 2 000～3 000 元之间，从工作岗位上看，包括公务员、会计、教师（幼儿教师）、律师、营养师等，这些岗位大多是传统职业，有的是计划经济时代的"铁饭碗"。

从职业动机看，既有外部影响，如家庭希望和职业比较，也有内部需求。这些动力性因素经常会相互影响，共同发挥作用。例如 4-1："我将来要做个幼儿教师。选择学前教育最主要的原因是家里希望我做这行，我觉得现在我们选择职业受家里父母影响还是蛮大的。父亲希望我做老师，可能觉得学前教育的压力比较小一点。父亲认为这个职业挺好的，我自己也对它感兴趣。"

从求职策略看，主要是"靠自己"和"托关系"两种策略。就"靠自己"而言，是指不断提升自身的人力资本竞争力，如提高学历层次，拿到有关证书，在此基础上"到社会上去试一下"。例如 2-2："之所以考那么多证，是因为我不想靠父母，我准备靠自己，因为父母是农民。"就"托关系"而言，是指"靠父母"及自

---

[1] Knowles, M. S. The Adult Learner: A Neglected Species (4th ed.) [M]. Texas: Gulf Publishing Company, 1990: 143-145.

[2] 曾群. 青年失业与人生转型 [J]. 社会, 2007 (1): 149—150.

身的社会资本。例如3-1："以后要是能考公务员就去考个公务员，我妈说考上公务员就帮我去想想办法。"

从社区青少年的同伴群体叙述中可以发现，不同性别的同伴交往存在巨大差异，即女性往往成为"宅女"，男性则不同，如一位男性个案更多地从社会资本的角度来看待友谊关系，他根据社会资本的强弱把自己的交往圈区分为中心层和边缘层：

> 我和中专同学没什么联系，怎么说呢，第一，当时的情况是我大部分时间都去打工，没有建立起多少朋友关系；第二，中专同学对我有用的没有多少。刚刚说没有经历过高中的遗憾，我并不是说在知识结构上的一个遗憾，我遗憾的是损失了高中的人际关系网。也不是高中同学有多好，你想在花季的年纪，大家在那种气氛下，共同培养出来的感情和中专……我只是打个比喻，我只是想说这两朵花长得不一样，不是说高中就是温室里的，我是指在那种大气氛下大家培养出来的那种感情。再包括以后，因为你知道高中的朋友，相对来说，比中专的以后的层次要高，这点你得承认对吧？以这个感情为基础的情况下，这是无形的资产，等你进了大学以后，他们那些资产还在。你看现在还有好多高中聚会，但没有中专聚会，我们中专没有。我之前也有中专的好朋友，我和他们也有联系。他们工作了几年，是我现在几个相对来说比较好的朋友。他们没有像其他中专生那样只顾玩，而是好好读书，然后出来工作。他们现在的状态就是已经工作了三四年，然后意识到学历的问题了，就去读成人学校，他们的工资呢，就在2 000元左右徘徊，所做的工作呢就是药厂药店啊等之类的，就是这样子。他们是我的朋友，但是对我以后的人际网的话，帮助不大，属于边上的，所以我现在在找初中同学。

通过对上述职业认同表征的解读可以发现，首先，社区青少年的求职现实和职业理想之间有一定的距离。如前所述，他们的兼职经历包括到麦当劳、一茶一座等做餐饮服务员，到贸易公司、广告公司做出纳或职员，到超市、卖场做促销员，到游泳馆做检票员，到健身房做舞蹈老师。这些显然属于二级劳动力市场，而他们的职业理想则趋向于一级劳动力市场。根据二元劳动力市场理论（该理论将劳动力市场分为一级市场和二级市场），一级市场的特征是工资较高、工作条件优越、就业稳定、安全性好、管理过程规范、升迁机会多；二级市场正好相反，工资较低、工作条件差、就业不稳定、没有升迁机会。[①]一般来说，一级劳动力市场的求职者不愿意光顾二级劳动力市场，而二级劳动力市场的求职者根本无法进入一级劳动力市场。

当他们无法进入一级劳动力市场时，要么心甘情愿地待在二级劳动力市场，要么"自愿性失业"，要么通过各种渠道为进入一级劳动力市场挣扎，否则他们就有可能变得不满和具有反抗精神。运用相对剥夺理论[②]对此可以作出合理的解释。该理论的核心观念是，当人们感知到他们当前享受的生活水准与他们认为他们应当享受的生活水准之间的不一致时，人们就开始变得不满和具有反抗精神。获得与期望之间的差距或"相对剥夺"，正是集体暴力的原动力。在二元劳动力市场客观存在的前提下，相对剥夺与其说是人们感知到的物质产品分配上的不公，不如说是感到裁决和分配物质产品方式的不公。这就要求政府在规范劳动力市场的过程中不仅要注意到分配正义，而且要认真对待程序正义。

其次，从他们的自身努力看，社区青少年主要是为获取迈进一级劳动力市场的任职条件而挣扎。这些条件包括学历文凭和资格证书。显然，学历文凭是第一位的，在高中和中专基础上，至少要提高到大专和本科学历。在提升学历时，他们也会考虑到学校声誉和专业前景。因为高考失利和失去接受正规高等教育的机会，他们提升学历的渠道只有自考、成人考试和电视大学等非正规教育。有了高等教育学历，才会有接近某些理想职业的机会。为了获得这些理想职业，他们还需拿到各种资格证书。

布劳（P. M. Blau）和邓肯（O. D. Duncan）在《美国职业结构》一书中使用了路径分析等统计方法，集中探讨在美国社会中个人的"先赋性因素"（ascriptive factors，主要指与个人出身背景有关的各种因素）和"后致性因素"（achievemental factors，主要指通过个人后天努力获得的个人特征）对其职业地位获得的影响。他们的研究结论是：在现代工业社会中，影响个人职业地位获得的将主要是个人的受教育水平等后致性因素，而诸如父亲的受教育水平和职业地位等先赋性因素的作用将越来越小。[③]运用这一结论可以对社区青少年

---

① 王会永. 中国现阶段失业问题的成因分析及对策研究［D］. 广州：华南师范大学，2007：9—10.
② 鲁珀特·布朗. 群体过程［M］. 胡鑫，庆小飞，译. 北京：中国轻工业出版社，2007：54.
③ 赵延东. 下岗职工的社会资本与再就业［D］. 北京：中国社会科学院研究生院，2001：5.

的求职历程作出合理的解释。

与上述结论相一致，人力资本论观点认为，青年失业的主要原因是青年个体缺乏就业所需的技能和知识，所以改变这种状况的主要策略是采用青年训练课程和改革人才培养模式。经济学家托宾（J. Tobin）在阐述人力政策的意义时十分赞赏人力资本理论的观点，认为"人力资本的研究者令人信服地论证了挣钱能力，即实实在在能转移的挣钱能力，取决于经验以及正式的教育"。①人力资本投资最主要的项目是教育和职业培训。

但是，人力资本投资是治理结构性失业的重要对策，而用结构性失业来解释社区青少年的求职经历可能并不合适。在千军万马挤向一级劳动力市场的潮起潮落之中，值得警惕的则是知识型失业（educated unemployment）问题。②知识型失业是指受过较高程度教育的知识劳动力处于不得其用的状态。知识型失业的主体是具备一定知识和专业技能的知识劳动者。知识型失业可能表现为公开失业（狭义的失业），即劳动力有工作能力和工作意愿，但无工作机会；也可能表现为隐性失业（非公开失业），如就业不足、人才过度浪费和教育过度等现象，是知识资源没有得到有效与合理配置的具体表现。

最后，格拉诺维特（M. Granovetter）指出，个人的求职行动，正如其他经济活动，是深深地"嵌入"社会关系网络之中的，决非经济学家们所假设的完全依赖于一个"完全竞争的劳动力市场"来实现。因此，他主张应将研究重点放在个人的社会网络和社会资本对其求职过程的影响上，③ 并提出著名的"弱关系的力量"（the strength of weak ties）假设。④他认为，在个人的网络关系中，能够提供有重要意义的信息和帮助的关系并不是那些亲密或熟悉的人（强关系），而是那些关系较疏远的人（弱关系）。他的解释是，强关系代表着同质性，在同质性强的网络中，流动的信息有较大的重复性和冗余度，故对个人的帮助不大；而弱关系对应的是异质性，它可以在不同社会群体之间起到"关系桥"的作用，为个体提供更丰富、更

---

① 詹姆斯·托宾. 通货膨胀与失业［C］. 商务印书馆编辑部. 现代国外经济学论文选（第一辑）. 北京：商务印书馆，1979：285.

② 柳凤霞. 我国知识失业的研究［D］. 武汉：华中科技大学，2006：4—5.

③ 同上：10.

④ 转引自：赵延东. 下岗职工的社会资本与再就业［D］. 北京：中国社会科学院研究生院，2001：7.

有价值的信息。

社区青少年的求职过程也不例外，其中家庭似乎起着更为根本的作用，正如个案1-3所言，"基本都是家里找的工作"。只有一位男性个案特别看重以前的"初中同学"，并且典型地体现着社会资源理论。该理论认为，信息和资源的分布不是随机的，而是按社会等级排列的。因此，处于结构中较高地位者就拥有更多的信息和资源。在这个意义上，强关系对应于同等级内部的人际联系，由于大家拥有的资源类似，其帮助不大。弱关系对应于不同等级间的人际联系，其中向下的弱关系也是没有意义的，只有向上的弱关系，也就是与比自己地位高的人之间的联系才能给个体带来更多的、更丰富的资源。

社区青少年交往面较窄的事实似乎既有合理性，属理性选择或失业剥夺的结果，也有潜在的形成"恶性循环"的可能性。格拉诺维特的"弱关系的力量"假设为理解社区青少年不在社区内部建构交往圈提供了一个合理的解释，即社区内熟人或同龄人大多属于一种强关系，对社区青少年的生涯发展并无多大帮助。

另一种合理的解释是失业剥夺理论。有关失业对失业者社会关系影响的研究可以追溯至20世纪30年代。综合各种研究，可以得出三个基本结论。[①]第一，失业对社会关系数量方面的影响。20世纪30年代的研究发现，失业者的社会交往数量明显减少。但近期的研究发现，失业者与就业者在社会交往数量方面的差异并不大。第二，失业对社会关系结构方面的影响。失业者（尤其是女性失业者）参与的社会活动多以家庭为活动场所，并且交往对象亦多是失业者，这种现象被称为社会分割（social segregation）或社会孤立（social isolation）。第三，失业对社会关系质量方面的影响。由于社会分割或社会孤立的原因，失业者获得的有效社会支持不多。

这种社区社会资本的下降或弱化也可能形成了"恶性循环"：[②]一方面，待业青年人的社会关系所拥有的社会资本比较少，他们的社会联系也比较少，待业弱化了他们的社会资本，使他们难于进入劳动力市场；另一方面，待业青年及其家庭收入少，没有多余的开支参与社会活动，再加上弱势群体可能面对社会的歧视及排斥，他们较

---

① 曾群，陆景丽. 青年失业与社会关系排斥风险 [J]. 青年研究，2006 (6)：20—21.
② 钟兴言. 在社区中重建待业青年的社会资本——基于一个中观社会学的视角 [J]. 职业，2007 (27)：52.

难与其他群体接触及联络，长期处于封闭及同质的网络中，很难获取其他优质的社会资本。

(三) 社区青少年的家庭与社区空间体验

从社区青少年的空间叙述中可以发现，他们对社区的典型态度是"不相信"(1-1、1-2、1-3、1-4、2-3、3-1、3-2、3-3、4-1、4-2)。一种原因是"他们表面上和实际上很不一样"(1-1、1-2)；更多的原因是"让办劳动手册"(1-2、1-3、3-2、3-3、4-1)或"只是让我过去培训一下，也不给介绍工作"(1-1、1-2)，或者"介绍工资很低很低的工作"(2-3、3-1)。总之，社区资源并不能在社区青少年的职业流动中起到上升流动的作用。

从这些叙述中可以看出，他们的家庭空间和社区空间分别具有不同的性质，并且这两种空间具有特定的互动模式。家庭空间是他们的私人空间，是他们的归宿，他们可以在这里休息；社区空间只是他们的临时立足点，没有太多的意义。

在社区青少年的家庭—社区空间互动中，家庭为他们营造了一个保护性空间，而社区呈现的更多的是一种敌对关系。换言之，在"社区"和"青少年"之间存在一簇刻板印象丛：在"社区"眼里，这群"青少年"是"失业""待业"或"社会"人员(1-1、2-3、3-1)；在这群"青少年"眼里，"社区"是一种陌生的异己力量。

社区青少年的家庭—社区空间互动模式同他们的家庭资源和自我认同缠绕在一起，共同发挥作用。独生子女家庭结构也许会强化家庭的保护性功能，角色和性别认同则会进一步强化或削弱这一保护性空间的边界。其中，学生角色和女性性别认同强化了家庭的保护性功能，成人角色和男性性别认同则弱化了家庭的保护性功能。

这些认同背后隐藏的是社区青少年的自尊心和心理防御机制，家庭有意无意地构成了他们的一道心理防线。之所以说这些认同背后存在心理防御机制，是因为从社区青少年的社区资源叙述中可以发现一种显著的认同断裂：一方面是家庭和青少年自己把社区青少年角色定位为"学生"(1-1、1-2、2-1、2-3)，另一方面是社区把他们定位为"失业""待业"或"社会"人员。

显然，在"社区"和"青少年"之间存在复杂的互动。"社区"和"青少年"

之间的相互隔膜和信息不对称有其合理性。一方面，从社区角度看，"千条线，一根针"，社区服务机构自身存在难处；另一方面，青少年在发现社区资源不能有助于其体面就业和上升流动时也作出了理性的避让。社区意识的淡薄也许同人们的居住结构有关：社区内缺少公共空间；客厅大了，室内活动多了，而室外活动少了；防盗门的普遍安装增加了邻里之间的距离感。社区意识的淡薄也同社会大环境息息相关。

虽然具体的社区意识淡薄，但是"上海"这一大社区观念十分显著。"上海"这一大社区观念既有其社会经济背景，又包蕴着丰富的文化心理资源。我们认为，具体的社区意识的淡薄不应该被看作一种社区发展终极形态，而应该被看作一种社区发展初始状态，从而蕴含着社区发展的广阔空间。

三、对社区青少年生涯指导与教育的建议

首先，社区青少年生涯指导与教育者应对社区青少年的角色冲突、角色干涉和角色紊乱保持敏感。

从前述探讨可以发现，社区青少年的主导性角色是"小孩""学生"和"成人"，其生活涵盖了家庭、学校、社区和劳动力市场等多元空间。根据苏伯尔（D. E. Super）的生涯指导理论，[①] 任何时刻的生活都是一个角色集合，诸如孩子、学生、休闲者、公民、工人、父母和主妇等，而且随着其生活阶段的改变，个体的主导性生活角色就会改变。在每一个特定时刻，两个或三个角色会处在更加中心的位置，而其他角色会处在边缘位置，而生活就是一个人在不同情境或文化"舞台"（包括家庭、社区、学校和工作场所）和特定时刻所扮演的不同生活角色的组合。当个体无力处理同自身的多重角色相关的需求时，就会出现角色冲突、角色干涉和角色紊乱。

第二，社区青少年生涯指导与教育者应重视社区青少年生涯发展的特殊任务。

苏伯尔提出了一个生涯发展框架，包括成长、探索、建立、维持（或管理）和

---

① Leung, S. A. The Big Five Career Theories［C］// Athanasou, J. A., Esbroeck, R. V.（eds.）. International Handbook of Career Guidance. Netherlands: Springer, 2008: 120 - 121.

退出。在每一个阶段，一个人必须成功地完成社会对特定年龄阶段的人所期待完成的职业发展任务。例如，在探索阶段，青少年必须处理有关定型（包含对个人兴趣、技能和价值的理解的认知过程，并追寻同那种理解一致的生涯目标）、具体化（作出试探性的和具体的生涯选择）和执行（采取行动将生涯选择付诸实践）的职业发展任务。"生涯成熟"概念被用来表示个人能够完成每一发展阶段所要求的职业发展任务的程度。

第三，社区青少年生涯指导与教育者应反思社区刻板印象丛，着力提高青少年参与质量。

"刻板印象"是由李普曼（W. Lippmann）从印刷工业中挪用过来的，他将刻板印象描述为再生产心理映像的认知模具，即他所称的"我们头脑中的画面"。刻板印象会以多种方式影响社会判断，例如它们使感知者对有关群体（或群体成员）的期望存在偏差，而那些被刻板化的人也倾向于对自己所受的待遇作出反应，并可能强化最初激发他们反应的那种刻板印象。

不同群体的成员以不同方式进行接触是减少可能存在于他们之间的任何紧张或敌意的最好方法，① 这就要求将青少年视为一定的权利主体，以真正意义上的青少年参与为前提，并在此基础上建立青少年和成年人的合作伙伴关系。当代青少年发展理论所提出的青少年参与主题，以及围绕这一主题所开展的理论探索，其诉求的核心价值，就在于凸显青少年在社会化过程中的主体地位，并将其作为各类青少年社会支持实践的指导性概念。②

需要注意的是，对社区青少年进行生涯指导并非解决问题的唯一出路。在社区教育方面，还应关注社区意识培育、青少年参与策略和社区学习情境营造等。此外，在二元劳动力市场客观存在的前提下，政府更应注意规范二级劳动力市场，提升劳动者的就业质量，尤其是改善那些处于不利地位的劳动者群体的就业环境和劳动条件。

---

① 鲁珀特·布朗. 群体过程 [M]. 胡鑫，庆小飞，译. 北京：中国轻工业出版社，2007：221.
② 卢德平. 论青少年参与理论与案主优势视角的关联 [J]. 中国青年研究，2007（10）：61.

第十二章
社区教育的国际比较

一、社区教育国际比较的方法问题

国际比较是社区教育研究的基本工具。迄今为止，国内研究者的社区教育比较研究涉及美国、日本、英国、德国、加拿大、澳大利亚、丹麦、瑞典、冰岛、挪威、芬兰、菲律宾等众多发达国家和发展中国家，为我国今后如何发展社区教育提供了经验与借鉴。

综观已有的研究成果，可以发现存在两种比较研究的取向：① 描述取向，关注的是对各主要国家某一或某些方面的概述，这种取向把不同国家的信息聚合在一起，但缺少同一基础将彼此联系起来；② 分析取向，关注的是在功能上同等的分析单元，这种取向从适用于各主要国家的共同概念出发，将跨国界的经验材料连接起来。显然，两种取向并非相互对立，而是密不可分的。

本章在这两种取向之间采取中间路线，① 具体包含如下六个步骤。

1. 研究问题和理论的选择

本章要回答的问题包括：为什么各国将社区教育提上发展日程？在这些国家中，社区教育同社区发展问题的关联状态是怎样的？那些同社区发展问题联系密切的社区教育活动是如何运行的？从中可以获得哪些结论和启示？

为找到这些问题的答案，我们转向教育学、社会学和政治学，如进步主义教育理论、现代化理论、社区发展理论，借此形成对相关问题的初步假设。例如，在有关现代社区教育发展动力上，可以形成如下初步认识，即现代社区教育有多个源头：一是时代的因素，现代性与启蒙运动密切关联，现代精神就是启蒙运动的精神；二是教育的因素，现代教育离不开现代性，现代教育的精神和驱动力就是启蒙和理性；三是社区发展的因素，这是一个虽然晚近，却更为直接的因素。这几个因素的缠绕构成了现代社区教育的发展动力。

2. 国家的选择

有两种选择国家的方法，即最相似系统设计（a most similar systems design）和最相异系统设计（a most different systems design）。最相似系统设计要求：① 大量的控制变量（相似点）；② 少量的自变量（不同点）；③ 少量的，最好只有一个因变量（不同点）。最相异系统设计需要：① 一大组的控制变量（不同点）；② 一小组的自变量（相似点）；③ 一小组的因变量（相似点）。根据最相似系统设计的要求，应该选择那些同中国城市社区拥有许多相同点的国家，如东亚、南亚和东南亚国家；根据最相异系统设计，应该选择同中国城市社区拥有许多差异的国家，如美国、加拿大、北欧诸国等西方发达国家。本章选取美国、加拿大、北欧诸国等西方发达国家进行比较。但是，这一步骤看起来容易，实际做起来还是很难的，本章最后部分会对此作出反思。

3. 时间段的选择

社区教育同社区发展直接相关，因此对社区教育国际比较时间段的选择离不开对社区发展运动之演变的认识。"社区发展"一词在第二次世界大战以后才广为应

---

① 参见：扎哈里亚迪斯. 比较政治学：理论、案例与方法 [M]. 宁骚，等，译. 北京：北京大学出版社，2008：21—26.

用。它原指农业社会的乡村社区调动社区民间资源，运用社区自助力量，以解决贫穷、无知、失业等问题，改善社区居民生活的一种构想和措施。在 20 世纪 60 年代，"社区发展"这个术语逐渐应用于美国和英国主要在城市地区开展的项目。在城市地区，贫困和社会病被认为比较集中，这些项目一方面意在提供实际福利，诸如改进的社会服务、更加合适的职业培训、法律援助、低廉住房，以及更多的工作岗位，另一方面意在借此提高社区的凝聚力。

相应地，本章围绕国际上社区发展运动蓬勃开展以来的社区教育活动进行比较研究，将时间段选定为"二战"以后，尤其是 20 世纪 60 年代至今这一时间段。

4. 分析技术与资料搜集

本章运用了文献研究、专家咨询和实地调研等资料搜集方法，其中最有特色的是实地调研。笔者曾于 2009 年在丹麦进行为期三个月学的访学，对哥本哈根和罗斯基勒市社区教育机构进行了实地考察，并对相关研究者和教师进行了录音访谈，撰写了一系列现场笔记；在此期间，还对挪威奥斯陆和阿斯科的社区教育人员进行了走访。

通过实地调研，笔者直观感受到异域社区教育的丰富多样，所得到的震撼是阅读文献无法相比的。例如在丹麦哥本哈根和罗斯基勒市，可以发现其社区教育场所有四类：一是公园、休闲场所；二是博物馆、图书馆、剧院、音乐厅；三是教堂、政府机构；四是成人学校和社区学习中心。第一类是休闲类，跟日常生活比较贴近，尤其是公园，都是开放式的，就像居民的后花园。第二类是文化艺术类，跟日常生活稍远，但是又比第三类更具有可选择性。第三类是政治、宗教类，在可选择性、跟日常生活情境的差异上，都同前两类有很大的区别。第四类是丹麦的社区学校、民众学院和社区学习中心，对此后文会加以讨论。

5. 经验调查（内部分析）

在这一步骤中，理论要经受实践的检验。内部分析聚焦于国家内部进程，并被用于考察跨国层面的现象或获取因变量的更多变化。本章第二部分集中阐述相关的经验调查和分析。

6. 理论的再次系统阐述和得出结论

结论是讨论有关研究中经验材料的各种问题，这是本章最后一部分的主题。

二、西方发达国家社区教育与社区发展概述

(一) 美国社区教育与社区发展概述

美国是社区教育历史较长和发达的国度。美国社区教育协会（the National Community Education Association，简称 NCEA）作为一个非营利组织，于 1966 年在密歇根州的弗林特成立。最初成立时，该协会名为"美国社区学校教育协会"（National Community School Education Association）。1978 年，该协会改为现名，并将总部迁到华盛顿。该协会由一个 14 人组成的委员会主管，其中 12 人通过选举产生，2 人由委员会指定。美国社区教育协会的宗旨是启迪、培训其成员，使之能够成为社区教育领导者和倡导者。该协会开展的工作包括国家和地区培训会议和专题研讨会，提供同伴支持和建立网络的机会、信息和咨询服务，专业期刊和出版事宜，以及国家、州和地方层面的社区教育合作。协会成员包括地方学区的社区教育负责人或协调者、学校监管人、州教育厅管理者、学院和大学的教育研究教授、社区学院管理者、州和地方学校董事会和咨询委员会成员、州立法委员。

通过网络搜索，我们还发现多个州层面的社区教育协会，如俄勒冈州社区教育协会（Oregon Community Education Association）、明尼苏达州社区教育协会（Minnesota Community Education Association）、亚拉巴马州社区教育协会（Alabama Community Education Association）等。其中，俄勒冈州社区教育协会成立于 1973 年，其宗旨是强化学校和学院中的社区教育课程，推动终身学习，学校社工、顾问和青年服务学习，以及公共参与学校和社区规划。明尼苏达州社区教育协会成立于 1974 年，由 1 400 个成员组成，包括社区教育指导者、教职员、课程协调员、教师、咨询委员会成员和社区成员。该协会向其成员提供的服务包括立法游说和研究、社区教育资源提供、专业发展机会、职位招聘、法律服务、季度简报和奖金发放。

美国社区教育的重要基地和特色是社区学院，这也是美国历史最为悠久的社区学校模型。社区学院提供社区教育，在行政组织方面有以下六种不同形式。①

---

① 参见：毛澹然．美国社区学院 [M]．北京：高等教育出版社，1989：85—86．

一是学院内的系科推广模式（the departmental extension pattern）。在这种组织形式下，社区教育服务课程分布在学院各系科中，并由这些系科负责实施，例如有关体育文娱的课程由体育系负责。

二是学院集中管理模式（the college centralized pattern）。学院设立专职的社区服务教职人员，一方面负责评估社区的需求，另一方面负责协调各种课程。这些教职人员分布在不同的系科和部门。

三是社区负责组织的社区专家模式（community specialist model）。在这种模式下，社区教育的教职人员分布在社区而不是校园内。由当地社区设立专门机构，配备专职的行政人员，直接受当地社区领导，社区学院在教学方面给予配合。

四是社区咨询委员会（community advisory committees）和社区咨询小组（community advisory groups）模式。在这种模式下，社区教育由这两种咨询机构负责。社区咨询委员会是半常设性的机构，由学院的一位教职人员从中协调。社区咨询小组的成员主要处理一些重大的决定性的问题。

五是学院分部模式（the college affiliate pattern）。许多社区学院在校外组织了独立的社区教育行政组织，如"开放学园"（Open Campus）、校外学习中心、推广学习所等。这些专门负责社区教育的组织一般融非学分课程、远程教育、其他有关的社区教育活动于一体，通常有自己的教职人员、自己的预算和自己的经费来源。

六是由社区学院与当地的政府机构、教育机构、俱乐部和私人企业等单位合作，联合创办各种社会教育项目。

在第三、第四两种模式中，社区教育的主办者不是社区学院，但社区学院同样在其中发挥着重要的作用。最后一种形式比较普遍，根据美国社区和初级学院协会终身教育政策部（AACJC's Policies for Lifelong Education）于1978年的调查，全美约有1万项合办的社区教育项目，参加的学员达150万人。

美国社区学院社区教育的发展①同社区发展问题息息相关。美国社区学院社区教育始于20世纪20年代末30年代初的经济大萧条时期。这一时期，许多初级学

---

① 有关美国社区学院社区教育职能的发展历程，参见：万秀兰. 美国社区学院的改革与发展 [M]. 北京：人民教育出版社，2003：175—184.

院根据所在社区和当地政府的要求，为失业工人举办各种形式的短期实用技术培训班，开设了汽车维修、装潢、饮食服务等大批实用课程。这是在转学教育（类似于国内的专升本教育）和职业教育这些学位课程之外开设的非学位教育。它是一种非学历教育，属于继续教育范畴。太平洋战争爆发后，初级学院迎来了社区教育发展的第二个小高潮。因为一方面，大批高中毕业生奔赴欧洲和太平洋地区作战，初级学院传统的生源减少，急于找到新的生源；另一方面，顶替在前线作战的男人而走上工作岗位的大批妇女，缺乏工作所需的起码的文化水平和必要的技能。所以，初级学院为这些妇女开设了普通文化课程补习班、短期职业技术培训班。这样，初级学院在职业培训之后又开始了补习教育，继续教育和社区服务的形式走向多样化。

社区教育牢固地成为社区学院三大教育职责之一是 20 世纪 50 年代以后的事情。从杰西·博格（J. P. Bogue）在 20 世纪 50 年代使"社区学院"概念流行起来开始，美国社区学院和初级学院协会（AACJC）的领导人都积极支持社区教育。1974 年，美国社区学院和初级学院协会开始在该协会每年出版的《社区、初级和技术学院指南》上将接受社区教育的学员单独作为一个项目加以统计。在"社区学院"的名称中，1958—1981 年一直担任该协会主席的小格利泽（E. J. Jr. Gleazer）强调"社区"胜过"学院"。在他看来，社区学院是为个体终身所用的一种资源，也是普通大众用来参加解决社区问题的资源。小格利泽的一个主要论点是："唯独社区学院有资格成为社区学习系统的连接机构，使组织和教育功能结合成一个复合物，足以反映社区人口的学习需求。"他认为社区学院通过本校常在社区其他机构学习的学生和工作的教师员工，能够发挥连接者（connector）的作用；会成为所有社区组织提供学习活动的桥梁。"这些组织包括广播站和电视台、报纸、图书馆、博物馆、中小学校、学院、剧院、公园、管弦乐队、舞蹈小组、工会和俱乐部。"

美国总统高教委员会建议将"社区学院"这一名称运用于那些"被安排为主要服务于当地社区教育需要的学院"。该委员会的委员们心中持这样一个观点，社区学院是"人民的学院"，"至少在原则上是被安排为当地全部人口服务的学院"。社区学院的目的"应是为整个社区提供教育服务，这一目标要求它们具有多种职责和计划。当然社区学院要向社区青少年提供学院教育，要扫除影响教育机会均等的地理和经济障碍，并且要以最低的价格和最简单的录取方法来发现和发展个人的才智。此外，社区学院还要成为活跃的成人教育中心，努力满足整个社区对中学以后学校教育的需要"。

社区学院未来委员会 1988 年《建设社区》报告的发表，使这种支持达到高峰。社区学院未来委员会建议将社区学院建设成为社区生活的中心。该报告的卷首语写道："'社区'一词不仅应该确定为一个将要服务的地区，而且应该确定为一种将要创造的社会环境。"报告的 77 条建议中有许多建议都以这一思想为前提。该报告第 35 页的一段话反映了该委员会将社区学院的任务看得很广泛，又将它同社区服务联系得很紧密："社区学院最好能成为一个解决成人文盲或残疾人教育问题的中心。它可以是一种场所，在这里教育界和商业界领导人共同探讨失业工人的问题。它可以将不同机构联合起来，加强为少数民族、职场妇女、单亲父母以及未婚的十几岁父母提供的服务。它可以协调解决提供日间看护、交通和财政资助的问题。社区学院可以牵头制定社区发展的长远规划。而且它还可以在改善城市生活质量过程中扮演中心角色。"

相对于转学教育、职业教育、发展教育而言，社区教育是社区学院最后产生的一种职责，也是发展最为强劲的一项功能。社区教育的支持者主张社区学院应通过社区教育达到传统高等教育所不能达到的高尚目的。这种高尚的目的便是社区教育的存在基础和内在逻辑，它们主要表现在下列四个方面。

第一，社区教育使社区学院能服务于全体人民，体现广大人民接受高等教育的民主权利。社区教育是最先冲击到社区学院的高等学校门户开放政策和平等主义浪潮的自然延伸。

第二，改变社区的精神和道德面貌。要实现这一理想，发展社区意识是目标。社区学院着力培养居民的社区自豪感。它们主持的一些活动都加强了区域内居民的社区意识；它们对娱乐性课程和帮助个人的讨论会的规划、教学和参与，都培养和促进了社区精神。以此类推，将人联络在一起的任何活动——卫生健康大讨论、老人日、个人爱好课程或学院赞助的国外旅行，都能加强居民的社区精神。

第三，扩大或至少保持学院的现有规模。这也是社区学院开展社区教育的一个动机，这一动机虽然不太高尚，但非常普遍地存在。对社区学院来说，学生数量下降是令人痛苦的。学院院长只要仔细地查看人口报表，考虑本地区的竞争对手，研究本学院课程的潜在市场，就会关注学生的来源问题。20世纪80年代18岁人口数量下降时，年龄较大学生的入学使得社区学院避免了学生数量的严重下滑。许多社区教育，无论从它们所提供的活动来看，还是从传统的学院课程来看，都充当着交易的工具。经验学分的授予是个最好的例子。

第四，减轻人们在其他领域失败或处于不利地位带来的心理负担。20世纪50—60年代，人们广泛地认为社区学院是使穷人提升社会经济地位的阶梯，能使在普通学校学习中失败的人具有履行公民责任的能力和读写能力。学院的发言人还承诺为那些能力较差和收入较低的学生开辟一条通向学士学位的通道。

20世纪70年代后期，尼耿斯（J. M. Nickens）曾对佛罗里达州10所社区学院参加社区教育的4 631名学员进行调查，对他们的学习目的归纳如下：学习某种运动技能；增进完成公民职责的能力；为安排退休后的生活作准备；增进阅读能力；了解不同的生活方式并获得应付各种生活方式的知识；解决戒酒或戒毒问题；增进财务规划的能力；增进选购消费品的能力；学会家庭规划；学习如何应付家庭中的大变化（例如孩子诞生、家人死亡、婚嫁、离婚、失业和职位提升等）；培养某种爱好；提高个人的文化素养和与人交往的能力；学习如何参加各种俱乐部和团体组织并成为得力的会员；学习保健知识；学习如何持家；增进社区中各民族之间的交往和了解；学习文化遗产；增加就业机会；学习如何写履历和面谈等找工作的本领；学习教学方法和处理特殊的教学问题的方法；作为在职进修计划的一部分，等等。

一般来说，社区学院的社区教育包括成人教育、继续教育以及各种形式的社区服务。参加社区教育的人通常年龄较大，超过18~21岁的传统学员年龄。他们的学历多种多样，许多人已经大学毕业，甚至有研究生学位，但更多的人是没有高中文凭的。他们所追求的通常只是短期目标而不是学分或学位。与此相应，社区教育有的课程给学分，有的课程不给学分。学习期限可长可短，多则几年，少则几天，甚至只有1小时。

实际上，由于涉及资金来源问题，人们倾向于将社区教育同社区学院的其他职责截然分开。社区教育活动的资金更可能依靠自己解决，完全通过学费或由学院开展约定服务的对象机构所提供的资金来维持。用于社区教育课程的州和联邦资金，常常被限定用于特别指定的特殊人员。有时地方税收和相关拨款用于社区教育，而职业教育和学院教育是由州根据各种公式或规定（通常根据学生人数或学分教学时数）拨款。

正如科恩（A. M. Cohen）和布劳沃（F. B. Brawer）所说的，最有理由要求政府资助的社区教育课程有下述三类：（1）最终目的是对社会有益而不是对个人有利的课程，比如公共问题讨论会而不是自助性的课程；（2）被证明有教育意义的课程，这类课程与主要是娱乐消遣性的课程相反，后者提供的学历凭证给人一种学习的错觉；（3）服务于居民的课程是他们无法从其他地方得到的，比如组织良好的公司企业会自己开展本单位职工的训练课程，社区学院则为那些组织欠佳的单位提供服务，如为本地区餐饮店工人进行健康和卫生方面的课程训练。

开展社区教育是社区学院生存和发展的必然选择，那么当今的社区教育又必然要选择什么领域作为自己的发展重点呢？这是社区学院领导人不能回避的战略问题之一。科恩和布劳沃认为这样的领域有三个。

1. 16～20 岁人口的教育

经过一系列研究论证，"州、联邦政府的专项资金和慈善基金将以越来越多的数量投入到这个领域中来"。这对社区学院为 16～20 岁青年人口开展社区教育将起较大的促进作用，这也将成为社区教育一个潜力较大的领域。

2. 消除成人功能性文盲

美国几乎每个州都设有专项资金用于成人的读写训练。以成人为研究对象的"2000 年的目标"建议扩大联邦政府对这个领域的资助。所以，减少或消除成人功能性文盲可能是社区学院另一个比较有前途的领域。

3. 终身学习

终身教育的提倡者注意到这样一个巨大的市场："人们主要靠自学学习打网球、做家具、处理家庭事务、了解自己的生理机能、处理生活中的周期性变化。"这些人"需要通过有组织的制度或社团认可的活动来学习方法要领"，可以鼓励他们从自学书籍和非正规的学习小组转向社区学院组织的正规教育中来。这只是涉及生活领域的教育，还有许多涉及工作培训的巨大教育市场。

美国社区学院最值得我们借鉴的社区教育活动有以下五种。①

1. 特别服务

社区学院和其他社区机构之间的通力合作有几种类型。美国社区学院和初级学院协会 1978 年一项终身教育政策计划研究了学院和社区其他单位之间的合作，发现 173 所学院平均每一所获得 59 个合作项目，为 8 781 人服务。这些合作单位主要是当地和州的俱乐部、其他组织以及其他教育机构，还有州、市政府机构和私人企业。合作内容包括分享设备和提供相互支持和赞助的课程，等等。这种服务的经费来源主要是受教育者支付的学费和其他费用，但有许多课程获得通常来自地方税收的社区学院服务基金提供的赞助。20 世纪 80 年代初的一项研究显示，平均每所社区学院有 100 项为当地组织（主要是当地企业）服务的特别活动。

2. 继续教育

许多低收入的成人参与了继续教育，而且以社区为基础的学院为许多在别处无法得到服务的人提供了重要选择。社区学院为特定人群提供特定的教育，特别是在能够获得足够资金的时候。为失业工人提供的课程，为普通大众和老人提供的老年学课程、妇女课程，退休人员课程以及单亲父母或失业主妇的课程，都直接指向特定的人群。

3. 经验学分（credit for experience）

根据申请者的经验授予学院学分是社区教育的一个组成部分。76% 的经验学分可用于申请副学士学位。学院确认学生经验学习成绩的方式多种多样，包括考试、经证明的经验记录、私人访谈或所有这些方式以及其他方式的结合。

4. 合约服务

合约训练特指为专门职业提供的教学活动，通常不属于学院学分课程。这种训练有三种类型：第一，专门为某些公司的雇员提供的训练；第二，为公共机构的雇员（公务员）提供的训练；第三，为特殊人员（如失业者或接受救济者）提供的训练。合约训练的资金来自受益的公司或公共机构，或来自州或联邦基金。

5. 企业家培训

建立小型企业是社区学院职业课程的某些毕业生的自然选择。1980 年国会通

---

① 万秀兰. 美国社区学院的改革与发展 [M]. 北京：人民教育出版社，2003：184—188.

过一个决议，决定成立一些小型企业发展中心，由联邦政府、美国小型企业管理机构、州和地方公私立机构共同投资。这些中心通常附设在社区学院。它们的目的是帮助有志于开设小型企业的个人以及已经拥有企业但需要当局帮助的人，培训内容包括如何制定企业发展计划、如何获得执照和贷款、如何雇佣员工，等等。

（二）加拿大社区教育与社区发展概述

加拿大是一个地域辽阔的国家，不同省份之间社区教育状况差异很大。本部分以不列颠哥伦比亚省的社区学校为例讨论加拿大社区教育与民生问题。

加拿大不列颠哥伦比亚省社区学校是一些特别重视社区参与价值的小学或中学。一所社区学校就是一条通向整合当地学校与邻近服务区的振奋人心之路。这些学校力求使当地居民通过各种方式参与进来。每所社区学校都有一个社区学校咨询委员会，该组织由家长、社区居民、教职工和机构代表构成。该委员会鼓励自由交流思想、识别社区需要、参与决策和对当地事务作出反馈。社区学校以最大也是最未得以充分利用的公共设施之一即公立学校为基地，通过在晚上、周末和夏季向社区活动开放来增加社会效益。社区学校为社区居民参与邻近学校的活动提供了条件，并鼓励学校教职工将社区现实资源和问题融入小学和中学课程。

在不列颠哥伦比亚省，自从 20 世纪七八十年代以来，社区学校越来越多种多样。目前，该省的社区学校有如下一些模式。

- 萨里（Surrey），它是该省最大的一个区，已经创立了中心学校，并同市政府和联合慈善会这样的全国非营利组织建立起了强有力的、大规模的合作关系。
- 温哥华（Vancouver），已经创立了一个伞状社区学校结构，所有学校均接受由协调员、顾问和其他支持员工组成的团队服务。
- 伯纳比（Burnaby），几十年来一直维持着城市—学校的区域合作关系，这在该省是独一无二的。
- 阳光海岸区（The Sunshine Coast District）的 5 所社区学校联合体，一直根据一个长期战略规划合作共事。
- 库特奈—哥伦比亚（Kootenay-Columbia），曾在 2002 年关闭了一所走读学校，但利用附属设施继续支持社区学校课程，包括亲子共学、学前和日托课程。

- 阿博斯福（Abbotsford），最近同活跃的社区学校协会合作扩展了长期社区
  学校课程。

2003 年秋季，不列颠哥伦比亚省社区教育协会（Association for Community Education in British Columbia）① 在儿童和家庭发展部的支持下，聘请约翰·塔尔博特联合公司（John Talbot & Associates Inc.）对该省所有社区学校进行了一项调研。这次调研包括两个阶段：在第一个阶段，任务是编制有关社区学校的基本信息，识别成功社区学校的关键要素，认清社区学校面对的机会和挑战，指出应对挑战的策略，描述社区发展和社区合作领域中的最佳做法；第二个阶段由不列颠哥伦比亚省学校理事会赞助，于 2004 年秋季开始，任务是提高对社区学校及其价值的认识，形成有关社区学校校长、协调员和教师的资格框架，评估目前的资助政策和指导方针并提出改善建议，不断完善资格框架以使社区能够对学校进行评价并改进其效率。

基于第一阶段的调研，形成了以下六个关键主题。

1. 领导力

被调查者认为，省政府和学区层面上的领导力对于社区学校的成功是至关重要的。更具体地说，省里需要形成对社区学校的长期规划，并为实施该规划提供充足的、持续的资金；学区应该在其社区发展工作中提倡社区教育，支持社区学校。在学校层面，被调查者指出，这里有许多恪尽职守和有才干的人，但是强有力的领导者很少见。因此，应当有培养领导力的适当支持和培训。

2. 学生、家长和社区参与

被调查者强调学生、家长和社区成员在社区学校课程中的重要角色。调查结果显示，46.9%的被调查者认为，在社区学校课程中，学生起着重要甚至非常重要的作用；51.5%的被调查者认为，在社区学校课程中，家长起着重要甚至非常重要的作用；56.3%的被调查者认为，在社区学校课程中，社区成员起着重要甚至非常重要的作用。在参与途径方面，那些最成功的社区学校运用了下述一种或多种策略：

① 不列颠哥伦比亚省社区教育协会通过联络、信息传播和培训课程，致力于促进和推动该省社区教育和社区学校各个方面的发展。自 1975 年以来，该协会在省内一直很活跃，并同省内、国内和国际上的其他教育和社区组织保持联系。该协会是一个非营利组织，其成员是对社区教育感兴趣的个人、群体或组织。

① 积极主动吸收志愿者；② 与志愿组织合作；③ 指派专人协调参与志愿服务；④ 明确参与的具体角色；⑤ 提供有助于参与的监督和培训；⑥ 认可投资者和志愿者的贡献。

3. 社区教育和课程发展

被调查者指出，他们积极参加支持社区教育和学习的活动。通过自身的社区发展工作和合作，许多人表明，他们也致力于扫除社区教育和学习的障碍。关注社区教育和学习不仅有益于社区，如提高文化程度、提升就业能力和促进个人发展，而且丰富了学校的课程，这将有助于提高学业成绩。

4. 设施利用、课程教学和社区发展

研究表明，设施利用、课程教学和社区发展是一个连续体。所有被调查者都声称，他们的学校顺应或激发了社区对其设施和常规教学时间以外时段的利用。大多数被调查者报告，他们的学校或直接或同其他方面合作参与了课程教学。调查发现，存在50多种不同类型的课程，面向所有年龄段学员，包括不同性别和不同民族的学员。在有效性上，大多数人认为，他们的学校在以上两方面是有效甚至是非常有效的。

不同于设施利用和课程教学，被调查者并不确定他们在社区发展领域的有效性。在回答何谓社区发展时，每个人都有自己的答案。不过，存在许多共同使用的概念和术语，如全纳性、建构社区能力和提升社会资本、从内向外构建社区、助人自助、增强社区草根组织、确保决策过程的全纳性和参与性、为合作提供便利。被调查者识别出同社区发展工作相关的诸多挑战，包括维持合作协议的困难、社区学校协调员缺少经验或时间、资金或资源匮乏、缺少教职员加入、有限的家长和社区参与、企业界和社会服务机构的有限支持。

值得一提的是，45.9%的被调查者报告，他们的学校广泛接受和支持社区发展工作；31.3%的被调查者报告，他们的学区广泛接受和支持这种工作。在有效性上，40.7%的被调查者认为，他们的学校在推进社区发展工作方面是有效甚至是非常有效的。

5. 社区合作

被调查者报告，社区合作既包括同一个或更多社区组织围绕设施利用或课程教学的非正式约定，也包括同卫生当局、公园和康乐部等的正式合作。他们认为，社区合作中产生的好处远远多于在建立和维持合作中产生的挑战。他们列举了社区合作中产生的以下好处：对社区设施便利性的提升和更有效利用；拓宽了顾客基础；丰富了课程供给；促进了专门知识技能和资源的分享；增加了联合课程和市场的机会；提升了社区知名度和形象；提高了效率（通过减少重复工作）；形成了完整的服务统一体；增强了筹款能力。在有效性上，70.4%的被调查者认为，他们的学校在促进社区合作方面是有效甚至是非常有效的。

6. 责任

大多数被调查者报告，他们对投资者负有责任；然而，这种责任局限于提供有关受助课程的预算资料。在课程评价方面，通常局限于记录课程参与者或志愿者数量。被调查者强调，应该更加重视责任，尤其是考虑到有限的资金和对政府浪费的关注。因此，许多被调查者认为，仅仅提供包含预算和课程信息的年度报告已经不够，投资者会越来越多地要求提供同课程有效性和结果相关的实际证据。为此，一些被调查者建议，必须开发评价工具和提供课程监测、评价和报告方面的培训。

这次调查细数了社区学校给社区民生带来的好处。调查发现，社区学校至少具有以下作用：① 提高学习成果和促进学生成功；② 鼓励家长和社区参与；③ 有利于青年的健康发展和亲社会行为；④ 协调和整合社区服务；⑤ 增加对当地学校设施的利用；⑥ 实现学校和社区之间最大程度的沟通；⑦ 增强社区意识和提高生活质量。此外，灵活的教育系统和得到改善的学校学习环境，以高效和划算的方式传递教育和社区服务，对学校和其他社区机构的广泛社区支持，对危机青少年和少数民族等特殊人群的重视，全体教育和社区机构合作行动以致力于解决生活质量问题，这些都是社区学校的积极效应。

社区学校的有效运行需要所有社区成员的紧密合作。这种紧密合作的基础在于：个体、公立和私人机构等所有社区成员有责任满足社区成员的教育需求；社区公民有权利和义务参与影响他们幸福的决策和实施过程；教育是一个终身过程。社区学校为家长、家庭、社区成员、学校、企业和其他组织提供处理教育和社区事务的机会。社区教育就是人们相互帮助，共同采取慎重、积极的行动，以让社会成为一个更美好的居所。社区学校将全体社区成员联合起来，以助人自助的方式识别和联结社区需求和资源，提高生活质量。

通过对不列颠哥伦比亚省社区教育与民生问题的探讨，可以发现现代社区教育的要素包括：① 终身学习，包括认识到学习贯穿人的一生，提供贯穿全部人生阶段的正式和非正式学习机会，向所有社区成员提供课程和服务以及代际交流的机会；② 社区参与，包括增强公民责任感，向社区成员提供发展其领导技能的机会，促进不同人群融入社区生活的各个方面，鼓励地方决策过程中的社区参与；③ 资源的有效利用，包括充分利用社区的自然、金融、技术和人力资源以满足不同的需求，通过增强学校、学院、组织和机构之间的合作关系减少重复提供服务。

（三）北欧诸国社区教育与社区发展概述

在地理上，北欧包括挪威、瑞典、丹麦、芬兰、冰岛五个国家。这些国家拥有世界上最完善的福利制度、名列前茅的人均收入水平、组织严密的社会结构和开放透明的民主制度。在 2016 年联合国开发计划署（UNDP）发表的《人类发展报告》中，挪威、冰岛、瑞典、芬兰、丹麦在 188 个国家中分别以第 1、第 9、第 14、第 23、第 5 名位列非常高人类发展指数国家行列。

北欧社区教育集中表现在两个方面：①一是民众教育，二是中小学教育，前者是北欧国家的特色，也可以称为社区教育的"斯堪的纳维亚模式"，后者则是北欧各国社区教育的主要任务之一。北欧的民众教育以社区为依托，面向社区内所有成年人。它的主要形式包括民众学院、成人学习小组、成人职业教育等。其中，民众学院是民众教育的主体，它历史悠久，富有群众性，是北欧独具特色的教育形式。民众学院于 1844 年创立于丹麦，后来也出现在其他北欧国家。本章这一部分将着重介绍丹麦民众学院社区教育与民生问题。

民众学院的首倡者是丹麦著名的爱国主义者、教育家格伦特维（Nikolaj Frederik Severin Grundtvig）。格伦特维是丹麦童话文学家安徒生（H. C. Anderson）的同时代人，同时期还有一位具有国际知名度的丹麦哲学家克尔凯郭尔（S. Kierkegaurd），这三人可谓 19 世纪丹麦人文学科中的三杰。格伦特维明确地提出了自己的教育思想，他说："我希望不久能创立一所丹麦自己的学校，以丹麦语、历史、诗歌，唤起学生的爱国心，使他们能够了解人生，承担起自己作为一个公民

---

① 杨叙. 北欧社区 ［M］. 北京：中国社会出版社，2003：169—170.

的义务。这样的学校，就是我们丹麦人的自救良方。"① 他意识到逐渐增长的民主需要，即对通常未受过良好教育和贫穷的农民进行启蒙的需要。这个社会群体既没有时间也没有钱进入大学，因而需要一种替代物。民众学院旨在帮助人们成为主动的合格社会成员，教给他们从下至上改变政治处境的方式和方法，它是不同社会群体相互交流的地方。

19世纪30年代初，格伦特维首次提出了民众学院的概念，并积极呼吁创立丹麦式的民众学院。他指出："我们之所以称它为'学院'，是因为教育的对象不是儿童，而是青年与成人。我们之所以称它为'民众学院'，则是因为入学的资格没有阶级的限制。"②1844年，在丹麦一个名叫罗亭（Rodding）的村庄里，北欧第一所民众学院诞生了。在这所学院里，课程分为职业、公民和生活三类，人文课程和职业课程兼顾，相辅相成，互相配合和促进。教学上也不再照本宣科，不强调考试的作用，而是重在体验生活和启发心灵。

"民众学院"的丹麦文是"folkehøjskole"或"højskole"，英文直译为"folk high school"。"民众学院"是对"folk high school"的意译。本章之所以用意译，而不采用直译，是因为民众学院不同于中等学校。两者的差异如表12-1所示。③

表 12-1　中等学校与民众学院的区别

中　等　学　校	民　众　学　院
适合有限的和特定年龄的群体	向所有18岁以上的人开放
能力本位，旨在为学生的职业或专业作准备	不是能力本位
有竞争性，有考试和分级	没有学术上的竞争，没有分级或分数
是主流教育的内在构成	在主流教育系统之外

发展到今天，丹麦民众学院的主要特点有：① 学生在学时间通常为半年到一年不等；② 同寄宿制学校相似，学生住宿、用餐、学习和课余时间都在一起；③ 丰富多样的课程；④ 没有结业考试；⑤ 教学自由；⑥ 注重个人发展和社会技能；⑦ 强调社

---

①② 杨叙. 北欧社区 [M]. 北京：中国社会出版社，2003：177.

③ 参见：Borish, S. M. The Land of the Living: the Danish Folk High Schools and Denmark's Non-Violent Path to Modernization [M]. California：Blue Dolphin Publishing, Inc. , 1991：8-9.

会和民主参与。此外，丹麦民众学院还有两个令人惊异的特点：第一，尽管在主流教育系统之外，丹麦民众学院开支中的85%仍然能够从政府获得；第二，尽管政府财政支持程度那么高，每所学院所采纳的观点和信奉的哲学却全然不受政府控制。

丹麦民众学院的多样性是非常鲜明的。大约有6所学院具有彻底的共产主义或女权主义取向，而至少有同样数量的学院从事极端保守主义基督教神学一些特定分支的教学。同时，有些民众学院专门开设生态学和生态农业课程，或从事体育教学、音乐教学和组织各种出国旅行。还有些学院提供外语课程，或服务于退休人员，并且至少有一所学院服务于18岁以下的青少年。几所民众学院从事自我意识发展类的教学，其中一所学院教授印度智者的超然冥想技术和哲学。此外，还有许多学院以普通"格伦特维"民众学院这一令外人感到迷惑的标签自称，而使用这一标签意味着，该学院正在延续格伦特维所创立的传统。

民众学院并不是只开设特殊课程的有趣学院，它的内涵十分丰富。作为一位卸任的民众学院院长，罗德姆（Thomas Rordum）曾说民众学院反映了丹麦民族的性格，因为丹麦民族的核心（早先是农村人口，20世纪是城镇人口）参与了其形成过程。因此，民众学院反映了丹麦人民的社会历史和民族性格的独特性。

为了更多地了解和实地感受丹麦民众学院的氛围，笔者利用在丹麦访学的机会走访了相关研究者、民众学院协会和唯一一所以"格伦特维"命名的民众学院。在格伦特维民众学院，接待我的温德（Ole Vind）老师是一位文科博士，对民众学院很有研究，又有长期的工作经验，[①] 而且他对中国很感兴趣。据温德介绍，该学院成立于1856年，是一所寄宿制学校，学生吃住都在学校里，半数教师也是吃住在学校。由于是寄宿制学校，学院里基本上都是丹麦各地的学生，反而没有来自学院所在社区的学生。这并不意味着该学院同当地社区没有关系，据温德讲，学院每遇到重大事情都会邀请社区代表参与决策过程。

格伦特维民众学院目前有50多名学生，年龄为18到20多岁不等，平均年龄为20~21岁。当然，法律规定只要年满18岁都可以上民众学院。该学院曾接收过

---

① 该校网站上有对温德的简介。他出生于1944年，1976年至2009年一直在该校工作，现已退休，目前是该校的当地历史学家、档案保管员和图书馆员，有时兼任教学。他是历史、哲学和宗教史方面的博士，对思想史、中国、管风琴和重要的公开辩论特别感兴趣。他跟妻子安娜·玛丽住在离学校几百米远的地方。

一位 84 岁的美国老太太。不同于免费的基础教育和正规高等教育，民众学院要收取一定的学费，政府拨款和创收基本上各占一半。但是相对于丹麦人的生活水平，所收取的学费并不会对学生造成负担。而且，由于民众学院历史悠久，且是小组合作学习，因而很受劳动力市场的欢迎。

温德带笔者参观了该学院的休闲室、周末聚会室、餐厅、教室、晨会室、画室、音乐室、图书馆、剧场、运动场和教师办公室。画室和音乐室都是学生课外自发活动的地方，不是学生上课的场所。教室有黑板，有多媒体设备。教室里几张小方桌拼接在一起，当有教师做讲座时，学生围成一圈坐下来。在参观时教室里面有 5 位学生正在进行小组讨论，或坐或站，有的坐在桌子上，比较自由。晨会时主要是唱歌，所以晨会室里面摆了很多歌谱本，其中很多歌曲是由格伦特维创作的。午餐是自助的，学生和教职工在同一个餐厅吃同样的饭。笔者去的那天，看到学生们不分男女三五成群地聚成一桌，教师们聚成一桌。吃完午餐大概 12 点半左右，这时师生都还没有离席，学院负责人站起来讲话，询问大家有没有事情通报。接着只见有事情的教师和学生一个接一个地开始发言，如有一个学生拿起一件件衣物，让大家认领，这些衣物是他们打扫卫生时收集到的。此外，还有关于课程活动或球队活动的各种信息。感受着这种民主平等的氛围，我不禁想到了巴黎公社。温德也很认同这一点，他说师生在一起就像一个扩大的家庭。

通过进一步访谈，笔者更深入地了解了丹麦民众学院的发展历史，以及此类学院同社区民生问题的密切关系。1844 年第一所民众学院的诞生，源于当时的国王在欧洲革命的影响下意识到教育的作用。1849 年丹麦开始民主化进程，也开始了历经百年的从农业社会向工业社会的转型，农民从占总人口的 80% 发展到今天仅占 1%，所以民众学院的学生也从清一色的农民子女变成了不分宗教、贫富、国籍的复杂群体。因为历史原因，丹麦民众学院大多位于乡村地区。1864 年，丹麦被德国掠夺了大片土地，开始意识到民族认同问题，而民众学院通过教授丹麦历史取得了突出的地位。随着经济和社会的发展，民众学院不仅没有被削弱，反而持续发展起来。1875 年，欧洲开始招收女学生，以前民众学院里都是男青年，受此影响，开始有女青年进来。发展到现在，民众学院成为丹麦部分 18 岁以上青年广泛研习历史和政治的舞台，之后他们或者进入工作场所，或者进入大学，或者参军。受

1968 年学生运动的影响，民众学院里虽然有晨会，有讲座，但更多的是小组合作、项目、实地调研。

通过进一步走访，笔者发现丹麦的社区教育体系比较灵活多样，既有正式的社区教育，也有非正式的社区教育。正式的社区教育包括成人教育中心和职业培训中心。这两种类型分别提供相当于普通中学和职业中学的课程，学习完这些课程要参加考试，并且可以申请进入大学。比如罗斯基勒成人教育中心，有相当于七、八年级的预备成人教育，相当于九、十年级的一般成人教育和相当于高中的高级成人教育。正式社区教育的特点是要参加考试，非正式社区教育则没有考试，比如民众学院、闲暇教育。民众学院前文已经有所涉及，闲暇教育主要包括分别同工会、自由主义启蒙协会相关的教育活动和社区休闲课程。

这个体系的运作与丹麦的历史传统、自然环境、社区环境、劳动力市场结构等息息相关。例如民众学院之所以通常是半年的学程，是因为这类学院最初是为农民子弟开办，到了冬季，农活比较少，而丹麦的冬季又很漫长，农民子弟因此有了接受教育的可能。农民子弟之所以愿意接受教育，同他们的生产方式密不可分。丹麦的农民往往被组织起来进行农业生产，如肉类加工、牛奶加工和谷物加工等，参与的农民在其中都有自己的股份，并分享利润。这就产生了一系列的教育需求，如读、写、算等基本知识和技能的教育需要。

丹麦的邻里关系与社区环境相关。很重要的一点是，如果邻里之间有公共绿地，那么他们相互交流的机会就会多一些。比如有的地方每年有两次"劳动星期六"，在那两天，邻里共同维护社区公共绿地的环境和园林。

近年来丹麦社会比较突出的民生问题主要有以下三点，都为社区教育提供了广阔的发展空间。一是劳动力市场结构的变化，即很多低技术含量的工作岗位被转移到其他国家，相应地很多工人为了适应新的工作岗位，就产生了教育培训的需求。比如成人教育中心提供的外语课程，是为了满足跨国工作的需要。二是老龄化社会问题，老人越来越多，越来越长寿，而适龄工人在减少。这就需要从国外引进各种人才，从而产生了丹麦语培训需求。三是愿意在公共部门工作的人越来越少，而丹麦对此需求越来越大。一个普通的丹麦人，6 个月大就会被送进托儿所，接着是幼儿园、公立学校，然后工作，最后是退休，除了工作阶段，其他阶段都需要相关的服务人员。此外，漫长的受教育生涯和孤独的老年人群越来越成为丹麦的社会问题。

三、社区教育国际比较的启示

（一）社区教育同民生问题有不解之缘

作为教育与社区的联结，社区教育从来都与民生问题密不可分。一方面，社区教育以社区发展为基础，有社区发展才有社区教育。"社区发展"一词在第二次世界大战以后才广为应用，原本是指农业社会的乡村社区调动社区民间资源，运用社区自助力量，以解决贫穷、无知、失业等问题，改善社区居民生活的一种构想和措施。例如，埃及于1946年开始设置农村社区中心；印度亦于1948年开始其社区示范计划。社区发展首重社区居民态度之改变，因此联合国在推行社区发展之初，即以民众教育为其主要相关业务之一。1948年，英国剑桥殖民地事务署夏季报刊登的《对非洲社会进取心的鼓励》一文，甚至认为"社区发展"可作为"民众教育"的代名词。总之，社区教育作为一种现代社会观念，是基于社区发展的理念。

另一方面，社区教育对社区发展产生了积极的作用。欧洲理事会通过其文化委员会于1975年发起一项合作项目，旨在探究通过社区教育如何促进经济、社会和文化创新。优先考虑的三个群体是妇女、老人和文盲，并识别了三个研究领域：① 妇女和男人参与影响他们日常生活的决定；② 失业和经济调整应对措施；③ 男人和妇女的社会和文化角色的演化。许多项目被确定为示范性项目，并接受为期两年的监控。监察员报告了结果，并且在1987年通过一份宣言向所有成员国进行了推介，该宣言阐述了解决社区发展中所出现问题的实用策略。赫兹曼（Clyde Hertzman）博士曾为加拿大不列颠哥伦比亚省儿童早期发展作规划，并谈到社区学校的效力。他说，应该加强学校同社区的联系，并指出对于不同社会—经济层的连续体而言，越往下移，社区学校的影响就越是强烈。他说，不同社会—经济层连续体最下层的25%在有社区学校时比没有社区学校时取得的成就更高。

（二）社区教育在实践和理论上存在各种变体

现代社区教育是社区发展意义上的社区教育，它因各地历史、文化、政治和经济情况而产生了各种变体。社区发展概念首先被英国、法国和比利时在亚非的殖民当局所采用，被当作农村地区的一种经济战略，同时也是一种社会和政治战略。例如，在英属非洲设立了社区发展部，同时还按照日益明确的专职社区发展活动原则培训社区发展官员。扶植当地的领导，引进项目和组织自助的能力的提高，以及学习技能等，在特征上被认为比任何特定项目的完成更为重要。这些殖民地独立后，社区发展被看作动员农村人口致力于扫盲或教育的一种手段，例如坦桑尼亚的自力更生运动或肯尼亚的哈拉姆贝运动。但其固有的含义不清使它成为一种既想要鼓励自助和主动又想要实现本国政府目标的战略。

如前所述，在20世纪60年代，"社区发展"这个术语逐渐应用于美国和英国主要在城市地区开展的项目，在城市地区贫困和社会病被认为比较集中。像它们的殖民祖先那样，这些项目一方面意在提供实际利益，诸如改进的社会服务、更加合适的职业培训、法律援助、低廉住房，以及更多的工作岗位，另一方面意在借此提高社区的联结能力。

无论是英国的计划还是美国的计划，都被它们的政府看作试验性的。就此而论，社区发展是想通过自助和革新精神，更为妥当和有效地利用已经分配的资源，找到花费不大的解决贫困和失业问题的办法。所以，它们所得到的资金规模从未达到与其要解决的问题相称的水平。尤其在美国，社区发展最持久的成就，也许就是地区团体在应对影响他们的经济和物质变化时所表现出来的日益成熟的组织能力。

社区教育的各种实践变体背后是不同的社区教育哲学。教育并非一种孤立的活动，因此，对社区教育各种表现形式的讨论必须被置于某种社会和政治背景中。据此，"功能主义—发展"和"冲突—变革"的社会学概念被用来解释推动社区教育实践的各种思想体系。功能主义解释的关键概念是通过发展而实现的现代化和渐进变革，该模型强调的是共识和整合（consensus and integration）。在"冲突—变革"的社会学解释中，权力是一个关键概念。表12-2从两种分析视角描述了社区教育和社区发展的各个方面。①

---

① 引自：Tuijnman, A. C. （ed.）. International Encyclopedia of Adult Education and Training (2nd ed.) [C]. Oxford：Elsevier Science Ltd., 1996：54.

表 12 - 2　社区教育和社区发展的功能主义—发展与冲突—变革理论

理　论	功能主义—发展理论	冲突—变革理论
特征	共识—整合革新	冲突—转型
社区定义	地理社区	地理社区；种族/民族、性别、社会阶级社区；社会问题（环境、和平）组织
形式	集中在正规的，利用非正规的	集中在非正规的，利用正规的
教育项目	社区教育 社区发展 社区学院	基于社区的教育 大众教育 社会运动学习
知识生成	逻辑的实证主义研究	参与性研究，变革性研究
文化	"高级文化"，如博物馆和图书馆	"大众文化"，如大众戏剧和大众艺术
代表人物	莫里斯（Henry Morris）（英国） 曼利（Frank Manley）（美国）	科迪（Father Coady）（加拿大） 弗莱雷（Paulo Freire）（巴西） 坦登（Rajesh Tandon）（印度） 霍顿（Myles Horton）（美国） 尼雷尔（Julius Nyerere）（坦桑尼亚）

在北半球的富裕国家，社区教育通常被界定为一种基于当地公立学校，有时候是社区学院或其他成人教育机构的参与性教育过程。为了学术和社会教育、娱乐和业余爱好追求，以前局限于儿童的学校面向全体社区开放。而大众教育（popular education，在北美以基于社区的教育为人所知）建立在弗莱雷的理论基础上。它被界定为一种社会行为，处于一种比处理教育的框架更广阔的框架内，其目的是使人们成为具有自我意识的政治主体。大众教育的特征是帮助者和参与者之间的平等关系，大众参与培训和行动计划，以及假定问题和答案来自社区。

术语"社区教育"在英国可以包含以上描述的两种类型，这就使得有关用语更加复杂。基于英国的经验，马丁（J. Martin）将社区教育划分为通用的、改革主义的和激进的模型。在通用模型中，专业领导者有时在正式情境中工作；改革主义模型针对低收入社区，并且通过合作力求积极地区别对待；激进模型采取问题导向的、基于"阶级"的方法改变社区结构。一种社区教育项目很可能基于所谓的"自由主义"哲学，其他项目则可能基于"解放"哲学。

（三）社区教育的专业化趋向

社区教育专业化已被提上了议事日程。美国社区教育中心已经在密歇根州的弗林特成立，它致力于领导培养和社区教育培训。超过 100 个社区教育中心分布在各个大学或州教育部以提供培训。在英国，一个社区教育发展中心在考文垂建立，以推行社区教育理念和向地方社区提供咨询服务。国际社区教育协会成立于 1978 年，本部设在考文垂的社区教育发展中心，旨在在世界范围内推广社区教育模式。

英美两国都有全国社区教育协会以及社区教育方面的高级学位课程。例如，在美国，有社区教育领导力方面的应用性专业课程（the applied professional program leadership endorsement）。该课程的参与者需要具备三个条件：① 有丰富的生活经验；② 至少有三年的从业经历；③ 已经担负组织下列社区教育课程的责任，如儿童早期教育、学龄儿童照顾、课外课程、21 世纪社区学习中心、丰富青年学习内容、青年发展、老年公民、基础教育专业组织、成人基础教育、英语作为第二语言、各种社区组织、社区卫生、公民组织、宗教组织、政府组织、娱乐。

（四）研究反思

本章在对社区教育的国际比较中取得了一些初步的认识，包括社区教育国际比较的研究方法和基本概念，欧美等发达国家的社区教育与社区发展概况，以及从中获得的相关启示，但在研究过程中也存在急需突破之处。

这里仅对本章的研究方法作一些反思。首先，在国家选择上，有些国家比如印度、巴西等，虽然和中国同为发展中国家，可借鉴之处颇多，但因为受语言限制而无法收集到适合的资料，不得不放弃。其次，就已选择的国家而言，因其内在的多样性，也不得不缩小关注面，仅仅关注其富有特色的社区教育实践，如美国的社区学院、加拿大的社区学校、丹麦的民众学院，因此对不同国家的阐述既可以看作对这些国家之间差异的呈现，也可以看作是其互补的体现，如美国的社区学院存在于加拿大，而加拿大的社区学校实践也见于美国。最后，笔者充分认识到实地调研的重要性。在本章中涉及的北欧，笔者获得了实地调研的机会。相对于阅读书面材料，实地调研通过连续的现场笔记和反思，给予了笔者丰富的情境认知。

参考文献

中文部分

C. 弗莱彻. 社区教育与社区发展 [M] // T. 胡森, T. N. 波斯尔思韦特. 国际教育百科全书（第二卷）. 贵阳：贵州教育出版社，1990.

N. 斯特罗门，A. C. 图季曼. 成人教育课程 [M] // T. 胡森，T. N. 波斯尔斯韦特. 教育大百科全书. 重庆：西南师范大学出版社，海口：海南出版社，2006.

O. F. 博尔诺夫. 教育人类学 [M]. 李其龙，等，译. 上海：华东师范大学出版社，1999.

W. F. 康纳尔. 20 世纪世界教育史 [M]. 孟湘砥，胡若愚，等，译. 长沙：湖南教育出版社，1991.

爱德华·格拉泽. 社会资本的投资及其收益 [J]. 罗建辉，译. 经济社会体制比较，2003(2).

保尔·朗格朗. 终身教育引论 [M]. 周南照，陈树清，译. 北京：中国对外翻译出版公司，1985.

保罗·弗莱雷. 被压迫者教育学 [M]. 顾建新，等，译. 上海：华东师范大学出版社，2001.

博伊德，金. 西方教育史 [M]. 任宝祥，吴元训，主译. 北京：人民教育出版社，1985.

蔡金芳. 英、美、日老年教育实施方式和内容的比较研究 [J]. 成人高等教育研究，2012(1).

蔡培村，武文瑛. 成人教育学 [M]. 高雄：丽文文化事业股份有限公司，2010.

陈乃林，孙孔懿. 社区教育：终身教育体系的依托 [J]. 开放教育研究，1999(5).

陈廷柱．何谓"学习社会"——国外专家的若干见解［J］．比较教育研究，2003(10)．

陈英俊，周建军，田保传．2003—2005 年上海市社区青少年工作蓝皮书［M］．上海：华东理工大学出版社，2006．

陈勇军．老人发展的重要途径——高校举办老年继续教育的困境与对策研究［J］．继续教育研究，2010(9)．

程罡，徐瑾，余胜泉．学习资源标准的新发展与学习资源的发展趋势［J］．远程教育杂志，2009(4)．

程连升．中国五十年反失业政策研究(1949—1999)［D］．北京：中国社会科学院研究生院，2000．

戴维·H. 乔纳森，等．学习环境的理论基础［M］．郑太年，等，译．上海：华东师范大学出版社，2002．

底特利希·本纳．普通教育学——教育思想和行动基本结构的系统的和问题史的引论［M］．彭正梅，等，译．上海：华东师范大学出版社，2005．

刁秀丽，宋正国．基于资源的网络学习平台设计与实现［J］．福建电脑，2008(12)．

杜君英．社区教育课程开发研究［D］．上海：华东师范大学，2005．

费孝通．乡土中国　生育制度［M］．北京：北京大学出版社，1998．

冯生尧．课程评价定义的批判分析［J］．教育研究，1996(9)．

冯友兰．新理学［M］．北京：生活·读书·新知三联书店，2007．

傅松涛．教育与社会的协调发展——全国教育社会学研究会暨全国社区教育委员会年会综述［J］．教育研究，1995(8)．

高丙中．社会团体的合法性问题［J］．中国社会科学，2000(2)．

格里·斯托克．新地方主义、参与及网络化社区治理［J］．游祥斌，摘译．国家行政学院学报，2006(3)．

顾东辉．"社区教育"的概念架构［J］．广西民族学院学报（哲学社会科学版），2003(7)．

韩丹，邓涛．人力资本、社会资本与西方终身教育［J］．外国教育研究，2004(12)．

赫·斯宾塞．斯宾塞教育论著选［M］．胡毅，王承绪，译．北京：人民教育出版社，2005．

黄富顺，杨国德．高龄学［M］．台北：五南图书出版股份有限公司，2011．

黄健．成人教育课程开发的理论与技术［M］．上海：上海教育出版社，2002．

黄威．20世纪西方教育管理理论及其模式的发展［J］．华东师范大学学报（教育科学版），2001(1)．

黄尧，陈乃林，刘建同．学习型社会建设中的社区教育发展研究［M］．北京：高等教育出版社，2010．

黄云龙．社区教育管理若干基本问题的理性思考［J］．上海师范大学学报（哲学社会科学版），1999(5)．

简·韦拉．如何倾听，怎样沟通：成人对话教育的原理与实践［M］．涂义才，译．北京：教育科学出版社，2007．

蒋振华，胡鸿保．近十年来中国城市社区研究的理论视野［J］．中国青年政治学院学报，2005(6)．

金辉．社区教育的概念界说及其方法［J］．上海教育情报，1994(4)，(5)．

拉尔夫·泰勒．课程与教学的基本原理［M］．施良方，译．北京：人民教育出版社，1992．

李军，张平．社会团体的培育管理与和谐社区建设［J］．北京政法职业学院学报，2006(1)．

李晴，商木林，黄明兵．基层社会团体备案制度探讨［J］．学会，2007(2)．

李志青．社会资本、合作与技术创新——新经济下技术创新激励因素分析．上海市哲学社会科学"十五"规划2002年课题．

厉以贤．社区教育的理念［J］．教育研究，1999(3)．

联合国教科文组织．教育——财富蕴藏其中［M］．联合国教科文组织总部中文科，译．北京：教育科学出版社，1996．

联合国教科文组织国际教育发展委员会．学会生存：教育世界的今天和明天［M］．华东师范大学比较教育研究所，译．北京：教育科学出版社，1996．

联合国教育、科学及文化组织．联合国教科文组织世界报告——从信息社会迈向知识社会［R］.2005.

林琳，米光明．社区健康教育［M］.北京：中国医药科技出版社，1999.

刘长勇，宁正元．基于学习流的网络学习平台研究［J］.计算机系统应用，2009(1).

刘素芬，丘建新．对社区教育中志愿者队伍建设的理性思考［J］.广东青年干部学院学报，2005(3).

刘雪莲．关于社区教育工作者专业化问题的研究［D］.上海：华东师范大学，2007.

柳栋．学习资源建设与资源库［J］.信息技术教育，2003(8).

柳凤霞．我国知识失业的研究［D］.武汉：华中科技大学，2006.

楼一峰．"学习化社区"的形成与运作研究［J］.成人教育，2002(5).

卢德平．论青少年参与理论与案主优势视角的关联［J］.中国青年研究，2007(10).卢锋，李青，曹梅，刘振波．美国教育技术界学习资源观的发展及其启示[J].电化教育研究，2001(7).

鲁珀特·布朗．群体过程［M］.胡鑫，庆小飞，译．北京：中国轻工业出版社，2007.

陆素菊．日本老龄化社会对策与老年教育现状［J］.上海老年教育研究，2009(1).

罗伯特·桑兹．精神健康——临床社会工作实践［M］.何雪松，花菊香，译．上海：华东理工大学出版社，2003.

马克斯·H.博伊索特．知识资产——在信息经济中赢得竞争优势［M］.张群群，陈北，译．上海：上海人民出版社，2005.

马克斯·范梅南．生活体验研究：人文科学视野中的教育学［M］.宋广文，等，译．北京：教育科学出版社，2003.

毛澹然．美国社区学院［M］.北京：高等教育出版社，1989.

潘澜．我国老年教育的功能及其实现机制新探［J］.成人教育，2010(2).

彭燕丽．贵阳市安云路社区成人学习资源开发研究［D］.重庆：西南大学, 2009.

秦钠. 中日都市社区教育比较研究——以上海和大阪为例 [D]. 上海: 上海大学, 2006.

邱婧玲. 学习资源中心略析 [J]. 中小学电教, 2003(3).

上海市学习型社会建设服务指导中心. 上海社区居民学习需求与社区教育办学现状调研报告 [M]. 上海: 上海高教电子音像出版社, 2007.

沈金荣, 等. 社区教育的发展和展望 [M]. 上海: 上海大学出版社, 2000.

施良方. 课程理论: 课程的基础、原理与问题 [M]. 北京: 教育科学出版社, 1996.

世界银行报告. 全球知识经济中的终身学习——发展中国家的挑战 [M]. 国家教育发展研究中心, 组译. 北京: 高等教育出版社, 2005.

苏萍. 当前失学无业青年教育问题及其对策研究 [D]. 南京: 南京师范大学, 2007.

孙立平. 社区、社会资本与社区发育 [J]. 学海, 2001(4).

台湾社区教育学会. 各国社区教育 [M]. 台北: 幼狮文化事业公司, 1982.

万向东. 农民工非正式就业的进入条件与效果 [J]. 管理世界, 2008(1).

万向东. 农民工非正式就业研究的回顾与展望 [J]. 中山大学学报(哲学社会科学版), 2009(1).

万秀兰. 美国社区学院的改革与发展 [M]. 北京: 人民教育出版社, 2003.

汪国新. 基于“社区学习共同体”的学习——一种新的成人学习方式 [J]. 中国成人教育, 2010(12).

汪国新. 社区教育共同体建设与运行 [J]. 中国成人教育, 2012(1).

汪国新. 社区学习共同体的培育策略 [J]. 职教论坛, 2012(3).

王爱义. OECD 学习型社区模型研究 [J]. 比较教育研究, 2005(4).

王枫云. 从新公共管理到新公共服务——西方公共行政理论的最新发展 [J]. 行政论坛, 2006(1).

王会永. 中国现阶段失业问题的成因分析及对策研究 [D]. 广州: 华南师范大学, 2007.

王健，于倩倩．在健康调查中测量社会资本的关键问题［J］．国外医学·社会医学分册，2005(3)。

王少华．建设区域性教师学习资源中心策略的探索［J］．教学研究，2007(6).

王绍光，何建宇．中国的社团革命——中国人的结社版图［J］．浙江学刊，2004(6).

王英，谭琳．"非正规"老年教育与老年人社会参与［J］．人口学刊，2009(4).

王英，谭琳．赋权增能：中国老年教育的发展与反思［J］．人口学刊，2011(1).

王英，谭琳．中国老年教育的可及性研究［J］．学术论坛，2010(8).

王颖，孙丙耀．中国民间组织发展概况［M］∥俞可平，等．中国公民社会的兴起与治理的变迁．北京：社会科学文献出版社，2002.

威廉·F. 派纳，等．理解课程：历史与当代课程话语研究导论［M］．张华，等，译．北京：教育科学出版社，2003.

吴砥，赵姝，杨晓露，张屹．学习资源的分类机制与分类标准的研究［J］．中国远程教育，2009(1).

吴砥．学习资源的标准化描述与组织技术［J］．中国远程教育，2007(9).

吴遵民．关于对我国社区教育本质特征的若干研究和思考——试从国际比较的视野出发［J］．华东师范大学学报（教育科学版），2003(3).

吴遵民．社区教育的国际比较［M］．上海：上海人民出版社，2003.

西奥多·W. 舒尔茨．人力资本投资——教育和研究的作用［M］．蒋斌，张蘅，译．北京：商务印书馆，1990.

小林文人，末本诚，吴遵民．当代社区教育新视野［M］．上海：上海教育出版社，2003.

谢芳．美国社区［M］．北京：中国社会科学出版社，2003.

谢曙光．建立有中国特色的社会团体管理体制［J］．云南学术探索，1993(5).

亚瑟·K. 埃利斯．课程理论及其实践范例［M］．张文军，译．北京：教育科学出版社，2005.

严督. 教育管理的一种新型模式——社区教育组织管理功能剖视 [J]. 中国教育学刊, 1993(3).

杨平, 杨东. 上海社区教育管理的演变与完善 [J]. 教育发展研究, 2008(9).

杨守吉. 我国老年教育探究 [J]. 继续教育研究, 2011(9).

杨树森. 普通逻辑学 [M]. 合肥: 安徽大学出版社, 2003.

杨小花. 学习资源标准化服务系统的设计及实现 [D]. 武汉: 华中科技大学, 2006.

杨叙. 北欧社区 [M]. 北京: 中国社会科学出版社, 2003.

姚荣龄. 高龄学 [R]. 台北: 台湾高龄学学会, 1991.

叶敬忠, 王伊欢. 参与式发展规划 [M]. 北京: 社会科学文献出版社, 2005.

叶澜. 二十世纪中国社会科学·教育学卷 [M]. 上海: 上海人民出版社, 2005.

叶澜. 教育研究方法论初探 [M]. 上海: 上海教育出版社, 1999.

叶忠海. 创建学习型城市的理论和实践 [M]. 上海: 上海三联书店, 2005.

叶忠海. 试论学习化社会的基础——学习化社区 [J]. 教育发展研究, 2000(5).

伊里亚斯, 梅里安. 成人教育的哲学基础 [M]. 高志敏, 译. 北京: 职工教育出版社, 1990.

袁勇志, 宋典. 管理的定义与管理理论发展——对法约尔管理定义的检验及反思 [J]. 学术界 (双月刊), 2006(6).

约翰·S. 布鲁柏克. 教育问题史 [M]. 吴元训, 主译. 合肥: 安徽教育出版社, 1991.

约翰·杜威. 民主主义与教育 [M]. 王承绪, 译. 北京: 人民教育出版社, 1990.

岳瑛. 英国的老年教育概况 [J]. 中国老年学杂志, 2009(15).

曾群, 陆景丽. 青年失业与社会关系排斥风险 [J]. 青年研究, 2006(6).

曾群. 青年失业与人生转型 [J]. 社会, 2007(1).

詹姆斯·S. 科尔曼. 社会理论的基础 [M]. 邓方, 译. 北京: 社会科学文献出版社, 1992.

张得志. 中国经济高速增长过程中的劳动就业及其失业预警研究 [D]. 上海:

复旦大学，2007.

张书颖，杨玉泉．西方管理理论发展主线评析［J］．乡镇企业研究，2003(3).

张喜红．当代中国社会团体政治参与问题研究［D］．长春：吉林大学，2004.

赵延东．下岗职工的社会资本与再就业［D］．北京：中国社会科学院研究生院，2001.

郑令德，高志敏．和谐社会与老年教育［M］．上海：上海教育出版社，2007.

郑璇玉．创新与知识产权保护——以小传统知识为视角．电子知识产权，2005(12).

中国成人教育协会组．中国成人教育改革发展三十年［M］．北京：高等教育出版社，2008.

钟岚雨．社区教育文化若干问题初探——学习型社区中社区教育文化的发展［J］．继续教育研究，2004(1).

钟启泉．现代课程论（第2版）［M］．上海：上海教育出版社，2003.

钟兴言．在社区中重建待业青年的社会资本——基于一个中观社会学的视角［J］．职业，2007(27).

周德荣．老年教育的理论与实践——以台湾地区为例［D］．上海：华东师范大学，2005.

周伟．管理理论丛林发展研究评介［J］．社会科学战线，2008(1).

周向阳，付军，陈义明，宋要武．建设终身学习平台　构建学习型社会——对高等教育自学考试改革与发展的几点思考［J］．继续教育研究，2007(3).

周运清．学习型社区建设与城市社区建设创新［J］．江苏社会科学，2002(1).

英文部分

Blewitt, J. The Ecology of Learning: Sustainability, Lifelong Learning and Everyday Life［M］. London: Earthscan, 2006.

Boone, E. J. Developing Programs in Adult Education［M］. New Jersey: Prentice-Hall, Inc. , 1985.

Borish, S. M. The Land of the Living: The Danish Folk High Schools and Denmark's Non-Violent Path to Modernization [M]. California: Blue Dolphin Publishing, Inc. , 1991.

Dean, G. J. Designing Instruction for Adult Learners [M]. Florida: Krieger, 1994.

English, L. M. (ed.). International Encyclopedia of Adult Education [C]. New York: Macmillan Publishers Ltd. , 2005.

Goodson, I. F. , Gill, S. R. Narrative Pedagogy: Life History and Learning [M]. New York: Peter Lang Publishing, Inc. , 2011.

Hazel, L. R. Career Guidance for at Risk Young People: Constructing a Way Forward [C] // Athanasou, J. A. Van Esbroeck, R. (eds.). International Handbook of Career Guidance. Netherlands: Springer, 2008.

Hutchins, R. M. The Learning Society [M]. New York: Encyclopedia Britannica, Inc, 1968.

Irving, B. A. , Malik, B. (eds.). Critical Reflections on Careers Education and Guidance: Promoting Social Justice within a Global Economy [M]. Oxon: Routledge Falmer, 2005.

Jarvis, P. Globalisation, Lifelong Learning and the Learning Society: Sociological Perspectives [M]. London: Routledge, 2007.

Knowles, M. S. The Adult Learner: A Neglected Species (4th ed.) [M]. Texas: Gulf Publishing Company, 1990.

Langenbach, M. Curriculum Models in Adult Education [M]. Florida: Krieger Publishing Co. , 1988.

Leung, S. A. The Big Five Career Theories [C] // Athanasou, J. A. , Esbroeck, R. V. (eds.). International Handbook of Career Guidance. Netherlands: Springer, 2008.

Marcia, J. E. Identity in Adolescence [C] // Adelson, J. (eds.). Handbook of Adolescent Psychology. New York: Wiley, 1980.

Smith, M. K. The Theory and Rhetoric of the Learning Society [EB/OL]. [2000, 2002]. http: // www. infed. org/ lifelonglearning/ b-lrnsoc. htm.

Smith, M. K. "Community" in the Encyclopedia of Informal Education [EB/OL]. [2001]. http: // www. infed. org/ community/ community. htm.

Tuijnman, A. C. (ed.). International Encyclopedia of Adult Education and Training [C]. Oxford: Elsevier Science Ltd. , 1996.

后　记

本书的内容结构源于笔者对社区教育内涵发展的基本认定，或可在一段时间内保持相对稳定，但是这个内容结构所涵盖的具体内容则不限于本书 12 章所涉及的主题，目前的章节安排（含绪论）只是反映了笔者的探索历程。

本书各章节的使用和发表情况如下。

绪论第二节、第一章、第二章、第三章、第五章、第六章、第八章第四节、第十章曾用于教学讨论、培训或会议发表。其中，笔者参与的学术研讨会议主要有2006 年上海市成人教育协会推进学习化社区工作委员会"创新文化与社区教育"论坛（上海）、Symposium on Lifelong Learning and Human Resource Development 2010（上海）、2010 年中国—丹麦工作场所学习研讨会、2011 年海峡两岸社区教育研讨会（台北）、2011 年第七届国际工作与学习大会（上海）。

绪论第二节、第三章、第五章第三节和第五节、第六章第三节、第七章第四节、第八章第四节、第九章、第十章、第十一章、第十二章是相关纵向或横向课题研究的阶段性成果。笔者主持完成的课题是国家社会科学基金教育学青年课题"社区教育教师的工作特性分析与能力建设研究——基于同中小学教师对比的视角"（CKA110162）；曾主持或参与完成的课题主要有上海市重点学科"职业技术教育学"建设项目"社区青少年教育与培训研究"、国家社会科学基金教育学一般课题"社区教育与城市民生问题研究"（BKA080045）子课题"现代社区教育的比较研究"、2008 年度教育部人文社会科学研究专项任务项目和全国教育科学"十一五"规划教育部重点课题"学习型社会建设的理论与实践"。

绪论第二节、第二章、第三章、第五章第五节、第七章、第八章、第九章、第十一章第二节和第三节、第十二章第二节部分内容曾发表于中文或英文公开出版物。其中，绪论第二节以《西方现代社区教育理念及其启示》为题发表于《全球教育展望》2011 年第 12 期；第二章以《社区教育的文化使命》为题载于叶忠海、张德明主编的《2002—2007 上海社区教育研究文选》（上海音像出版社 2008 年版）；第三章同题发表于《教育学报》2011 年第 2 期；第五章第五节同题载于杨志坚主编的《中国社区教育发展报告（1985—2011 年）》（中央广播电视大学出版社 2012 年版）；第十一章第二节和第三节以 "Identity and Spatial Experience of Community Youth in Relation to Career Guidance" 为题，发表于 *Frontiers of Education in China*［2010，5（3）］；第七章前三节与第八章前三节部分载于陈乃林、张志坤主编的《社区教育管理的理论与实务》（高等教育出版社 2009 年版）；第九章载于学习型社会建设研究课题组编的《学习型社会建设的理论与实践：学习型社会建设研究课题总报告》（高等教育出版社 2010 年版）；第十二章第二节的部分内容以《北欧社区教育研究》为题载于李学红主编的《社区教育机构标准化建设研究》（上海科学普及出版社 2010 年版）。

如果将本书比作一个拼图，那么其中的不同部分对笔者而言都具有不同的意义。有些章节是笔者持续的研究主题，如绪论和第一篇，以及第五章、第六章、第十一章、第十二章，对笔者而言显然更具价值和意义。而有些章节最初是出于教材编写和临时课题研究的需要撰写的，更多的是笔者在相关领域学习的产物和资料的汇集，为了保持本书内容结构的完整性而收入。无论是哪种情况，所有收入本书的前期成果均经过细致推敲和修订。

回顾本书的撰写和出版，特别感谢以下支持者、帮助者和合作者，他们是：华东师范大学职业教育与成人教育研究所石伟平教授、徐国庆教授、高志敏教授、黄健教授、叶忠海教授、周嘉方副教授、韩明华老师，以及刘爱霞、王美楠、公雯雯等当时在读的硕士生；中国成人教育协会社区教育专业委员会陈乃林会长；上海市教育委员会终身教育处王宏处长、庄俭处长；上海市学习型社会建设服务指导中心办公室杨平主任、王一凡老师；上海大学期刊社社长和社会教育研究中心常务副主任秦钠研究员；浙江省杭州市成人教育研究室汪国新主任；上海市原闸北区社区教育研究中心王凯雄主任、杜君英副主任；上海市普陀区推进学习型社会建设指导委员会办公室徐玉萍副主任、普陀区宜川社区学校黄丹华校长、普陀区宜川社区居民罗志勇先生；上海市青浦区社区学院徐洪生院长、青浦区社区教育研究中心周颖超主任和索乃颖老师、青浦区金泽社区学校黄涛校长；黑龙江省教育学院成人教育分院孙文英老师；台湾师范大学社会教育系林振春教授、台北台湾财团法人阳升教育基金会和台湾社区教育学会詹明娟执行长和副秘书长、台北市松山社区大学蔡素贞校长和钟育恒老师；上海教育出版社谢冬华副编审、宁彦锋副编审和廖承琳编辑。

希望本书的出版能够促进国内学界及教育政策制定者对社区教育内涵及其发展的认识与重视。不足之处，恳请方家批评指正。

张　永
2017 年 10 月